实践与案例：管理会计人员的转型与提升研究

赵 睿 著

北 京
冶 金 工 业 出 版 社
2019

内 容 提 要

本书注重管理会计理论和实务结合，精心选取企业投融资、经营、风险、监督管理和法务会计等各个方面的实践案例，既有分析和解决问题的应用，也有相关管理案例；既有前沿探索和思考，也有工作中的体会和管理经验。

本书可供财务会计人员阅读，也可供企业管理人员和大专院校有关师生参考。

图书在版编目(CIP)数据

实践与案例：管理会计人员的转型与提升研究／赵睿著．—北京：冶金工业出版社，2019.11

ISBN 978-7-5024-8470-5

Ⅰ.①实…　Ⅱ.①赵…　Ⅲ.①管理会计—案例　Ⅳ.①F234.3

中国版本图书馆 CIP 数据核字(2020)第 051846 号

出 版 人　陈玉千
地　　址　北京市东城区嵩祝院北巷 39 号　邮编　100009　电话　(010)64027926
网　　址　www.cnmip.com.cn　电子信箱　yjcbs@cnmip.com.cn
责任编辑　杜婷婷　美术编辑　郑小利　版式设计　禹　蕊
责任校对　卿文春　责任印制　李玉山

ISBN 978-7-5024-8470-5

冶金工业出版社出版发行；各地新华书店经销；三河市双峰印刷装订有限公司印刷
2019 年 11 月第 1 版，2019 年 11 月第 1 次印刷
169mm×239mm；11.25 印张；221 千字；174 页
68.00 元

冶金工业出版社　投稿电话　(010)64027932　投稿信箱　tougao@cnmip.com.cn
冶金工业出版社营销中心　电话　(010)64044283　传真　(010)64027893
冶金工业出版社天猫旗舰店　yjgycbs.tmall.com
（本书如有印装质量问题，本社营销中心负责退换）

前　言

管理会计通过对财务等信息的深加工和再利用，实现对经济过程的预测、决策、规划、控制和责任考核评价等职能，不仅拓展了现代会计的职能和范围，而且促进会计与业务的深度融合，在改进企业内部经营管理和提高经济效益等领域发挥着其他管理职能都难以替代的作用。所以，社会对管理会计人才的需求越来越迫切，管理会计的理论和实践也随之发生了很大的变化。但是传统财会人才与符合经济发展需要的高端财务管理人才的差距也愈发明显，企业对财会人员的要求已由普通的“记账者”向“战略管理会计”转变。财会人才必须要融入企业发展中，这就要求财会人员从传统会计的记账、编表向参与企业战略和决策支持转变。但我国在管理会计人才培养上还相对滞后，缺乏一批理论扎实、实践经验丰富的管理会计人才，其中能够较好地为单位管理高层提供有效经营和最优化决策信息的人才更是凤毛麟角。

基于此，作者编写了本书。本书从企业管理会计活动的实践与案例出发，为企业管理会计的实施提供了系统的理论指导，从实务方法上提供了可操作性的建议。本书注重结合企业管理实际，运用企业管理知识及案例实务帮助财会人员更好地理解管理会计活动，为财会人才由核算型向决策支持型转型升级提供实务指导。同时，本书从企业实务的角度就管理会计的运用与理念等方面，提出了切实可行的对策和创新性的见解。因此，本书不仅具有重要的理论指导意义，而且具有重要的实践应用价值。

本书有助于财会人员从单纯的记账者向理财者、管理者、决策参与者转变，进而促进财会人员社会公信力、社会影响力和社会地位的提高。从业务维度来看，本书拓展了企业管理会计实务的业务范围，沿着企业投融资管理、经营管理到风险管理，企业会计监督以及经济活动中涉及的法务会计三条主线展开，并将这三者有机结合起来，以进一步丰富管理会计运用的内容。

本书在编撰过程中，参考了相关书籍和文献资料，在此对有关作者表示诚挚的谢意。

由于作者水平所限，不妥之处，恳请广大读者批评指正。

作 者

2019 年 10 月

目　录

第一章

投融资管理

第一节 国企对外投资管理

对企业而言，投资是扩大生产经营、提高盈利能力、实现资本保值增值、增强企业竞争实力的重要途径之一。国有企业投资对于盘活存量资产、优化产业布局、改善资产结构、合理配置资源、提升资产质量、促进企业经营向多元化方向发展、提高企业经济效益等都发挥了积极作用。但在目前国有企业投资管理中，还存在着公司治理不健全、可行性研究不深入、越权投资、不按规定进行资产评估、过度负债投资等问题。结合工作实际，下面通过分析揭示当前国有企业投资管理中存在的问题，提出加强和完善企业投资管理的建议。

一、存在的主要问题

目前，国有及国有控股企业投资管理中存在的问题还比较多，有的问题还比较严重，主要包括有以下几个方面。

（一）不严格按投资程序运作

1. 公司治理结构不健全

目前，一些没有进行改制的国有企业，在进行投资时，有些都是由一把手“拍脑袋”说了算，不经过集体研究。一些国有企业虽然是按照现代企业制度的要求完成了公司制改造，但在治理结构上并不健全，主要体现在董事长和总经理往往由一人担任，董事会和经理层人员高度重叠。人员重叠的结果必然是裁判员兼运动员，经理人员自己监督自己、自己评价自己、自己考核自己，董事会与经理层的制衡机制名存实亡。同时，监事会成员往往是由不懂会计、审计、法律等方面的人员组成，很难起到监督作用，这种出资人不到位的情况在多数国有企业中普遍存在。

2. 可行性研究不深入

由于企业自身对投资项目缺乏严密、科学的论证，再加上对投资项目的调查研究不深入，对项目本身的市场情况、盈利能力、潜在的风险等调研工作做得不细，对合作方的经济实力、信誉、能力等情况缺乏全面的了解，因此做出的投资决策风险较大。

3. 投资不熟悉行业和高风险行业

由于企业自身人力资源等无法适应与主业不相关的业务需要，又不熟悉这些行业政策、法规，忽视投资项目伴随的高风险性，盲目投资不相关行业，往往造成投资失败。

4. 有些企业越权投资

虽然不少国有企业都规定了投资的权限和范围，明确要求成员企业不得越权投资，但由于缺乏配套的具体管理措施，不少成员企业受利益驱动，仍然违反规定自行对外投资，导致母公司无法进行有效的监督管理，造成投资管理混乱。

5. 不按规定进行评估

有些企业在用实物资产进行投资时，往往在没有得到中介机构的资产评估报告和主管部门资产评估备案批复前，就直接将实物资产投给受资方，使得财会部门无法进行投资的账务处理，只能将投资在应收款等科目中反映。但由于已经形成了投资的事实，使企业对外投资账实不符，形成和积累了很多矛盾。

（二）投资监控机制缺乏

1. 内部控制体系不健全

不少国有企业没有建立投资管理方面的内部控制和监督制度，有的虽然建立了投资决策集体审批程序，但大部分流于形式，监控力度不够，对投资只重投入不重效益现象普遍存在。不少国有企业没有建立独立的内部审计机构，有的虽然设立了相应机构，但将内部审计机构设在财务部内，由财务人员兼任内部审计人员，导致审计人员很难对其进行独立的监督和控制。

2. 超越企业承受能力，过度负债投资

一些国有企业在资金营运十分紧张的情况下，不惜采用贷款或集资办法，背着大量的债务压力进行投资。在高负债经营状况下再进行负债投资，既加重了企业资金运转的压力，又增加了企业利息负担。

3. 管理混乱，导致利润分配数额不实

有些受资单位不按规定合并报表，而是将各子公司报表项目进行简单累加，无法真实反映对外投资及收益状况；还有些企业在对外投资收益管理中，硬性规定上交收益的比例；投资管理不规范，有关财务分析报告制度和审计制度不落实等。

从以上情况可以看出，企业投资失败，除了受国家宏观环境的影响外，主要与企业自身缺乏投资决策的科学性、投资风险的防范性以及企业监督管理不力等因素有关。

二、加强投资控制措施及方法

目前，对于许多国有企业来说，由于对外投资点多、面广、时间长、遗留的历史问题较多，造成了企业债务负担过重，经济纠纷比比皆是，已严重制约了国有企业经营活动。因此，国有企业必须下大力气予以解决。首先从清理企业投资项目入手，建立有效的风险防范预警机制。

（一）加大投资项目清理力度，建立有序风险防范机制

加大清理投资项目的力度，制定具体的整改措施，是建立有序风险防范机制的基础，也是企业投资成败的关键所在。为了确保企业投资清理工作有计划、有步骤地顺利进行，首先，应加强组织领导，提高对投资清理工作的重要性认识，将清理投资作为当前重点工作来抓。其次，要建立清理工作领导小组和办事机构，明确岗位职责，为了强化清理工作机构的权威性，建议领导小组负责人由董事长、总经理担任。最后，应重点审查投资合同履行、投资收益和损失、本金的收回等情况。要深入被投资方现场了解情况，如发现有些投资根本无法取得投资收益或已发生损失，应坚持“该退必退”的收缩原则，根据实际情况收回投资或进行投资清算，避免损失进一步加大。

（二）完善法人治理结构，规范企业投资决策行为

第一，完善董事会的构建机制，将董事会建成能真正独立行使权利和承担责任的机构。董事会成员独立于经理层才能成为内部控制框架的制定者、监督者和最高执行者，才能独立行使权利或承担责任。同时，应聘请外部独立董事，建立内部董事与外部董事相结合的制度，即在加强内部董事建设的基础上，将内部董事与外部董事结合起来，赋予外部董事参与董事工作的权限，使外部董事独立行使其投资决策权等其他职权。通过法人治理结构的完善，达到有效制衡的目的。

第二，强化董事会各专业委员会职能。应发挥战略委员会和审计委员会的决策与监督职能，对拟投资的新项目，在程序上规定需要由董事会决策的必须事先由战略委员会从国家产业政策、项目市场前景等方面进行科学论证，并由审计委员会对财务效益、现金流风险进行评估，在此基础上由董事会做出项目取舍

决策。

第三，发挥监事会作用，从公司治理机制上为投资决策保驾护航。强化监事会的功能作用，规定投资项目在董事会决策前必须事先通过监事会，监事有权对项目投资实施监督。基本思路是在监事会成员中引入利益相关者，同时，监事会的成员必须由懂会计、审计、法律等方面的专业人员组成，并做好独立董事与监事的功能区分与协调。

第四，投资业务集中管理。组建企业投资部统一负责对企业投资业务的管理，对已投资的项目进行认真的评估；对拟投资的项目，要选择投资风险相对可控、投资价值相对较高、投资回报稳定可靠的项目进行投资。

（三）制定企业发展战略、明确企业发展目标

企业在投资决策时，应避免投资行为的短期化，注重投资的长期效益，要将企业效益与社会效益有机结合起来。最重要的是制定企业发展战略，明确发展目标。企业必须制定中长期发展规划，也就是要有企业发展战略。企业在每一阶段的每一投资，都是企业发展计划的一部分，战略中没有投资，企业无从发展；投资没有战略作指导，企业发展将会像没有方向盘的汽车一样，失去方向，最终自己灭亡。企业战略的制定一般由产品与市场范围、增长向量、竞争优势和协同作用四个要素构成。要着重科学详尽地分析比较历史与现实、计划与实际、目前与未来的信息资料，探求和寻找各种可供选择的战略方案，然后进行筛选、评价与决策。

（四）重视投资项目可行性研究，降低投资风险

企业在进行项目可行性研究时，必须做到以下几个方面。

(1) 对投资项目的国家产业政策认真分析，对行业规章制度必须吃透，避免投资方向性错误。

(2) 企业必须认真对投资项目的市场前景、技术水平等进行分析，充分考虑市场范围、空间、近期与远期、发展趋势等因素。

(3) 企业投资项目可行性研究中，在技术选择和采用上要避免落后的或即将被淘汰的技术，技术要具有先进性和适应性。

(4) 在项目可行性研究中，必须树立时间价值观念。在考虑时间价值的基础上，对投资决策可采用期权定价理论。期权定价理论的出发点是适时根据市场价格的随机波动反映投资价值和潜在价值，该理论特别重视投资过程各阶段性评价，这对周期长，受不确定因素影响较大的投资项目尤为重要，许多战略投资价值不仅表现在一个方面，即它所包含的选择权可能出现在投资前、发生中和发生后的各个时点，项目含有的附加值可能是一系列选择权价值叠加以后的具体

反映。

（五）建立科学的投资评价体系和重大投资责任追究制度

实践证明，建立和完善企业投资评价体系和重大投资责任追究制度是十分必要的。首先，要建立科学的投资评价体系，对企业的投资项目进行科学的论证，是企业投资成败的首要环节。科学的投资评价体系要求每一项目进行评价时，无论是技术指标、环境保护指标、财务指标以及投资概算都要建立在科学合理的基础上，强调投资决策的科学性、民主性、效益性、可行性，防止长官意志或行政命令，这是有效降低投资决策风险的有力保障。其次，有了科学的投资评价体系，还必须具备完善的投资控制机制。如果对项目投资没有进行有效的控制，再好的项目同样存在很大的风险。最后，依据《国务院关于投资改革的决定》的相关规定，按照“谁投资、谁决策、谁收益、谁承担风险”的原则，建立企业重大投资责任追究制度，保证对外投资的安全性和完整性，解决对外投资投入与收益脱节的问题。工程、设计、施工、监理等部门和单位，都要有相应的责任约束，提高决策质量，降低决策风险，减少决策失误。

（六）量力而行，慎重涉及不熟悉行业及风险大的行业

首先，要考虑企业自身生产经营资金需要，量力而行。企业应严格按照国家有关投资方面的规定，对技术改造任务重，生产经营资金短缺，投资报酬率达不到一定标准的，企业不得对外投资；同时，企业对外投资总额占企业净资产总额的比例应控制在一定比例范围内，最高不超过企业净资产总额。其次，不搞借入资金对外投资，以免投资失败给企业造成严重后果；不搞资金借出收取利息式的“投资”，以规避风险。最后，慎重投资不熟悉行业及风险大的行业。对缺乏相关的专业人员，又不具备该行业生产经营等方面的经验，盲目投资，一般很难监控投资的执行情况，最终难以取得预期效益，甚至会导致企业现金流断裂，直接威胁到企业的生存。

（七）积极开展项目投资审计，强化事前预防和事中控制

首先，建立健全企业投资管理规章制度，完善企业投资监管体系。除建立投资管理日常会计控制制度外，还要建立健全国有企业投资管理审计方面的规章制度，完善投资决策及风险约束机制。

其次，投资项目由事后审计向全过程审计转变。一般投资项目具有周期长、投资额大、控制环节多等特点，投资审计需要将事前预防、事中控制和事后监督有机结合起来，将投资审计做到在项目开始之初，贯穿于可行性研究、立项、初步设计、施工、竣工决算、验收等全过程，这样才有可能做到及时发现问题、堵

塞漏洞，减少投资损失。

最后，关注项目建设，把好审计关口。重点审计决策程序是否合规，关注投资决策关；重点审计招投标，关注施工队伍选择和材料采购关；审计施工管理及监控，关注安全质量关；重点审计项目竣工决算，关注资金结算关；客观评价项目投入运营状况，关注项目效益关。

（八）建立日常监督机制，做好投资项目的跟踪管理

首先，根据企业生产经营特点，建立健全企业投资方面的内部控制制度，规范投资会计处理方法，准确及时地核算反映企业投资情况，合理揭示投资收益和损失。其次，对全资子公司及部分重点控股子公司通过选派经营者、实行资产经营责任制以及专业指导等方式进行跟踪管理；同时，向子公司派驻监事会，采取“全员驻点、分片监管”的方式，对子公司进行全方位的实地监督检查，对重点项目进行跟踪监督并及时向子公司提出风险预警。再次，为强化财务管理对控股子公司通过派出财务总监实行跟踪管理。一是行使所有者职能，对投资企业重大事项实施监督，确保会计信息真实，防止国有资产流失；二是既对母公司负责，行使所有者会计职能，又对经营者负责，行使企业内部会计职能。最后，对联营、合营企业通过委派董事，通过投资专管员的信息收集和调研获取其生产经营和财务信息，提出出资者的意见和建议，从而实现跟踪管理。

综上所述，企业投资管理是企业管理的重要组成部分，加强投资管理是提高企业整体经济效益必不可少的手段，因此，国有企业必须强化对投资的事前、事中、事后进行控制和监督，这样才能确保国有资产的保值增值。

第二节 企业兼并重组操作流程

国务院《关于促进企业兼并重组的意见》（国发〔2010〕27号）指出：通过深化国有企业体制机制改革，促进企业兼并重组；要制定完善相关政策措施，继续支持国有企业实施主辅分离、辅业改制和分流安置富余人员。国务院《关于进一步优化企业兼并重组市场环境的意见》（国发〔2014〕14号）指出：完善国有产权转让有关规定，规范国有资产处置，防止国有资产流失。本部分内容结合工作实际，对国有企业兼并重组相关财务工作进行探讨，以期能对企业兼并重组工作的推进起到抛砖引玉的作用。

国有企业兼并重组涉及的财务工作主要包括配合企业上报重组方案、清产核资、财务审计、清理债权债务、资产评估、改制费用预留和核减或增加国有净资产等。

一、上报兼并重组方案

按照原国家经济贸易委员会办公厅、财政部办公厅、劳动和社会保障部办公厅联合下发的《关于中央企业报送主辅分离改制分流总体方案基本内容和有关要求的通知》(国经贸厅企改〔2003〕27号)的规定，国有企业财务部门需要配合相关部门做好兼并重组总体方案上报工作。具体内容包括：集团公司概况、企业改革发展的思路和目标；集团公司下岗分流、减员增效、安置富余人员的基本情况；纳入兼并重组范围的企业情况，包括兼并重组企业名称、资产、负债、主要业务、股本构成、分流的形式、产权主体多元化方式，兼并重组企业的人员状况及分流安置意见；理顺劳动关系及社会保险接续情况，包括经济补偿金来源及标准、兼并重组企业职工续接养老、失业、医疗等各项社会保险关系的安排等11项主要内容。

二、进行企业清产核资

依据国务院国有资产监督管理委员会（以下简称国务院国资委）发布的《国有企业清产核资办法》（国务院国资委令第1号）的相关规定，企业分立、合并、重组、改制、撤销等经济行为涉及资产或产权结构发生重大变动时，必须由兼并重组国有企业的产权持有单位提出申请，报请国有资产监督管理机构批准，经批准后对发生上述经济行为的国有企业进行清产核资。清产核资主要包括资产全面清查、价值重新估价、损益重新认定、资本金重新核实确认等内容。国有企业应将兼并重组企业的存货、固定资产和投资等资产损失，通过清产核资工作报告和中介机构出具的专项审计报告形式上报国有资产监督管理机构，经批准后，按财政部《企业资产损失财务处理暂行办法》（财企〔2003〕233号）的相关规定：企业合并或者分立、实施公司制改建、根据有关规定清产核资等，清查的资产损失可以核销所有者权益进行处理。

三、开展专项财务审计

一是根据兼并重组的相关规定，需要对被兼并重组企业开展财务专项审计，主要包括拟被重组企业财务收支状况的真实性、资产质量、经营成果、企业重大经营活动、经营决策和经营合法合规性审计等内容。审计期间一般按兼并重组前三年的经营为基础，也可以追溯以往年度。重点关注兼并重组企业前一年的经济效益完成情况，实现利润或亏损是否真实；对潜在亏损，重点审查未足额计提和摊销成本费用，依据是否充分，有没有利用兼并重组人为多转成本或少列收入而加大亏损的问题。二是按照《国务院办公厅转发〈国资委关于进一步规范国有企业改制工作实施意见〉的通知》（国办发〔2005〕60号）的相关规定，企业实施改制必须由审批改制方案的单位确定的中介机构进行财务审计，改制为非国有的企业，必须在改制前由国有产权持有单位组织进行法定代表人离任审计，不得以财务审计代替离任审计。离任审计应依照国家有关法律法规和《中央企业经济责任审计管理暂行办法》（国资委令第7号）及相关配套规定执行。财务审计和离任审计工作应由两家会计师事务所分别承担，分别出具审计报告。

四、清理职工债权债务

对职工拥有的对于兼并重组企业的债权，应按期归还；对兼并重组企业对职工的负债，如应付工资、应付福利费以及集资款、社会保险费等，需按财政部颁布的《企业公司制改建有关国有资本管理与财务处理的暂行规定》（财企〔2002〕313号）和《关于〈企业公司制改建有关国有资本管理与财务处理的暂行规定〉有关问题的补充通知》（财企〔2005〕12号），对相关债权债务按照形成方式加以区分，并按负债的不同情况作出相应处理。此外，2006年财政部《关于企业公司制改建应付工资等余额财务处理的意见》（财办企〔2006〕23号）对债权债务等处理进一步明确：一是工资的结余。改建时应付工资的余额分为两类：应发未发的工资和属于实施“工效挂钩”等分配办法提取大于应发数所形成的工资基金结余。前者是按照企业内部工资奖金分配办法，应当支付而没有支付给职工从而形成拖欠的工资，应作为负债清偿；后者是按计划经济管理方式留存企业的国有资本积累，应转为国有资本独享的资本公积金，留待以后增资扩股时转增国有股份。二是福利费及职工教育经费的结余。改建基准日企业账面原有的应付福利费和职工教育经费应当转增资本公积金，不再作为负债管理，也不得转为个人投资。因医疗费支出产生的职工福利费不足部分，可以依次以盈余公积金，资本公积金和资本金弥补。

五、公允评估资产价值

依照国务院《国有资产评估管理办法》（国务院令第91号）和国资委《企业国有资产评估管理暂行办法》（国务院国资委令第12号）等相关规定，国有企业兼并重组必须进行资产评估，资产评估工作是兼并重组工作的重要环节，是关系兼并重组工作能否成功的关键。评估机构的选择必须为兼并重组企业的国有产权持有单位委托省级以上同时具备国有资产管理部门和国土资源管理部门授予的双重资格的资产评估机构。评估基准日最好选择接近兼并重组实施和尽可能少的账务调整的某季末或年末。资产评估应以财务专项审计确认的资产账面价值为依据。资产评估初步结果出来后，国有产权持有单位应认真进行复核，及时与中介机构人员进行沟通，确认评估结果的真实性；正式资产评估报告书出具后，应及时按相关程序逐级上报，最终由国有资产监督管理机构确认备案。特别是当企业进行与资产评估相应的经济行为时，应当以经核准或备案的资产评估结果为作价参考依据；当交易价格低于评估结果的90%时，应当暂停交易，在获得原经济行为批准机构同意后方可继续交易。

六、严格确定改制费用

依据财政部《关于企业重组有关职工安置费用财务管理问题的通知》（财企〔2009〕117号）的相关规定，企业重组过程中，按照国家有关规定支付给解除、终止劳动合同的职工的经济补偿，以及为移交社会保障机构管理的职工一次性缴付的社会保险费，按照《企业财务通则》（财政部令第41号）第六十条规定执行；对符合重组企业所在设区的市以上人民政府规定的离退休人员统筹外费用，经批准可以从重组前企业净资产中预提，预提年限应当按照中国保监会发布的《中国人寿保险业务经验生命表》计算；已符合法律、行政法规以及国务院劳动保障部门规定条件的内退人员，其内退期间的生活费和社会保险费，经批准可以从重组前企业净资产中预提，内退人员的生活费标准不得低于本地区最低工资标准的70%，同时不得高于本企业平均工资的70%，并应与企业原有内退人员待遇条件相衔接，经职工代表大会审议后，在内退协议中予以明确约定。企业实行分立式重组，将离退休人员和内退人员移交存续企业或者由上级集团公司集中管理的，上述预提费用由重组后的企业以货币资金形式支付给管理单位。重组企业离退休人员及内退人员管理单位应当对预提费用实行专户管理，并按约定从专户中向相关人员支付费用。预提资金不足支付相关费用或有结余的，按《企业会计准则》的相关规定计入管理单位当期损益。

七、上报核减或增加国有净资产

依据国务院国资委《关于中央企、主辅分离辅业改制分流安置富余人员资产处置有关问题的通知》（国资发产权〔2004〕9号）的规定，首先，由主体企业委托会计师事务所对国有净资产进行支付和预留的情况进行专项审计，并由会计师事务所出具专项审计报告。审计报告主要内容包括支付解除在职职工劳动关系经济补偿金、预留内部退养人员生活费和社会保险费、预留退休职工一次性医保费、养老金统筹外补贴、预留遗属人员生活费、预留一次性伤医疗费、预留一次性就业补助费等改制成本。其次，评估后的净资产减去改制成本结余部分，可转为改制后企业对原主体国有企业的负债或由原主体国有企业收回。最后，评估后的净资产减去原账面净资产后的余额小于改制成本的部分，为向国有资产监督管理机构申请国有净资产核减数；评估后的净资产减去原账面净资产后的余额大于改制成本的部分，为向国有资产监督管理机构申请国有净资产核增数。

八、及时进行相关会计核算处理

依据文件（国资产权〔2004〕1255号）规定：中央企业应委托会计师事务所对用国有净资产进行支付和预留的情况进行专项审计，并由会计师事务所出具专项审计报告；用国有净资产按规定进行了各项支付和预留（含原主体企业予以补足部分）造成账面国有资产减少的，由集团公司在每一批改制企业完成公司设立后30日内，将有关情况汇总报国资委批准后冲减国有权益。财政部《关于〈企业公司制改建有关国有资本管理与财务处理的暂行规定〉有关问题的补充通知》（财企〔2005〕12号）关于母公司对子公司在公司制改建中核销国有权益的财务处理作了规定：在企业集团内部，子公司实行公司制改建，基于资产损失或产权转让等原因，经核实批准实际折股的国有权益或国有产权转让作价少于原有账面价值的，母公司相应核销对子公司的股权投资，投资损失可以转入年初未分配利润，依次以结余的年初未分配利润、盈余公积金、资本公积金弥补，不足部分用以后年度实现的税后利润弥补。国有改制主体企业或改制企业应根据国资委实施主辅分离改制分流单位核销国有权益的批复，及时按文件规定的顺序核减长期投资及所有者权益，并按规定组织相关企业办理产权登记等相关手续。《企业财务通则》第六十条规定，企业解除职工劳动关系，按照国家有关规定支付的经济补偿金或者安置费，除正常经营期间发生的列入预期费用以外，企业重组中发生的，依次从未分配利润、盈余公积、资本公积、实收资本中支付。企业清算时发生的，以企业扣除清算费用后的清算财产优先清偿。

第三节 主辅分离辅业改制实务

一、企业主辅分离辅业改制问题及建议

依据原国家经济贸易委员会、财政部、劳动和社会保障部等八部委联合下发的《关于国有大中型企业主辅分离辅业改制分流安置富余人员的实施办法》等有关政策规定，一部分国有企业已相继完成了主辅分离辅业改制工作。但在改制过程中也存在改制程序不清、政策法规不配套，资产清查、财务审计、资产评估操作不规范等问题。结合主辅分离辅业改制的实际，本部分内容主要探讨面临的问题并提出相关建议。

（一）面临的问题

国有企业主辅分离辅业改制中存在政策配套不完善、改制程序不规范、股权设置不合理等问题。

1. 政策和配套法规不完善，政策指导和规范滞后

如国家税务总局规定：对国有企业实施股份合作制改造等承受原企业的土地、房屋权属，免征契税，执行期到2017年底。对房产过户需要交纳土地受益金财政部并没有规定改制企业可以享受减免，同时房产过户是在新公司注册登记后才能办理，但土地收益金按规定是由出让方（改制企业）缴纳，原企业已不存在，这部分土地收益金由谁支付，成为一个难题。改制企业主办的厂办大集体，如主办单位已改成非国有企业会使大集体的矛盾和问题日益突出。如果上述配套措施及政策法规不完善，无形中增加了国有企业的改制成本，对主辅分离辅业改制造成消极影响。

2. 改制程序不规范，容易造成国有资产流失

实践中，一些国有企业改制成非国有企业不按有关规定实施离任审计，有的新企业已登记注册才开展审计；有的以财务审计代替离任审计。财务审计不按规定的内容进行，资产清查走过场，成了一种形式。国有产权持有单位不按规定选择评估机构，随意确定评估基准日，有的全部交改制企业去组织评估，也不派人员参与改制企业的资产评估工作，容易出现改制企业与评估人员“暗箱操作”，人为调节资产评估结果的现象。一些主辅分离辅业改制企业钻国家政策的空子，预留的改制成本不真实，国有权益核减不按规定进行申报等。

3. 股权设置不合理，改制企业设立登记不合规

有的国有企业主辅分离辅业改制后，股权集中过高，国有股包括法人股“一股独大”，有的占总股本的65%以上，改来改去还是国有股在改制后的新企业绝对控股，难以建立起有效的公司治理结构。还有的国有企业主辅分离辅业改制没有按规定在资产评估结果备案后进行工商注册登记，而是单方面先用货币资金验资注册成立新公司，造成产生改制后职工无法用量化的净资产得到身份补偿金入股到新企业等问题。

4. 国有资产权属不清，无偿占有资产普遍存在

由于主辅分离辅业改制后的企业与原主体企业存在千丝万缕的联系，出现了改制后的新企业无偿占有、使用主体企业资产的状况。有的双方未办理产权移交手续，也不签订资产转让合同；有的无偿使用原主体企业的机械设备等动产和土地、房屋等不动产从事经营，既不签订租赁协议，也不交使用费；有的房屋出租给改制后的新企业，虽然也签订了租赁合同，但并没有实际履行。

（二）对策及其建议

国有企业主辅分离辅业改制应从完善相关法律法规、规范改制流程、正确预提改制费用、规范股权设置、及时移交相关资产等工作入手，强化改制管理，防范国有资产流失。

1. 建立和完善相关法律法规，支持主辅分离辅业改制工作

国家应建立和完善相关的政策法规和配套措施，支持主辅分离辅业改制工作。特别在厂办大集体方面，应尽快出台政策支持厂办大集体通过改制重组等多种途径分类解决职工安置等问题。一是对厂办大集体无偿使用主办国有企业的行政划拨土地，应依法办理土地划转手续，主办国有企业改制时，该土地不再纳入评估范围。二是因历史原因，对厂办大集体长期占用的主办国有企业的固定资产实施无偿划拨；历年欠主办企业的债务，由主办企业豁免，在改制后冲减国有权益。三是厂办大集体可用净资产支付解除在职职工劳动关系的经济补偿金和内退生活费等，不足的部分由主办国有企业、地方财政和中央财政共同解决，妥善处理好厂办大集体存在的问题。

2. 规范改制程序，避免国有资产流失

第一，离任审计。首先，国有产权持有单位要重视离任审计工作，特别是改制为非国有企业，必须在改制前对法定代表人进行离任审计。其次，离任审计最好由中介机构和国有产权持有单位内部审计部门联合审计。最后，审计内容应按国资委有关文件规定执行。离任审计的侧重点是法定代表人任职期内的财务收支、企业绩效、经济责任等。

第二，清产核资、资产清查。首先，国有企业改制前必须进行清产核资，对资产进行全面的清查核实，清产核资结果必须报国有资产监督管理机构批复确认。如改制企业资产规模较小，经国有产权持有单位批准，也可以不进行清产核资，但必须进行资产清查，清查结果由国有产权持有单位委托中介机构进行专项审计并报国有资产监督管理机构批复确认。其次，实施清查。国有产权持有单位应组织相关人员对改制企业进行全过程的指导和监督，对各类资产、负债、所有者权益进行全面清理、登记、核对和查实，做到见物就点、是账就清，不重不漏。如道路、围墙、工具用具、办公桌椅、电脑、打印机等要全面进行核查，不留死角，对各类负债应关注负债的形成、依据、原始记录，进行必要的函证。对查出来的问题，不打埋伏，如实上报。对清查出的各种资产盘盈、盘亏等，在按规定进行必要的技术鉴定后，提出处理意见，按规定进行账务处理。

第三，财务审计。根据有关文件规定，辅业单位改制必须由国有产权持有单

位委托中介机构进行财务审计，财务审计是为下一步开展资产评估提供基础依据。首先是财务审计必须在出具离任审计报告并且资产清查调整账务后进行。其次是财务审计应选择具备资格、没有参与改制企业年度报表审计的中介机构进行，这样可以避免改制企业和中介机构“暗箱操作”。最后是财务审计的重点是关注改制企业前一年的经济效益完成情况，实现利润或亏损是否真实；对潜亏，重点审查未足额计提和摊销成本费用；特别对预提费用要审查处理是否正确，依据是否充分，有没有利用改制人为多转成本或少列收入而加大亏损的问题。

第四，资产评估。首先，评估机构的选择和评估基准日的确定。依照《国有资产评估管理办法》等相关规定，结合改制企业的实际，评估机构的选择必须为国有产权持有单位委托省级以上同时具备国有资产管理部门和国土资源管理部门授予的双重资格的资产评估机构；评估基准日的选择应以接近于改制实施和尽可能少的账务调整的某月末、季末或年末为基准日，这样有利于资产、负债的确定。其次，评估阶段是企业改制的关键环节，国有资产产权单位要全过程参与改制企业的资产评估工作。以资产清查报告为切入点展开评估，对清产核资或资产清查批复后已列销的资产损失，如实物资产等仍然存在，尚有剩余价值的，评估人员要参照改制企业的账销案存备查簿，按“现行市价法”结合新旧程度进行评估。对账外资产要查清资产的权属、证照，做到有凭有据；如是改制企业的资产，必须进行评估，避免国有资产流失；银行存款未达账项必须逐笔核对，对已处理的未达账项造成损失的，要查清原因；往来账不能简单按账龄来评估，对往来账中长期不能收回的债权除进行必要的账龄分析外，参照改制企业从工商行政管理部门或债务等单位取得的相关证明进行评估，不能仅按账龄和人为确定的损失比例来确认评估结果，杜绝原主体企业在评估前仅要求满足国有股在改制后企业所占一定比例的情况下，由改制企业在评估时要求评估机构人为调节资产评估结果的现象。对通过土地出让、租赁、保留国有划拨等方式处理土地资产的，操作中要结合改制企业实际情况合理选择。特别对改制成非国有企业的土地评估，对仅用职工身份补偿金入股和国有参股成立的新企业并且改制企业是国有划拨用地的，由于新企业很难缴纳一笔数目可观土地出让金而将划拨地改成出让地，在评估时建议以评估价扣除土地出让金后的价值作为土地评估结果。最后，资产评估结果经国有资产监督管理机构备案后，建议按以下规定进行处理。当评估的资产价值大于原账面价值时，应当按照评估确认的资产原价与原资产账面价值之间的差额，调整资产的账面价值，按照增加部分适用的税率计算应交税金，作为递延税款处理，按照二者之间的差额增加资本公积；当评估的资产价值小于原账面价值时，应当按照评估确认的资产价值与原资产账面价值之间的差额，计入当期损益，同时调整原资产的账面价值；当评估确认资产价值等于原资产账面价值时，不进行账务调整。评估基准日与调账日不一致的会计处理。对于评估基准日至调账日之间发生资产变化的应区别情况处理，首先对于已经发生的资产评估增减值采用追溯调整，即按资产变化方向调整；对资产增值部分应调整资产账面价值和资本公积，并在调整后补提因评估增值而应补提的折旧；其余按第一种类型进行账务处理。评估基准日至改制企业设立登记期间实现利润的处理，实际执行中要区别情况进行账务调整，如改制企业全部是国有资本，实现的利润应全部归国有产权持有单位；如原企业已是股份多元化的企业，应按股权比例进行分配处理。

3. 正确预提国有净资产，确保国有权益的核减真实可靠

第一，经济补偿金标准。国家对职工经济补偿金的标准作了明确规定，但在实际中，有的主辅分离辅业改制企业钻国家政策的漏洞，在评估基准日前12个月内增发工资数额，达到套取高额经济补偿金的目的。为防止这类现象的发生可按企业正常生产情况下劳动者解除劳动合同前3年的月平均工资计算，这是比较合理和公正的。

第二，内退等其他人员生活费及各项社会保险预提。依据相关规定，改制企业可用国有净资产预留改制分流内退人员生活费和社会保险费等，但规定内容较粗。一是内退人员生活费应按省级劳动和社会保障部门审核备案前企业已发放的生活费核定，内退人员计提各项保险应按审核备案前企业所在地平均工资为基数提取“五险一金”（即养老保险、医疗保险、失业保险、工伤保险、生育保险、住房公积金），提取比率按现行地方政府的规定执行。二是对没有参加社会工伤保险，已发生工伤人员的费用预留要按《工伤保险条例》相关规定支付或预留，对一级至四级重伤残人员要考虑护理和医疗费等情况进行预留。三是对改制企业支付的“压缩返乡”、“精减人员" 的生活费也应按现行支付标准和合理寿命计算预提。四是离休人员因情况比较复杂、费用种类繁多等特点，建议由原主体企业收回，实行统一管理，费用由其支付。

第三，按规定履行国有权益核减程序。首先，改制企业要根据省级劳动和社会保障部门审核的结果，对支付和预留各项费用，进行必要的账务处理，之后中介机构才能对这些费用进行专项审计。其次，审计人员要认真审核，核对人数，对照参与职工改制支付的身份补偿金、内退和自谋职业等人员查找是否有重复现象，对预留的每一项费用都要查找省级部门及以上的依据，审核每名职工预留是否真实，必要时查找个人档案进行核对。最后，审计报告出具后，如国有净资产按规定进行各项支付和预留没有造成国有资产减少的，仅需要将有关结果报国资委审核备案；如用国有净资产按规定进行各项支付和预留造成国有资产减少的，由国有产权持有单位按规定报国资委批准后冲减国有权益，改制企业按批复结果及时进行必要的调账处理。

4. 股权设置考虑充分，设立登记规范操作

资产评估结果备案后，改制企业要在清理劳动关系的基础上，确定职工用身份补偿金自愿入股到新企业的数额，考虑到吸引战略投资者及改制企业净资产冲减改制成本有结余部分，由改制企业提出股权设置方案，国有产权持有单位考虑对其是否投资等其他因素，测算股权结构。一是在国有股权设置时，如改制成非国有企业的，原主体企业国有股在新企业所占的比例以不超过20%为宜，如还有剩余国有净资产原主体企业应收回。二是新企业设立登记必须在改制企业资产评估结果备案、职工身份补偿金自愿入股等其他投资到位并进行验资后进行。切勿在资产评估结果没有备案前单方用货币资金验资注册新企业，造成职工无法用量化的净资产形成的身份补偿金入股到新企业等问题，这样有可能出现在工商部门无法办理变更登记等尴尬的局面。

5. 及时办理资产移交和人员托管手续，完善国有产权后续管理

改制后的新企业在工商行政管理部门办理完注册登记后，原主体企业应及时办理资产移交手续。原改制企业退休、退养职工经协商由改制后的新企业代为管理的，原主体企业应及时与改制后的新企业办理人员托管协议，按期支付托管费。属于改制后新企业的资产，原主体企业应向其办理划转手续，属于原主体企业的资产应及时收回。因历史原因，改制后的新企业还占用原主体企业机械设备等动产和土地、房屋等不动产的，原主体企业应及时与改制后的新企业进行协商，签订资产租赁合同，按期收取租金；或签订资产转让合同，收取转让价款，对一次支付资金有困难的，经原主体企业同意，可以分次支付，但最长不得超过3年。原主体企业应指定专人负责管理改制后的新企业占用的国有资产，按期收取租金或转让价款，对恶意拖欠的，原主体企业应及时中止合同，依法收回资产，避免国有资产的流失。

二、主辅分离辅业改制企业后续管理

国有大中型企业主辅分离辅业改制在中央和地方国有企业实施10多年的实践证明，这项政策从实际出发，解决了国有企业负担与社会就业的矛盾，对盘活资产、精干主业发挥了重要作用。但主辅分离辅业改制后，仍然存在一些不容忽视的问题。结合工作实际，本部分内容主要从政策扶持，改制后企业监管等方面对辅业改制后的单位财务会计问题进行探讨。

（一）国家出台政策，支持改制企业原厂办大集体改革

虽然厂办大集体与国有企业是两个不同的法人实体，但实际上，原主办国有

企业都给予厂办大集体以资金、实物上的支持，存在着事实上的资产关系。这些厂办大集体在当时的历史背景下，对解决国有企业职工子弟等人员的就业起到一定的作用，但目前大多数厂办大集体步履艰难、亏损严重。所以主办国有企业在改制的同时，对这些厂办大集体存在的问题也应一并解决，如果这些遗留问题得不到合理解决，将会影响到社会的稳定和国有企业的整体发展。

2005年，国务院批复了由财政部、国资委和劳动保障部联合上报的《东北地区厂办大集体改革试点工作指导意见》，提出在试点的基础上，争取用3年左右的时间，妥善解决东北地区厂办大集体问题，并适时在全国推开。2007年，国务院办公厅下发《关于中部六省比照实施振兴东北地区等老工业基地和西部大开发有关政策范围的通知》（国办函〔2007〕2号），在中部六省实施。2011年，国务院办公厅下发《关于在全国范围内开展厂办大集体改革工作的指导意见》（国办发〔2011〕18号），规定从2011年开始，用3~5年的时间，通过制度创新、体制创新和机制创新，使厂办大集体与主办国有企业彻底分离，成为产权清晰、面向市场、自负盈亏的独立法人实体和市场主体，职工得到妥善安置，职工合法权益得到切实维护。财政部依据上述指导意见于2011年8月22日下发了《关于中央企业厂办大集体改革中央财政专项补助资金管理问题的通知》（财企〔2011〕231号），指出“在按规定对有关资产和债权债务处理后，净资产仍不足以支付解除在职集体职工劳动关系经济补偿金的，差额部分所需资金由国有企业和中央财政给予专项补助。其中：对改革前一年度生产经营情况正常且有盈利的厂办大集体，中央财政补助30%；对改革前一年度已停产或经营亏损的厂办大集体，中央财政补助50%”。2015年10月25日国务院下发《关于改革和完善国有资产管理体制的若干意见》（国发〔2015〕63号），对妥善解决历史遗留问题，加快剥离企业办社会职能，离退休人员社会化管理、厂办大集体改革等问题，制定了统筹规范、分类施策的措施，建立政府和国有企业合理分担成本的机制，国有企业要充分运用好该项政策，妥善处理好厂办大集体问题，彻底解决国有企业改制中的后顾之忧，保证国有企业兼并重组和相关改制工作顺利实施。

（二）修改相关规定，调整预留内退等人员费用

由于物价不断上涨，现在大部分城市已调整了退休人员的工资和城镇人员的低保生活费，同时，也调高了各项社会保险费的缴纳基数。而按国务院国资委国资发产权〔2004〕9号文规定：“预留因改制分流实行内部退养的人员的生活费和社会保险费。预留生活费标准由企业根据有关规定确定，最高不超过按所在省（区、市）计算正常退休人员养老金的办法核定的数额。社会保险费按内退前的基数一次核定，不再调整”。这条规定已不能适应形势的发展，原主体企业不得不违反规定“东躲西藏”来支付预留内退人员等费用不足的问题。目前，政府

已意识到预留改制费用不足问题，财政部2009年下发了《关于企业重组有关职工安置费用财务管理问题的通知》（财企〔2009〕117号），规定预提不足支付相关费用的，按《企业会计准则》的相关规定，计入管理单位当期损益。

（三）逐步完善社会保障体系，妥善安置离休人员

一是原国有企业主辅分离辅业改制的离休人员，不参加企业改制，由原主体企业收回统一管理。原主体企业按照国家有关政策将离休人员的养老金全部纳入社会统筹，进行社会化发放。统筹外的支出，如医疗费、活动费等，由原主体企业在管理费用中列支，待条件成熟后再全部纳入社会统筹，这样处理对政府和改制后企业来说，均是合情合理，也易于双方接受。二是对离休人员医疗费支出，要积极争取条件纳入社会医疗保险，各地应根据当地的实际情况，适当降低国有企业离休人员医疗保险“入门费”的门槛，对一次缴纳有困难的国有企业，也可以分几年缴纳。三是对离休人员的管理，也是一项复杂而艰巨的任务，目前仍由原主体企业进行统一管理，待国家社会保障体制建立并完善后，应逐步将离休人员统一移交社区管理。

（四）坚持适度的扶持政策，保证新企业健康有序发展

1. 及时办理免征企业所得税相关手续，享受国家的扶持政策

根据相关规定，国有大中型企业主辅分离辅业改制，分流安置本企业富余人员兴办的经济实体，凡符合利用原企业的“三类资产”；独立核算、产权清晰并逐步实现产权主体多元化；吸纳原企业富余人员达到30%（含）以上；与安置的职工变更或签订新的劳动合同条件的，经有关部门认定，税务机关审核，可享受规定的3年内免征企业所得税的政策。对已改制的辅业企业，如符合上述政策，应及时将相关文件和资料提交相关部门审核确认，原主体企业相关部门和人员有义务配合改制后的企业完成此项工作，使改制后的企业能享受国家的扶持政策。

2. 原主体企业也要坚持适度的扶持政策，支持新企业的发展

由于改制后的新企业与原主体企业是两个不同性质的法人实体，因此新成立的企业不能利用原主体企业的资质来承接任务，原主体企业从财务风险出发也不能再像原内部企业那样在资金等方面提供帮助。但是对主辅分离辅业改制后新成立的企业，大部分在初期独立生存能力还相对较弱，如在一定期间内得不到原主体企业的扶持，改制后的新企业很难生存和发展。因此对改制后的没有改变其生产方式及原主体继续参股的企业，由于业务性质与原主体企业还存在一定的关联度，为了保证改制后的新企业生存和发展，原主体企业要从实际出发，在生产任

务等方面加大扶持力度，在同等条件下，可以将一些生产任务优先交由改制后的企业完成；在融资方面，原主体企业在金融机构综合授信额度内，在不影响自身融资的情况下，经相关权力机构批准可以在 3 年内对其提供一定额度的贷款担保，解决改制后的新企业流动资金不足的矛盾，维持其正常生产经营活动，但要坚持逐年递减的原则。而原主体企业也可以要求改制后的新企业再提供反担保，进而可以加强其风险控制，保持改制后的企业健康有序发展。

（五）建立内部控制制度，规范财务核算等方面工作

辅业改制后的新企业一部分为原主体企业参股，由于达不到控股的比例，所以，原主体企业也就不需要合并改制后的新企业会计报表，对改制后的企业财务核算也没有具体的要求，导致改制后的企业大部分财务核算不规范；没有建立相应的内部控制制度，给改制后的新企业带来了较大经营和财务风险，也给原主体企业参股带来投资风险。解决的途径有以下三个。

1. 根据企业特点和性质，选择财务核算体系

原主体属于建筑业的辅业单位（如工业辅助生产、运输队、修配厂等），原来较通行的是以《企业会计制度》和《施工企业会计核算办法》进行会计核算，单位的主营业务收入、成本在其他业务收入、成本科目中核算，从原主体企业整体报表体系看是完整的，但就具体的单位则反映不出自己的经营特点。这就需要辅业改制后，结合改制单位的实际，如果没有改变原生产经营的性质，则应进行核算体系的变革，真实记录、反映本单位的财务状况、经营成果；同时，应将原在其他业务收入、成本科目中核算业务变更为在主营业务收入、成本业务中核算。

2. 建立健全内部控制体系，强化内部监督检查

改制后的新企业在成立之初，财务核算等方面还比较薄弱，相应的内部控制制度还不健全，所以建立健全财务监督体系，防范财务风险是改制后的新企业风险控制的前提：一是要建立现代企业制度下股东会、董事会、监事会、经理层等法人治理结构，规范改制后的新企业决策程序；二是改制后的新企业也应按《企业财务通则》的要求建立和完善各项财务管理制度，包括日常费用报销管理、现金管理、存货管理、备用金管理等。另外，还要制定会计核算办法和流程，按《会计基础工作标准化》要求进行财务核算，编制会计凭证和财务会计报告。对原主体参股改制企业，会计期间应与原主体企业保持一致，原主体企业每年应委托中介机构对改制后的新企业年度财务会计报表进行审计，审计后的财务会计报表应送原主体企业备案。

3. 重视会计档案和会计电算化工作

如果新公司是企业整体或合并改建成立的，按国家有关文件规定，改制前的会计档案应由新公司按有关文件规定保管、处理。新公司成立后形成的会计档案也应按有关文件规定保管、处理，以充分发挥会计档案的重要作用。会计电算化不仅可以提高会计核算工作的及时性、准确性，而且可以促使会计核算随着会计软件从“核算型”向“管理型”转变，所以改制后的企业应重视会计电算化工作，加强改制企业财务会计人员的学习和培训，更好地为企业发展提供决策支持服务。

第四节　BT 项目投融资管理策划

BT（建设-移交）模式作为政府进行基础设施项目建设的一种方式，本身就是一种融资形式。对企业来讲，参与 BT 项目建设，在建设单位回购项目前涉及项目整体融资和施工，最终目的是通过该项目赚取施工利润。由于 BT 模式建设项目往往投资巨大、涉及资金较多，仅仅依靠企业自有资金是很难满足建设项目需求的，所以，BT 项目除了企业需要有较强的施工管理能力、机械装备、技术人员外，还必须有较强的融资策划和管理能力。融资如不能满足项目需要，将会导致 BT 项目不能按期移交，对企业生产经营将会带来严重的后果。因此，BT 项目融资管理是整个项目重中之重的工作，处于项目的核心地位。下面以某集团企业参与 BT 投资项目融资管理为例，对集团 BT 项目按融资策划进行探讨。

一、成立项目管理公司，明确融资主体

某集团经过前期的深入调查和分析，预测项目经济效益前景，在定性和定量分析的基础上，结合集团公司实际现金流状况，履行相应的决策程序后，以 BT 模式参与投标某市绕城高速公路 D 标建设，最终在 20×4 年年底中标该 BT 项目。合同约定，建设期 3 年，合同总价款初步确定为 20 亿元，特别约定回购款总价以政府委派的审计机构审计确定最终价为准。其中融资及回购款条款约定：集团配套自有资金为 30%，工程开工日实际到位资金 2 亿元，另外 4 亿元在开工后分四次在 20×5 年年底前等额到位；其余 70%的资金由政府所属的城投公司协助集团在项目所在地银行贷款筹集；同时还约定自有资金利息按年 7%计算，银行贷款以签订贷款合同规定年利率计算并按实际使用期间分段确定。所有资金来源和使用由建设单位和项目管理公司共同管理，建设单位对资金的监管通过在指定银行设立项目资金专户实现。BT 项目正式移交后 6 个月内开始回购，建设单位首次支付工程结算价款和建设期间的利息费用的 50%，剩余回购款在首次支付款后 1 年内支付。集团中标后，按建设单位的要求，为了方便融资和强化项目管理需要，成立××项目公司，项目公司为独立法人，对外融资由项目公司作为融资主

体，项目于20×5年1月2日开工，集团按期将启动资金2亿元汇入项目资金专户，工程得以顺利展开。

二、编制整体资金计划，保证项目所需资金

BT项目公司成立后，为了保证项目所需资金按计划实施，集团首先组织专人编制了项目总体资金预算。项目总体资金预算包含以下几个方面：一是编制项目初步资金预算。结合项目概预算，在深入调查的基础上，确定项目资金需求后，编制项目初步资金预算，初步预算以保证项目施工生产为前提；二是虽然项目概预算中有不可预见性费用，由于项目施工特殊性，有些不可预见费用只能随着工程进展而发生，建筑企业历年施工项目表明，由于设计、隐蔽项目等因素，工程变更是在所难免的，所以，集团还要根据以往的经验，编制工程变更资金预算，由项目初步资金预算加上工程变更资金预算得出最终BT项目总体资金预算。BT项目总体资金预算是项目融资的基础。其次，结合项目总体资金预算，根据工程项目进度，还应编制项目分阶段资金预算，分阶段资金预算以分部项目为控制点编制，力求做到准确。最后，根据实际施工进展情况和资金的实际需求，每年初还需编制项目资金调整预算，资金调整预算对项目统筹安排资金意义较大。以该BT项目为例，项目公司制定整体资金计划为20亿元，具体时间和金额见表1-1。

表1-1 项目整体资金需求

时间		金额/万元	累计金额/万元
20×5年	一季度	20000	20000
	二季度	10000	30000
	三季度	12000	42000
	四季度	15000	57000
20×6年	一季度	15000	72000
	二季度	18000	90000
	三季度	16000	106000
	四季度	15000	121000
20×7年	一季度	18000	139000
	二季度	13000	152000
	三季度	14000	166000
	四季度	16000	182000
20×8年	一季度	8000	190000
	二季度	10000	200000
合　计		200000	

三、加强银行企业合作，做好融资实施工作

参与BT项目施工的资金除集团前期按合同约定自筹一定比例的自有资金外，大部分资金是通过外部筹得。所以，对这部分外部贷款，项目公司要根据金融市场利率变化、通货膨胀、国家政策变化而带来银行紧缩银根变化等因素，超前考虑，认真落实，事前预测和分析，防范资金不到位而延误工期等财务风险。目前，大部分BT项目合同都约定建设单位应协助项目公司与当地金融机构加强联系，寻找合作银行，进行项目融资，而合作银行的选择要以保证项目融资为前提。以该BT项目为例，项目公司根据总体资金需求计划，经过测算，该BT项目大约需要对外融资近11.5亿元。项目公司在建设单位帮助下，与当地几家国有商业银行进行了多次沟通、协商一致后，确定三家国有商业银行为合作银行。由于国家加大基础设施的投入，采取适度宽松的货币政策，在项目施工期间，最终由一家国有商业银行完成了整个项目融资贷款。项目公司依据与银行达成的意见，制定了分阶段融资额度和时间计划，确定分九次从银行融资，项目公司前期融资5亿元以内的，由集团负责提供担保，其余的额度以项目为前提，银行通过对项目公司授信来解决；需要融资时，项目公司提前3个月通知银行，银行在国家基准利率范围内下浮10%放贷。由于项目公司对项目资金需求预测较为准确，银行基本根据项目公司分段融资计划进行放贷，保证了项目施工资金需要。项目公司具体实施融资情况见表1-2。

表1-2 项目对外融资实施情况

资金来源	筹资金额/万元	累计金额/万元	融入时间
银行贷款	10000	10000	20×6年2月1日
	12000	22000	20×6年6月1日
	14000	36000	20×6年9月1日
	19000	55000	20×6年12月1日
	18000	73000	20×7年3月1日
	16000	89000	20×7年7月1日
	10000	99000	20×7年9月1日
	8000	107000	20×7年12月1日
	5000	112000	20×8年4月1日
合计	112000		

四、重视资金来源管理，强化资金运用监管

由于BT项目资金管理是采用建设单位和项目公司共同监管，统一专户管理

的办法，建设单位通过专户可以了解资金来源和资金使用去向以及融资成本等信息，所以强化项目资金来源和运用管理，是保证项目能够按期回购的前提，也是项目终结审计的基础。以该项目为例：一是项目公司根据合同约定，按期将集团配套资金汇入项目专户，并及时通知建设单位；二是按照项目分阶段资金融资计划与建设单位协商同意后，将融资贷款存入项目专户；三是按照资金使用计划，结合项目实际实施情况将该专户资金拨付施工单位，项目公司按月向建设单位提供工程款验工及支付情况说明书。四是项目公司实行资金延伸监管，避免建筑企业挪用建设资金。一方面，每个施工单位只允许开一个账户，如材料采购等大额资金支付，按照购货合同由项目公司直接代付给材料供应商，减少资金支付的中间环节，降低工程资金被挪用的风险；对农民工工资，也由项目公司代为支付。另一方面，实行严格的支付审批手续。对施工单位报送的工程验工计价单和项目资金的使用计划进行严格的审核，根据审核确认结果进行支付。

五、确定资金占用时间，合理计算融资成本

融资总额主要包括集团配套自有资金和项目公司对外融资两部分，相应的融资成本也由自有资金成本和对外融资利息两部分组成。BT 回购价中除施工期间成本外，还应包含融资成本；而为 BT 项目融资所支付的筹资成本，合同约定暂由集团垫融资成本计算：一是外部融资由贷款金额、贷款利率、贷款期间三个因素决定；二是自有资金一般是由建设单位与集团公司在合同中约定。以该 BT 项目为例，合同约定：资金占用时间分三段，其中，施工期间是从项目开工至项目竣工，融资成本由资金到账日直到项目回购日前的时间确定；延长期是从项目竣工试运营至回购前，这段时间项目公司已得到建设单位确认，融资成本也是以资金到账日至项目回购前的时间确定；回购期是从回购开始至回购结束并终结审计，融资成本是根据施工期间的结算价加上施工期间贷款费用和延长期利息费用为基数，根据回购进度产生的利息费用来确定。该 BT 项目最终经审计确认的合同结算价含变更索赔为 162000 万元。融资总成本为 41009 万元，其中施工期间为 23897 万元，延长期为 6135 万元，回购期为 10977 万元。具体融资利息计算见表 1-3，回购期资金成本计算见表 1-4。

表 1-3 施工期间融资利息计算

资金来源	筹资金额/万元	累计金额/万元	注入日期	计算期间/月	利率/%	利息/万元
自由资金	20000	20000	20×4 年 12 月 29 日	42	7	4900
	10000	30000	20×5 年 4 月 1 日	39	7	2275
	10000	40000	20×5 年 7 月 1 日	36	7	2100
	10000	50000	20×5 年 9 月 1 日	34	7	1983
	10000	60000	20×5 年 11 月 1 日	32	7	1867

续表 1-3

资金来源	筹资金额/万元	累计金额/万元	注入日期	计算期间/月	利率/%	利息/万元
银行贷款	10000	70000	20×6 年 2 月 1 日	29	6.5	1571
	12000	820000	20×6 年 6 月 1 日	25	6.5	1625
	14000	96000	20×6 年 9 月 1 日	22	6.7	1720
	19000	115000	20×6 年 12 月 1 日	19	6.7	2016
	18000	133000	20×7 年 3 月 1 日	16	7	1680
	16000	149000	20×7 年 7 月 1 日	12	7.2	1152
	10000	159000	20×7 年 9 月 1 日	10	7.2	600
	8000	167000	20×7 年 12 月 1 日	7	7	327
	5000	172000	20×8 年 4 月 1 日	3	6.6	83
合计	172000					23897

延长期的贷款利息＝（162000+23897）×6.6%×6÷12＝6135（万元）

表 1-4　回购期资金成本　（万元）

回购款时间	合同结算价	贷款利息	应付回购款	延长期资金成本	回购期资金成本	回购进度	回购款	累计回购款
20×8 年 7 月 1 日	162000	23897	185897	6135		50%	96016	96016
20×8 年 10 月 1 日			96016		4753	20%	43159	139175
20×8 年 12 月 1 日			52857		3198	10%	22401	161577
20×9 年 2 月 1 日			30455		2178	10%	21381	182958
20×9 年 6 月 1 日			9074		848	10%	20051	203009
小计	162000	23897		6135	10977		203009	

六、及时办理项目移交，按期回购项目资金

办理 BT 项目移交的各项工作，是按期回购项目资金的前提。BT 项目移交工作包括项目竣工资料、图纸、各种许可证、技术资料等各类档案。BT 项目的回购方式在初始合同中就有约定，一般会根据项目建设单位财务状况、基础设施项目本身产生现金流量的难易程度、项目投资额大小等因素确定。有的 BT 项目由于项目运行后投资额度不太大，预测收益较好，一般是采取一次性回购，有的 BT 项目由于项目运行后投资额度太大，预测不能立即产生较多的收益，一般采取分阶段回购方式。该 BT 项目由于项目公司精心组织，加强管理，项目于 20×7 年 12 月底按期竣工，经建设单位组织专家对项目进行竣工验收，项目公司就着手组织人员办理项目移交工作，对验收中存在的一些缺陷工程进行修复，并达成 6 个月的工程延长期，在这 6 个月的延长期中，项目公司按照建设单位的要求，

对缺陷的项目进行修复，同时完成各类档案的移交工作，经过建设单位再次验收，确认达到合同规定的竣工移交要求。项目从20×8年7月进入回购期，由于项目投资大，建设单位分5次进行回购，最终在20×9年6月1日前完成全部回购工作，集团公司成功收回了全部的回购款，项目公司也按回购款分阶段及时归还了所有银行贷款，至此，该BT项目所有回购工作全部完成。

综观该BT项目建造的过程，除施工组织外，资金的统筹安排、融资款的按期到位至关重要，集团正是抓住问题的关键，才产生投资效果。对集团从回购款与投入资金、资金成本、工程结算价、管理费用等指标进行分析，可以看出，回购款总价203009万元，项目总成本192380万元，其中：审定的工程结算价为162000万元，项目公司发生管理费用4490万元，实际归还银行借款利息11131万元，自有资金成本14759万元，回购总价减项目总成本为税前会计利润10629万元，仅从这些指标分析得出的结果来看，该集团参与该BT项目是成功的。

第五节　拓宽企业集团融资渠道

在激烈的市场竞争中，如何加强国有大中型企业集团融资，满足企业发展对资金的需求，实现企业价值最大化，是集团面临的一个重要课题。目前，国有大中型企业存在外源融资不畅，融资方式过于单一；内源融资不利，资金调剂能力较弱等问题。现以建筑企业集团为例，探讨集团拓宽融资渠道途径。

一、制定融资发展战略，明确融资发展目标

拓宽融资渠道，是解决建筑企业集团融资的关键；而拓宽融资渠道，首先要制定建筑企业集团融资发展战略，明确发展目标，其中长期融资发展战略应包括融资的规模、优化资本结构、最佳资本成本、开展多种融资渠道等内容。要避免单一从银行贷款的融资方式，注意单一融资和多种融资相结合，上市融资和发行企业债券融资相结合，银行短期贷款与短期融资券相结合。同时，要科学详尽地分析比较历史与现实、计划与实际、目前与未来的信息资料，探求和寻找各种可供选择的融资战略方案和融资渠道。

二、强化内源融资管理，合理调剂资金

强化内源融资管理，关键是组建建筑企业集团资金结算中心，实现资金集中统一管理。具体做法是对建筑企业集团账户进行集中清理，将集团所属分公司、直属项目部等单位在金融机构开立的银行账户全部撤销，统一改在资金结算中心开户，由资金结算中心统一对外。对子公司的账户可以采用适度集中的原则；对建筑企业集团直属项目部资金实行一、二级账户管理，一级账户是资金流入账

户，由集团授权资金结算中心统一管理，二级账户是资金流出账户，由项目部统一管理，这样既可以减少各成员单位资金的沉淀，又可以在成员单位之间相互调节资金进行融资。此外，要强化内部“三角债”的清理力度，逐步建立起资金有偿使用制度，也是建筑企业集团内源融资的关键所在。

三、上市直接融资，选择最佳的融资渠道

在外源融资渠道中，首选的应是通过证券市场发行股票融资。建筑企业集团通过股份制改造，在国内或海外募集资金，实现规模实力的扩张，上市融资是非常理想的、最佳的融资方式，如发行成功，既可以大大缓解流动资金紧缺的局面，又可以在很大程度上解决建筑企业集团购置机械设备装备等资金需求。如中铁二局上市共募集资金 9.5 亿元人民币，其中 65158 万元用于购置施工机械设备，占募集总额的 68.6%。但在我国目前上市制度下，发行股票需要具备一系列的条件，上市门槛较高。要杜绝不顾企业实际，盲目进行“包装上市”操作，从而加重企业资金紧张压力。

四、发行企业债券，解决中长期融资需求

债券融资在直接融资中占有重要地位，可极大地拓展企业的融资空间，可以解决建筑企业集团中长期融资需求。截止到 2015 年 9 月，债券市场共发行各类债券累计达 15.24 万亿元，为国家铁路、电力、石化、城市基础建设等筹集了大量资金，发挥了企业债券融资功能。债券筹资期限可长达 15 年，发行成本要比股票筹资低，债券利息可从税前利润扣除，债券融资不影响原有股东的控制权，风险小、投资收益较稳定；债券筹资还可以发挥财务杠杆的作用，增加每股税后盈余。但目前在我国发行企业债券，由于发行条件十分苛刻，门槛较高，很少有企业能发行。我国应对 1993 年出台的《企业债券管理条例》进行修改，在发行体制、投资制度、发行企业提供银行担保等方面进行改革，降低发行门槛，给更多的企业创造发行企业债券的机会。

五、发行短期融资券，解决短期融资需求

短期融资债券是目前建筑企业集团最理想的短期融资方式，只要符合申请条件的建筑企业集团，并且企业净资产在 5 亿元以上的，都可以委托一家主承销商业银行，向中国人民银行提出申请，经中国人民银行审批后发行。虽然短期融资券期限一般不超过一年，但企业可以通过连续发行的方式，解决期限不超过一年的融资问题。但应注意以下问题：一是建筑企业集团要根据企业的资金需求，合理确定短期融资券发行时间，避免资金闲置；二是企业发行融资券，均应经过在中国境内工商注册且具备债券评级能力的评级机构的信用评级；三是由于短期融

资券期限较短，如不能成功展期，会加大建筑企业集团短期还款的压力。四是应防范短期融资券风险，合理调配资金，确保按期还款。

六、融资租赁，寻觅中长期融资的新途径

融资与融物相结合可使承租人在获取设备使用权的同时，实际上取得经营所需的长期资金，融资租赁最大的受益人是使用租赁物件的建筑企业。对于建筑企业有些设备使用频率不高的问题，采用非全额融资的融资租赁方式就可以解决，即在合同签订时，通过双方事先确定余值，在租赁合同中留一个尾款，租期届满时，承租人可以根据当时的情况选择租赁物件的续租、留购和退租。融资租赁支付租金的方式灵活多样，可以根据建筑企业的需求，采取每期租金期初付或期后付，各期租金之间还可根据需要按照一定比例或固定金额递增或递减，甚至还可以实行阶段性租金，即在没有工程期间不支付租金，有工程时继续支付租金，这些都是银行金融服务难以做到的。需要注意的是出租人必须是合法开展融资租赁业务的融资租赁公司、中外合资或合作租赁公司、信托投资公司、资产管理公司与财务公司等；同时，还要关注出租人的经济实力、资信状况、租赁合同的质量、租赁费用的收取标准和收取方法。如中铁×局在北京地铁黄庄站项目施工中，就是通过融资租赁方式，从出租人深圳国际建筑机械有限公司租入一台德国海伦克内希德特公司生产的价值500万美元盾构机，解决了该局自有资金不足并受外汇管制限制无法购置等问题，节约成本近500万元。

七、发行资金信托，发展新的融资渠道

利用信托投资公司等金融机构采用发行资金信托的办法将内部职工资金筹集起来，再由信托投资公司将这部分资金贷给建筑企业集团，建筑企业集团以略高于银行同期贷款利率与信托投资公司进行委托贷款业务。这项业务的特点是审批程序简单，由信托投资公司、员工与建筑企业集团达成三方协议，就可解决建筑企业集团资金紧张的问题。这种资金信托计划可以解决短期资金周转困难，也可以用于中长期融资项目，可以依据施工项目的经济效益来定。近几年，有些信托投资公司通过开办此业务帮助一些建筑企业集团解决了项目资金紧张的问题，并且三方运作良好。

八、让售应收账款，搭建融资新平台

应收账款抵押、让售都是应收账款融资的一种方式，而应收账款让售是指建筑企业集团将应收账款出让给金融机构以筹措资金的一种避险方式，也是建筑企业集团应收账款融资发展的新平台。具体做法是建筑企业集团与金融机构签订应收账款让售合同，同时根据金融机构可能享受的现金折让而确定一定数额的扣存

额，根据风险的大小，扣除扣存额和手续费的应收账款余额即为让售价格。采用让售方式，建筑企业集团要将让售账款通知债务人，由金融机构直接收取账款。采用应收账款抵押贷款方式建筑企业集团可继续保持应收账款的权益，同时，承担一定的融资费用及坏账损失；而应收账款让售方式相当于销售行为，既转移应收款权利，也转移了风险。由于让售比抵押的效果更直接、更明显，所以，建筑企业集团采用应收账款让售方式更符合应收账款融资的管理要求，可以在较短的时间内，既能使应收账款变现，加速流动资金周转，也能缓解建筑企业集团融资的压力。

九、项目融资，可选择的新融资渠道

项目融资是指融资方以项目拥有的资产作为贷款的安全保障，以项目本身的现金流和收益作为偿还贷款的资金来源，对某一具体项目进行的融资活动。其主要形式是由投资者和建筑企业集团共同投资组建一个项目公司，再以项目公司的名义拥有、经营项目和安排融资。该模式要求项目公司具有相当大的现金流量、项目资产、相关担保、较高的项目管理水平等，对一些特大型 BT、BOT 施工项目比较适用。但对项目融资需要关注以下问题：一是在 BT 承建方式下，融资的主体虽然是项目公司，但实质上大部分是由建筑企业集团提供担保，若 BT 建设单位诚信度差，将来不能按期回购 BT 工程，建筑企业集团需担连带责任的风险；二是若项目公司不能在规定的时间交出合格的产品，那么建筑企业集团收回投资的风险便会加大；三是建筑企业集团承担施工项目是以项目公司的名义签订各项工程分包合同、购料合同，相关的债务风险转移到项目公司，降低了建筑企业集团财务风险。

第二章

战略管理

第一节　集团资金集中管控

一、集团推行资金集中管理的途径

资金紧张的问题一直困扰许多企业集团，其中一个主要原因是，很多企业关注实现利润多少，而忽视企业现金流管理，导致企业资金十分紧张，资金短缺风险较大，可供集团动用的资金相对不足。分析这一原因不难发现，主要是资金运用效率较低，集团所属单位银行账户较多，资金十分分散，归集难度较大，企业不得不靠贷款解决流动资金短缺的矛盾，最终反映在集团层面上是“存贷双高”。在金融危机或国家紧缩银根情况下，如果“存贷双高”的问题不能从根本上解决，将会导致资金链断裂。所以，要提高资金运用效率，关键是抓住资金集中这一主线，利用集团存量资金，盘活沉淀资金，最大限度调剂余缺，这样才能保证企业健康持续发展。本部分内容以建筑企业集团为例，探讨如何实施资金集中管理。

（一）确定资金集中管理模式

过去由于建筑企业项目分散、信息化程度低，资金归集十分困难，加之一些领导出于“小集体”利益考虑，多头开户，有的一个子公司在银行开户达上百个。在集团报表上看，可动用的余额较多，但有了大的中标项目需动用资金时，归集起来却十分困难。所以，必须对企业资金分散现状进行集中管理。一是财政部发布的《企业财务通则》规定企业集团可以实行资金集中统一管理，从政策层面明确了资金集中管理的可行性；二是互联网技术日趋成熟，银行等金融机构已全部开通网上银行，为资金集中管理创造了有利条件；三是现代企业制度的建立使得法人治理结构日趋完善，为资金集中管理奠定了坚实基础。结合上述条件，集团应运用资金结算中心这一模式进行管理。资金结算中心是一个独立的管理机构，由总经理直接管理，其采用适度的资金集中管理模式，集团总部单位及所属子公司大型项目资金全部归集到集团资金结算中心，子公司总部及其他项目资金由子公司资金结算中心负责管理；集团总部单位及所属子公司大型项目资金的使用由集团资金结算中心负责审批，子公司总部及其他项目资金的使用由子公司负责审批。这种适度资金集中管理模式，既能及时有效归集大额资金和监控大额资金流向，又可以不妨碍子公司资金管理的积极性，这是目前较为合理的集团资金管理模式。

（二）加大资金集中管理宣传力度

每一项改革都会触及某些人的利益，资金集中管理也不例外。要实行资金集中管理，集团及子公司主要领导必须要站在战略的高度，统一思想，认识到资金集中管理的必要性和重要性，只有这样，这项改革才能稳步向前推进。企业管理以财务管理为中心，财务管理以资金管理为中心，集团所有管理人员也要认识到资金集中管理是为规范企业管理、整合企业资源、提升效益、防范资金风险而采取的重大举措。集团一方面可以采取“以会代培”的方式，宣讲资金集中管理的现实性，通过典型案例宣讲，来转变管理人员传统的思想观念；另一方面可以不断加大资金集中管理的宣传力度，明确实施资金集中后资金不会受到限制，使用方便，只是资金管理手段发生变化。此外，还要重点宣传这样的资金集中管理方式能为企业创造价值，要在集团形成良好舆论氛围和共识，为资金集中管理的顺利实施打下坚实基础。

（三）夯实集团资金集中管理基础

实施资金集中管理模式，首先要从清理银行账户入手。资金分散主要表现为账户的分散以及多头账户，假设集团有 1000 个账户，每个账户存 20 万元，资金总量就有 2 亿元，如将账户减少到 500 个，每个账户余额就有 40 万元，如果资金结算中心归集全集团资金达到 70%，就有 1.4 亿元，这样就有可能用这部分集中存量资金在集团内相互调剂余缺，提供工程急需资金。所以，清理银行账户尤其重要。其次要发挥集团优势，选择稳定、信誉较好、服务较方便的 4~6 家金融机构，获取高授信额度、低保证金等，将原在其他金融机构开立的账户，基本上归集到这些合作银行中，以便资金结算中心开展资金集中管理。最后要建立银行账户动态管理体系，集团所有单位必须到资金结算中心开具内部结算账户，所有单位在外地开户必须上报资金结算中心批准，严格限制在集团合作的金融机构外开户，这样才能为资金集中管理创造条件。

（四）保证资金系统正常运行

没有规矩，不成方圆。一是资金结算中心成立后，需制定《资金结算中心章程》《资金结算中心会计人员岗位职责》《资金中心操作流程》《资金集中及网上业务管理办法》《资金中心及外部银行账户管理办法》《资金管理系统电子密钥管理办法》《调剂业务管理办法》《资金上收下划管理办法》《内部资信等级评定办法》《内部债权债务结算清理管理办法》《资金管理先进单位评选办法》等一系列管理制度；并且随着管理的需要，陆续完善其他方面的管理制度。二是一个好的制度不能停留在书面上，还应确保贯彻落实，制度建立后还要抓好资金管理人员的培训工作。制度是前提，培训是关键。要使每个参与资金集中管理的人员，人人都能用好系统，这样才能保证系统的正常运转。三是明确控制对象，以集团自身投标或以集团公司名义投标的项目，均是资金集中控制的对象。

（五）实施融资集中管控

集团下属子公司一般都有对外融资权限，这样必然会导致集团融资总量增加、财务费用增加、财务风险较难控制的局面。所以，实行资金集中管理的重要前提是对外融资也要集中管控。一是发挥集团整体优势，集团授信，由集团总部统一进行，在总的授信额度内，由集团结合子公司需求量进行分解，一般不要求银行对各子公司单独授信；各子公司如有办理银行中间业务等融资需要，由集团与合作银行进行洽谈，然后分解给各子公司。二是必须推行融资集中管控，取消子公司对外借款权限，从实行资金集中管理开始，子公司不允许新增对外借款，由集团总部统借统还，子公司对外借款存量到期后不再续贷，所需贷款由资金结算中心进行内部调剂。三是子公司融资需求总量，如内部调剂资金额度、银行承兑额度、保函额度、担保额度，必须经集团董事会审议通过，在限额内办理各项业务，超限额的严禁办理各项业务。融资业务集中管控，一方面可以提升集团融资业务的控制力，另一方面可以大幅降低外部借款的融资成本，降低融资费用。

（六）强化预算管理

目前，大部分建筑企业项目没有编制项目开工至竣工整体资金预算，有些项目虽然编制年度资金需求计划，但项目资金管理计划性较差，资金充裕时未能很好地筹划，资金紧缺时就向集团提出需求，将矛盾上交集团。同时，项目月度资金计划准确性差，预算执行差异过大，进而造成集团整体资金波动幅度过大，加大了集团融资难度，降低了集团资金使用效率。针对这一现象，要强化集团融资预算管理，集团融资计划的编制应遵循“上下结合、分级编制、逐级汇总”的原则。集团子公司年度内部调剂等融资限额经相应的决策机构审议通过后上报集团；集团直属项目部年度内部调剂计划要结合建设单位及生产经营计划和整体项目资金需求，制定后上报集团；集团要依据下一年度生产经营情况，结合各单位内部调剂计划，经过协调平衡后，形成集团年度对外融资预算议案报董事会审议，董事会确定的融资预算是集团控制的总目标，批准的下属单位年度内部调剂总额是下属单位控制的总目标。在年度融资计划批准范围内，下属单位需编制季度和月度资金滚动计划。资金结算中心结合项目部和下属单位月度资金需求，制定对外融资额度，在董事会授权范围内，由总经理办公会决定对外融资额度，根据需要补充资金结算中心头寸，确保融资预算刚性要求。

（七）强化业绩考评机制

应确保集团下属单位到期后能及时归还调剂款及资金占用费，控制集团公司融资规模。一是应建立备付金制度，各单位在资金中心账户要预留一定额度的备付金；资金结算中心应模拟银行管理模式，依据“前调剂款在规定的时间未能归还，后调剂款不借”的原则，不能用展期调剂款来归还前调剂款；如各单位不按规定时间支付调剂资金占用费，资金结算中心有权从其备付金中支付。二是集团在制定对直属项目部、分公司、子公司的绩效考评办法时，应将账户集中率、系统资金上线率、资金归集度、内部资金清缴率、融资规模控制率等指标纳入考评体系中。如果单位在年度业绩考核中，上述指标都在规定的范围内，可以得满分，控制好的单位还可以加分；如果单位上述指标没有完成，将扣分或降低等级。这样才能从根本上促使各单位及时回笼资金，归还调剂资金，以保障资金管理系统的有效运行和各项措施的落实效果。

（八）加强财务负责人统一管理

制度能否有效执行，人的因素是第一位的，所以，对财务负责人的管理十分重要。一是各子公司、分公司总会计师任命、升迁、调离由集团总会计师提名，征求集团财务部及资金结算中心意见，再由人力资源部负责考核，集团公司负责任命、调离等事宜；年度业绩考核也应征求集团财务部及资金结算中心的意见。二是集团根据工程项目规模、核算要求等特点，由财务部门选择、考核和向人力资源部推荐合适的财务人选，一般要求具有会计本科学历及中级以上职称，实行委派财务总监制。委派财务总监在人事关系上不属于项目部，直接由集团任命，工资及其福利由集团总部承担，并由集团财务部会同人力资源部对其进行季度和年度考核，决定其去留、升迁和奖惩。这就可以从用人机制上调动总会计师、委派财务总监执行集团政策的积极性，保障资金集中管理执行力。

如某集团实施资金适度集中后，贷款下降 10 亿元，盘活沉淀资金 18 亿元，银行账户从 2000 多个减少到目前的 600 个以下，年降低财务费用达 3000 多万元。这些数据表明，创新资金集中管理，既是集团强化资金管理、防范财务风险的重要举措，又是集团降低成本、增加效益的一条重要渠道。

二、资金集中管理利弊分析及对策

近年来，大部分国有企业集团都以强化资金集中管理为出发点，创新管理思路，成效比较显著。而国有建筑企业集团由于施工项目前期投入大、工期长和工点分散等特殊性，资金集中管理尤其迫切，但从实践来看，目前存在着集团总部资金风险加大、成员企业抵触情绪上升等不利因素。本部分内容以国有建筑企业集团通过结算中心实施资金集中管理为例，对资金集中的利弊进行分析并提出一些解决对策。

（一）资金集中管理的优势

通过资金集中管理，可最大限度盘活企业存量资源，减少资金沉淀，节约资金成本。

1. 盘活沉淀资金，提高资金使用效率

实践证明，规模较大的国有建筑企业集团由总部统一筹集、分配、使用和管理资金，有利于强化成员企业的资金管理意识，盘活沉淀资金，提高资金的使用效率。如 A 集团组建结算中心对资金推行集中管理，通过在成员企业间调剂余缺，5 年来累计盘活集团内部沉淀资金近 50 亿元，既解决了重点工程项目的资金需求，又加速了资金周转。

2. 统筹管理力度，优化资源配置水平

国有建筑企业实施集团资金集中管理，就是以集团整体为出发点，建立资金“收支两条线”的管理机制，取消银行多头开户，实行集团总部融资集中管理，对集团内资金进行统筹使用，优化资源配置。如 A 集团在没有实施资金集中前，企业在银行开户总数达到 1500 多个，货币资金时点余额平均达到 20 亿元以上，集团总部可直接调配的资金仅 5 亿元。推行资金集中管理后，目前全集团在外部银行的账户仅 300 多个，所有成员企业都在集团总部结算中心开立了内部账户，货币资金时点余额平均达到 20 亿元以上，集团总部直接可以调配的资金高达 15 亿元。

3. 发挥集团优势，降低外部融资成本

如果集团各成员企业分别与银行发生信贷关系，由于资源分散，谈判能力较弱，降低融资成本相对困难。建筑企业集团推行资金集中管理后，一般会取消各成员企业在外部银行的融资权限，由集团总部统一负责融资，补充结算中心头寸，所有成员企业贷款需求只能通过集团总部结算中心调剂，这样可以发挥规模优势，通过引进多家商业银行之间的竞争，提高整体授信额度和信用等级，争取到优惠贷款利率和其他优惠政策，进一步降低外部融资成本。

4. 强化财务控制，防范经营管理风险

实施建筑企业集团资金集中管理，一是成员企业不能直接从银行融资，这样也就间接控制了各成员企业投资扩张冲动所导致的投资风险，成员企业外部融资、担保风险和成员企业内部控制风险；成员企业资金需求经过集团总部审批，通过结算中心进行调剂，其资金使用和大额资金调配由集团总部结算中心负责监控，这样能有效防范成员企业经营风险。二是通过资金集中管理，可以保证集团资金的投放符合集团整体战略要求，降低集团整体融资风险和担保风险，从而保证集团整体资金风险可控。

（二）资金集中管理的弊端

资金集中给企业带来的好处是有目共睹的，但实施资金集中管理的建筑企业集团，资金集中也带来了一些负面因素，直接的就是集团总部资金管理风险进一步加大，防范风险的难度也逐步上升。

1. 分散风险向集中风险转移，集团总部资金风险加大

实施资金集中管理，集团总部面临的最大问题就是各成员企业的投资风险、外部融资和担保风险以及内部控制风险等都转嫁到了集团总部，导致集团总部风险水平大幅度增加。如A集团实施资金集中管理5年来，受到内外部等因素的影响，集团总部结算中心内部调剂规模逐年攀升，由于内部结算中心的结算纪律相比外部金融机构还是比较弱，成员企业调剂资金不能按期归还时有发生；成员企业所需新增加的调剂款集团总部又不得不放，致使结算中心头寸不足，集团总部不得不通过增加外部融资补充结算中心头寸，维持结算中心正常运转，这就使得集团总部外部贷款规模在高位运行，集团总部面临较大的资金管理风险。

2. 分散权力向集中权力转移，影响成员企业资金管理的积极性

实施资金集中管理后，一是各成员企业的资金支配权受到一定限制，降低了成员企业工作的积极性，可能导致集团整体资金管理效率低下；二是集团总部往往通过行政干预等手段，直接扣划成员企业欠缴的管理费等其他资金，进一步增加了成员企业的抵触情绪；三是集团总部结算中心通过吸收经济状况和效益比较好的成员企业存款，调剂给其他经济效益较差的成员企业，往往出现越差的成员企业内部调剂款规模越高，导致经济效益比较好的成员企业感到不公平，降低了成员企业工作的积极性。

3. 分散融资向集中融资转移，成员企业与银行关系处理困难

实施资金集中管理后，各成员企业只能通过集团总部结算中心进行资金调

剂，导致各成员企业不再与原合作过的银行发生融资业务关系，也不再通过银行取得自身需要的授信额度。如果集团总部能够保证各成员企业的融资需求，这样做也无可厚非。但如果集团总部受银行授信和融资额度等限制，不能及时通过外部银行取得贷款补充结算中心的头寸，必然会影响对各成员企业调剂款的发放，后果也是较为严重的。如受银根紧缩的影响，某集团的融资额度受到限制，在无法满足成员企业内部融资需求的情况下，反过来要求成员企业直接对外融资，由于成员企业日常与银行沟通较少，没有取得相应的银行授信，也就无法直接通过银行进行融资，可能导致资金链发生断裂风险。

4. 分散利益向集中利益转移，资金集中利益分配不均

资金集中管理之前，各成员企业对资金拥有绝对控制权，对短期内的沉淀资金往往也通过理财等方式获得资金管理收益。资金集中管理后，集团总部通过结算中心吸收各成员企业的存款，再以不超过中国人民银行规定贷款利率的上限调剂给其他成员企业使用，集团总部结算中心通过存贷利息差扣除相关费用后所获得资金集中的收益往往由集团总部独享，造成利益分配上的不均。如 A 集团 5 年来通过实施资金集中管理，累计实现的集团总部结算中心净收益 2 亿元全部归属于集团母公司，对成员企业只按吸收存款累积数支付活期存款利息，没有实行资金集中利益合理分配，致使被吸收存款较多而调剂款又相对较少的成员企业“怨声载道”。

5. 分散预算向集中预算转移，预算准确性和过程控制相对困难

在推行资金集中管理前，资金预算由集团总部和各成员企业分别编制和组织实施，资金不足时各自通过银行贷款等方式进行补充，预算准确性和过程控制相对容易。实施资金集中管理后，一方面，由于各成员企业的资金预算纳入集团总部，在成员企业预算外的资金支出较大，而结算中心的存量资金又不能满足的情况下，集团总部不得不临时增加外部融资补充结算中心头寸，以应对成员企业的融资需求，给集团公司短期造成较大筹资风险，增大了集团公司流动资金周转压力；另一方面，如果成员企业预算外的资金收入较大，致使结算中心出现大量的沉淀资金，最终也将会影响集团资金集中的效果。由此可见，预算准确性和过程控制是集团总部资金集中面临和需要解决的问题。

（三）治理资金集中管理的路径

不能因为存在资金集中风险，就放弃深入企业资金集中管理，要从正反两个方面权衡得失，如果利大于弊，企业就应坚持做下去，风险是可以通过应对措施得到防范控制的。

1. 完善公司授权体系，控制集团总部资金风险

资金集中管理意味着资金风险上移到集团总部，这对集团总部资金管理水平和风险控制水平提出了更高的要求。当前集团总部资金集中管理工作中迫切需要解决的是如何控制各成员企业内部调剂规模增加而带来的集团总部外部融资总额过高的问题。要控制各成员企业调剂规模：一是必须明确母子公司重大资金投向决策权、收益分配管理权、银行账户控制权、日常资金调度权和负债经营权，采用适度集中的管理方式提升资金配置效果；二是要明确授权管理和审批制度，各成员企业必须严格遵守集团母公司董事会确定的各成员企业的年度调剂资金最高限额，不得突破，如由于新增施工任务等原因确需增加限额的，必须通过董事会批准后方能调整实施；三是建立模拟银行的管理制度，各成员企业到期调剂款应执行先还后借的原则，无特殊原因不得展期。四是集团总部中标的项目，资金应全部纳入集团总部结算中心统一管理调配；各成员企业中标的项目和自身经营资金，由成员企业直接统一管理，在不违背成员企业章程的情况下，赋予其充分的自主权；将其内部调剂规模控制纳入业绩考核体系中，鼓励集团各成员企业负债经营，并通过集团总部和各成员企业共同努力控制外部银行贷款规模。

2. 建立委派财务总监制度，强化项目资金集中管理

一是对集团总部中标的项目，由集团总部直接委托项目财务总监统一负责各项财务管理，委派财务总监各项薪酬由总部负责支付，业务上受集团总部的领导，不受项目的影响。二是集团直属项目部委派的财务总监要坚持项目部在集团总部结算中心开立内部结算账户，同时，根据合同或建设单位的要求，只能在集团总部确定的银行范围内开立外部银行临时结算账户和农民工工资保证金专户各一个，严禁多头开户。三是财务总监要严格执行项目资金模拟三级模式管理，在外部银行结算账户中分设三个细目，一级主要用于核算建设单位拨付的工程款，向二级、三级拨款和对参建子（分）公司预交管理费等；二级主要用于核算从一级账户拨入的资金，项目各项施工生产资金支出；三级主要用于核算从一级账户拨入的项目部现场专用经费，并明确各个模拟账户的审批权限，这样才能规范项目资金管理行为，捋顺项目相关各方的经济利益关系，保证项目资金合理使用，同时也能调动各成员企业的积极性，最大限度发挥资金集中优势。

3. 健全公平分配制度，实现成员企业利益共享

集团总部应建立有偿使用各成员企业资金的管理机制。对年度内集团总部结算中心吸收并调剂使用的各成员企业的存款，应按“谁使用，谁付费；谁存款，谁受益”的原则，实现成员企业利益共享，如集团总部结算中心通过吸收存款、

发放调剂款等形成的利息净收益，不能只留在集团总部，而应该在年底前按全年吸收各单位存款累积数在集团母公司和成员企业之间共同分配。经济效益越好、日常存款越多的单位应该多得，经济效益越差、调剂款越多和日常存款较少的单位应该少得或不得。同时，集团总部应建立内部信用等级管理制度，对信用好、调剂款能按期或提前归还的成员企业，提高内部信用等级，并在不超过中国人民银行规定的基准利率范围内，下浮一定的比例；对信用差、调剂款不能按期归还的成员企业，降低内部信用等级，并按中国人民银行规定的贷款基准利率，上浮一定比例。通过以上措施，既能实现成员企业之间的公平性，又能够提高成员企业资金集中管理的积极性。

4. 加强银企沟通联系，实行资金适度集中

资金集中可采取适度集中的管理原则：一是在集团总部统一控制下，各成员企业可以保留一定的贷款额度，当集团总部结算中心头寸不足时，可以通过各成员企业取得的贷款补充结算中心的头寸，由集团总部结算中心统筹安排并支付利息；二是各成员企业应积极与银行沟通，申请银行承兑、保函和信用证等银行中间信用额度，并将自身经营的项目短暂沉淀资金存放在合作银行，这样既可以分散集团总部由于资金集中管理带来的融资风险管理问题，也可以加强银企间的合作，应对集团总部由于贷款额度受限而带来的融资困难等难题。

5. 完善预算管理机制，强化预算执行和过程控制

在资金集中管理上必须贯彻“预则立，不预则废”的事前战略原则与灵活机动的事中、事后战术调整控制策略，构建一种制度约束下的以人为本的高效管理机制。一是健全集团总部和各成员企业资金预算管理机构，并配备专、兼职人员做好资金预算和过程控制等工作。二是完善集团总部信息系统平台建设，信息平台包含对外融资预算、项目资金预算、投资预算、生产经营计划和应收外欠清现清收款等系统，可实时了解资金存量信息和收支计划，及时补充结算中心头寸或压缩外部贷款规模。三是建立周、月、季、年度资金滚动预算，按“以收定支”的原则，严格执行资金预算并强化过程控制。四是由于集团总部大部分资金来自施工项目，资金支付大部分也是支出到这些项目，所以，项目资金预算尤其重要，对集团总部所有中标承建的大型施工项目必须制定整体和分阶段资金的实施预算，这样才能有利于资金集中管理的顺利实施，也有利于集团总部统筹安排资金，防范资金短缺风险。

第二节 银根紧缩与企业应对

在国家实施积极的财政政策和稳健的货币政策，加大宏观调控力度，采取众

多措施抑制通货膨胀的情况下，城市基本建设规模投入将放缓，并直接影响建筑企业。如2011年受国际经济环境变化的影响，国内出口出现严重下滑，大部分企业生产遇到困难。在此背景下，银根紧缩，资金压力加大，国家和地方政府对一些新建设计划和进度进行了重大调整，导致一些新建或在建项目停工或缓建，给建筑企业带来前所未有的压力，企业前期投入的资源不可避免地出现部分浪费和损失，息工待工损失不断扩大，企业营业额大幅度下降，其实这就是经济周期规律变化的影响。如何应对这种变化，本部分以银根紧缩下铁路建筑企业资金管理为例，探讨资金管理的应对方法。

一、战略转型，实施多元战略，增加企业资金流入

实施多元化战略，是企业应对经济周期规律变化一条重要途径。一是企业必须进行战略转型，以铁路建筑企业为例，在参与铁路建设的同时，实施多元化战略，拓宽企业上下游产业，广开经营渠道，可采取BT、BOT以及PPP等投资形式参与国家和地方其他基础设施建设，以投资带动施工总承包。二是在国家实施“走出去”指引下，铁路建筑企业要积极参与国际市场竞争，争取获得更多的海外市场份额，增加企业营业额和充足的现金流，这样才能保证企业的可持续发展。三是除企业自身积极应对外，国家和地方政府应出台相关政策，取消行业和地区保护，进一步放宽行业和地区限制。如原铁道部（现中国铁路总公司）在京沪线高铁施工中首次允许中国交通建设股份有限公司、中国建筑股份有限公司等大型建筑公司参与高铁建设。2014年、2015年，中交集团二航局中标新建上海至南通铁路沪通长江大桥HTQ-1标和连云港至镇江铁路五峰山特大桥北岸1标，中国铁路总公司进一步放宽对铁路建设市场的建筑企业的限制。同样，交通运输部和地方建设主管部门也应进一步放宽铁路建筑企业参与国家公路和城市基础设施等方面的建设，这样才能使铁路建筑企业和其他建筑企业共同均衡发展。

二、统筹资金，搞好项目施工，确保企业经济安全

铁路建筑企业当遇到银根紧缩，资金困难的时候，首先要及时与当地铁路建设单位加强沟通和联系，争取尽快得到建设单位拖欠的工程款和在建项目工程进度款，保证桥隧等重点控制性工程建设进度，这些重点控制性工程一旦停建或缓建，将给铁路建筑企业带来重大损失。因此，铁路建筑企业要按建设单位的要求，调动各种资源和集中精兵强将，确保在建项目顺利实施。对建设单位有资金保障的在建项目，要快速施工，争取按进度计价，确保资金及时回笼；对只需少量资金即可完成收尾的在建项目，要先行投入，尽快完工和撤场，减少费用支出；对无资金保障和缓建的项目，要在保证桥隧等控制性工程施工资金需求的情

况下，控制规模，区别对待，有保有压，减少项目资金投入。同时，对拖欠供货商原材料款、分包商的工程款、协力队伍劳务款、职工工资等也要合理规划，结合企业实际进行支付，确保社会稳定，保证企业安全运行。

三、以收定支，实施预算管理，规范企业经营行为

铁路建筑企业应加大全面预算的实施力度，一是完善预算管理机构。建立以业务流程为导向、以责任分工为基础、各职能部门相互协同、各管理层级密切联动的，分工明确、责任清晰、高效配合的组织工作体系。二是完善预算基础工作。要完成业务预算、资本预算和财务预算的衔接工作，真正建立健全“横向到边、纵向到底”的全面预算管理体系；加强现金流预算管理，加快资金周转，提升现金保障能力。三是推行项目全面预算。对已中标的项目，按以收定支的原则，根据项目概、预算和施工组织设计的安排，及时编制项目整体资金预算和费用预算，并将整体资金预算按年度、季度、月度进行分解落实，确定各期的资金需求计划。四是建立全面预算管理系统。加强预算的实时控制，强化预算管理系统的信息处理功能，保证企业经营活动的实时数据及时传导到有管理权限的决策者手中，进行事前监督；同时把企业预算指标落实到具体责任单位，使预算责任明确，考核监督程序规范，真正起到实时控制作用。五是确保预算的执行力。加强预算的执行控制与分析，建立健全全面预算的执行考核制度，强化预算约束力，更好地发挥财务预算对经营目标的引导与控制作用，保证预算执行高效。

四、拓宽渠道，储备信用资源，保障企业经营需求

在国家银根紧缩，企业对外融资特别困难情况下，一是铁路建筑企业要充分发挥集团整体优势，加强与金融机构的沟通和联系，建立稳固的合作关系，积极争取与集团规模发展相适应的金融信用资源。二是根据集团情况和规模，适时发行中期票据、短期融资券等，不但可以筹集到低成本资金，降低财务费用，而且还可以促进整体负债结构的优化。三是充分利用国家对进出口、特定区域的信贷优惠政策开展低成本融资；在合作银行开通法人透支账户，保证企业应急资金的使用。四是集思广益、多方筹资、创造性融资，采用异地融资、信托融资、应收账款保理、售后回租、融资租赁、项目融资等多品种融资方式积极筹措资金。五是鼓励铁路建筑企业在物资设备采购、租赁和劳务分包等环节选择有实力的合作伙伴，合理利用商业信用进行融资，保障企业正常经营所需资金。

五、量力而行，规范投资行为，保证获取投资回报

一是铁路建筑企业必须增强风险防范意识，重点是防范资金风险和项目风险，要进一步增强可持续经营的意识，抑制不合理的投资冲动，抑制短期非主业

的盈利诱惑，提升投资效率和效益；抑制投资范围过宽、增长速度过快、投资效益过低的风险；要量力而行、慎重决策，在保证企业经营的情况下，可以利用部分沉淀资金，将投资重点放在对企业战略发展切实必要、风险较小、回收周期短、收益率高的项目上，确保投资有稳定的回报。二是地方政府在资金短缺的情况下，为了解决制约地方发展的资金短缺问题，往往紧“盯”国有大中型建筑企业，以各种各样的优惠条件吸引建筑企业去投资。对此，铁路建筑企业必须加强项目的可行性研究，做好投资效益测算，结合企业资金现状，不能盲目参与，造成投资失误，影响企业的生存和发展。三是由于建筑企业的特殊性和建筑产品的不规则性，对保证项目施工需要投入的大型施工设备，市场上能租则租，尽量减少资金占用和避免“短借长投”的现象。

六、强化双清，加速资金回笼，防止效益流失

强化清收清欠管理，可以直接缓解铁路建筑企业资金紧张，对增加经营性现金流入、降低融资成本、优化资产结构、规避经营风险和财务风险都具有十分重要的意义。因此，铁路建筑企业必须高度重视双清工作，建立长效机制，将双清工作纳入企业日常管理，牢固树立“双清即是经营，理债即是理财，清收即是创收”的理念，一是各级主要领导必须亲自负责，成立专门的办事机构和人员，加大清收力度。二是抓重点，力争债权规模大幅下降；破难点，力争在账龄较长的项目清收上取得突破；找准着力点，力争形成一套行之有效的清收策略和方法。三是要多措并举，综合运用三角抹账、以物抵债、债务重组、让利清收、招标清收和诉讼清欠等各种方法着力清收。四是资金具有时间价值，当期资金不能及时收回，资金的时间价值就已经开始流失，因此，铁路建筑企业在对以前年度外欠款清理的同时，还要加大在建项目当期应收工程款和其他应收款的清收力度，加速资金回笼，防止效益流失。

七、厉行节约，压缩非经营性支出，推行增收节支

铁路建筑企业必须认识到经济规律周期变化的影响，铁路建设和地方基础设施建设资金拖欠问题是暂时的，铁路、公路和市政缓建、停建也是阶段性的，铁路建筑企业需要“捂紧钱袋子，过好紧日子”。一是严格控制非生产性支出，对公务用车的购置要进行压缩，对确需购置的车辆，要严格限制标准，不得超标购置；对闲置的公务用车，可进行拍卖转让或相互调剂使用，减少不必要的费用支出；特别是对各种办公大楼的建设需慎重决策，杜绝对办公用房进行豪华装修。二是大力开展勤俭治企、增收节支活动。强化业务招待费管理，对外接待要制定标准，不得安排高档娱乐活动；对内接待要严格控制，可就近安排食堂或企业接待中心就餐。三是精简各类会议和人员。控制大规模会议的次数，用视频会议替

代集中召开会议；确需集中召开会议，也要控制会议规模、参会人员和会期；要严格控制各类工程庆典和各类研讨会，确实需要召开的，要履行审批程序。四是控制差旅费支出。要在年度预算范围按标准报销差旅费；同时，要控制出差人数，对超标准差旅费支出必须执行个人自理。应通过以上措施，上下共同努力，控制非生产性支出，将有限的资金用在“刀刃上”。

第三节 价值创造与现金流管理

国有企业的现金流是企业在提供劳务、购买商品、对外投资和支付税收等活动中的现金流动，反映企业现金收支状况。经验表明，决定企业兴衰存亡的是现金流，最能反映企业本质的是现金流，在众多价值评价指标中基于现金流的评价是最具有权威性的，现金流是价值创造的根本。而有些企业一味盲目追求利润多少、资产规模大小，忽视现金流管理和控制，很容易使企业陷入困境。本节以价值创造为导向，探讨现金流管理在建筑企业的运用。

一、价值创造与现金流的关系

要探讨以价值创造为导向的现金流管理，首先要理解现金流与价值创造的关系。

（一）现金流是价值创造的基础，决定建筑企业的生存和发展

首先，利润作为反映一个会计期间建筑企业财务成果的指标，是企业经营业绩的综合体现，但并不是企业完成的利润越多现金流也就越多。事实上，很多企业都有如此感受，企业虽然微利或出现账面亏损，却因有足够的现金流而得以长期维持下去；而如果企业在一段时间内没有现金流，就会感到动弹不得。其次，建筑企业只有通过完成工程项目收回现金才能实现价值创造。由资本循环理论可知，建筑企业完成工程项目，只有全部转化为现金，价值创造才得以实现，由此可见，建筑企业的价值创造过程离开现金流就会发生中断。例如有些建筑企业表面上看每年都能完成一定的利润，施工项目也较多，但几年过去了，企业却陷入窘境或破产了，分析其原因不难看出，是忽视了现金流的管理，过分追求任务完成多少或实现利润高低，而没有进行深入调查研究，大规模承揽任务，导致大量的应收账款收不回来，造成现金流断裂。所以，良好的现金流是建筑企业价值创造的基础，是企业生存的秘诀，对企业生存和发展来说，现金流有时比利润更重要、更客观。

（二）现金流是价值创造的动力源，决定建筑企业的偿债能力

在建筑企业日常经营活动中，资金的运动从货币形态到完成工程项目形态，

再到货币形态，周而复始，以实现价值的增值。企业规模的扩大和在市场经济竞争中获得竞争优势，都必须有大量的现金作为保障。在通常情况下，利润的多少固然与偿债能力有一定的关联，但不能从根本上反映建筑企业的偿债能力；而资产负债率、流动比率、速动比率或多或少掩盖了企业经营中的一些问题，也不能真实反映建筑企业的偿债能力。大量的事例表明，最能反映建筑企业偿债能力的指标应是现金流。例如在激烈的市场竞争下，有些企业在资金十分紧张的情况下，不进行可行性研究，没有“量力而行”，盲目承接一些垫资或资金没有落实的工程项目，在工程开工之初，通过举债来维持工程正常运转，但借款总是有限的，一旦不能偿付材料货款、人工费用，最终的后果必然是资金链中断，工程就无法进行下去。所以，以现金流为中心的企业理财新理念是实现建筑企业持续发展的一个重要保障，现金净流量为正数，建筑企业才有现金偿付债权人。

（三）现金流是价值创造能力的反映

经营活动产生的现金流量，代表企业运用其经济资源创造现金流量的能力；投资活动产生的现金流量，代表企业运用资产产生现金流量的能力；筹资活动产生的现金流量，代表企业筹资获取现金流量的能力。通过现金流可以分析出企业未来获利能力。从投资者的角度看，在某些情况下，企业的利润反映企业经营业绩可观，但若缺乏足够的现金，财务周转困难，投资者就很难对其进行投资，而现金流能帮助投资者看清企业的真面目，更真实地反映企业的投资价值，从而减少风险。投资者关心的是企业支付股利的能力，即产生未来现金流量的能力，投资者可以通过历史现金流量作出预测。经验表明，企业的股票市场价格与利润指标的相关性越来越小，与此相对应，与企业现金流的相关性越来越大。

二、以价值创造为导向的现金流管理

理解了现金流与价值创造的关系，接下来探讨建筑企业如何实现以价值创造为导向的现金流管理问题。这是一项复杂的系统工程，行业不同做法也不相同，本部分结合建筑企业的特点，分析现金流管理是建筑企业价值创造的根本。

（一）严格管控现金流预算，保障建筑企业战略目标实现

以价值创造为依据编制现金流预算，是企业各项战略的具体化，是各种财务计划的综合化，有利于战略的实施。通过现金流预算的编制，可以反映现金过剩或现金短缺的时点，使财务管理部门能够提前做好计划，将过剩的现金转入投资或出现短缺前安排筹资。在预算编制方法上，可采取自下而上、自上而下相结合的方法，预算目标自上而下下达，预算自下而上编制。首先，在实行全面预算的基础上，重点突出现金流预算编制，它是围绕企业价值创造来展开的，是企业价

值创造目标的分解和落实。年初，建筑企业财务目标下达后，各基层单位应进行精心测算，及时提出本项目的现金流预算方案，呈报总经理办公会；总经理办公会审查各施工项目的现金流预算草案，进行综合平衡，拟定整个企业的现金流方案；方案再反馈给各单位征求意见。经过自上而下、自下而上的多次反复修改平衡后，再经公司董事会通过，最终成为正式现金流预算，逐级下达各单位、各部门执行。其次，做好现金流预算的执行和控制。在执行过程中，各项目部可通过记录、计量、对比和分析，发现实际与预算的差异数额，找出差异形成的原因，及时向上一级反馈，预算管理部门进行控制或采取措施调整现金流预算，保证实际的经济活动尽可能符合预算的要求。可见，现金流预算既是企业和所属各项目部的奋斗目标，也是控制日常经营活动的主要依据。

（二）实行现金的集中统一管理，降低现金流的沉淀

实行现金集中管理是改变企业现金周转困难的有效途径，也是灵活用好现金的一种好方法，针对目前建筑企业因项目工点分散导致现金难以集中的问题，采取以下方法可以保证现金相对集中。第一，取消建筑企业所在地各基层单位、各部门的银行账户，除在外地施工开立专用账户外，由企业资金结算中心统收统支，材料采购统一由物资部门办理，物资部门依据各施工单位的施工计划，于月初提出现金使用计划，经主管领导审核、总经理审批后，由财务部门实行分阶段拨款，禁止各单位用现金直接购买物资等，这样既可保证现有现金的合理使用，又可以使公司的现金保持平衡并略有盈余。第二，对在外施工的项目部，各项目部应在工程所在地实行“资金中心专户”“项目部专户”管理，“资金中心专户”账户用于存放从建设单位收到的工程现金，由企业结算中心负责监控；“项目部专户”账户用于工程项目的日常开支和结算，收到工程现金后，项目部将现金使用计划报送企业资金结算中心，经总会计师审核、总经理审批后，由资金结算中心将现金由“资金中心专户”账户转入“项目部专户”账户，“资金中心专户”账户的现金在保障工程所需资金的情况下，可由资金结算中心统一调剂、灵活使用。以上两项措施的实施，可以优化企业的现金流管理，确保建筑企业现金的流动性和财务的灵活性，加速现金流的周转，增强建筑企业价值创造的能力。

（三）强化物资管理，缩短存货周转期

物资储备是否合理，对建筑企业正常施工具有举足轻重的作用，最佳物资储备量是企业关注的重点。首先，物资部门负责人及采购人员要转变观念，物资采购不能单纯用库存量的多少来衡量，要改变过去那种“库里有钢心里不慌”和简单的“保供和起蓄水池作用”，坚持立足于小库存、优库存、快周转、促施工的原则。其次，强化定额管理，加强计划性购料，按需要供料，按限额发料，实

行物资领料责任制，并与企业普遍推行的责任承包相结合，坚持经济合理、比质比价。最后，把清仓利库、挖掘内部潜力作为经常性工作来抓，物资部门要建立库存动态信息库，随时掌握材料、配件等收、发、存情况，并将库存动态信息及时反映给采购人员、施工计划人员，以便他们了解库中有什么物资，按照施工计划还缺什么物资，从而合理安排采购，减少物资储备，达到最佳的储备。这样的储备既能保证施工，又能缩短存货周转期，降低现金的沉淀，使现金流达到最佳效果。

（四）巧妙利用多种支付手段，盘活现金流

第一，利用银行承兑汇票和短期银行贷款相结合方法，调剂现金余缺。如某一施工项目，总造价 3000 万元，工期 8 个月，建设单位需要施工单位垫资 40%，即 1200 万元，垫资 15 个月。施工方概预算人员预测分析有 15%的盈利，同时，经调查对方的信用、资金到位等因素，认为 15 个月后可以收回垫资款。实施过程中，合同规定建设单位在开工时支付工程预付款 100 万元，第二次付款是在开工后的 6 个月付 30%，即 440 万元［3000×30%×(1−40%)−100］，第三次付款是在项目完工后付 540 万元［3000×30%×(1−40%)］，第四次付款是在项目完工后 2 个月付 720 万元［3000×40%×(1−40%)］，15 个月后支付剩余款。在开工之初，施工方预测采购材料等需要资金 500 万元，通过向银行贷款 200 万元、预收工程款 100 万元、办理银行承兑汇票 200 万元使资金得到落实。收到第二次付款 440 万元时，一部分归还第一次承兑汇票，剩余部分留给项目使用，同时再向银行贷款 200 万元，办理银行承兑汇票 200 万元，保证工程所需要的资金。通过采用与上述银行承兑汇票和短期银行贷款相结合方法解决了剩余工程垫资这一问题。实施结果为，该项目在 18 个月后垫付的资金全部收回，银行承兑汇票和短期银行贷款全部归还，同时由于建筑方加强管理，使得工期提前，最终为企业创造利润近 600 万元。

第二，利用商业信用，盘活现金流。商业银行十分关注企业信用等级，建筑企业要努力争取商业银行最高的信用等级，也就是“AAA”等级。建筑企业可以利用这一信用额度，灵活融入资金，将有限的现金用到“刀刃上”。利用这一额度，建筑企业在投标时可以不需要缴纳保证金而只需要办理投标保函，在收到预付款时不需要缴纳预付款保证金而只需要办理预付款保函，履约合同时不需要缴纳履约保证金而只需要办理履约保函。这样可以减少现金的沉淀，加快现金流周转，为企业创造更大的价值。

（五）注重现金流的流速管理，提高现金的使用效率

现金流速可以用现金周转期来衡量，要增加价值创造就必须加快现金流的周

转速度，缩短现金的周转期。缩短现金周转的重要途径之一是缩短应收账款的周转期。在其他因素不变的情况下，加速现金流的周转，也就相应提高了现金的利用效率，从而增加企业的价值创造。有些建筑企业项目部往往忽视对应收账款的管理，普遍存在只强调产值、利润完成多少，不管现金是否回笼，没有与其效益挂钩的问题。鉴于此，首先，应推行项目模拟法人，建立和完善经营承包责任制度，将应收账款周转率纳入单位负责人主要考核指标，项目部若不能按期收回应收账款，不得对项经理兑现承包奖；应收账款未清收完毕的单位和工程项目，其单位负责人或项目经理不得调离和免除应收账款的责任。其次，财务部门应设立专（兼）职人员负责应收账款管理的日常工作，应收账款确认后，由财务部门及时建立应收账款台账，对超过一定额度的应收账款按项目“一项一档”的原则建立健全重点外欠款档案。对重点外欠款，必须与清收责任人签订责任书，在职的责任人可暂停原职全力清收，对拒绝签订责任书的，按无正当理由不服从分配处理。最后，建议在企业内部设立独立的催款队，并制定奖惩激励制度，按清收难度分为 A、B、C、D、E 五级，根据其对应的难度系数和账龄进行奖惩，对恶意拖欠的单位，可以采取诉讼或仲裁的方式清收。

（六）建立现金流风险预警体系，防范现金流风险

现金流风险就是可能发生的现金流周转不灵的风险，建立现金流风险预警体系，是建筑企业价值创造的保证。首先，建立现金流风险专业机构，由建筑企业主要领导和财务、审计、概预算、物资、工程技术等人员组成，定期和不定期提出现金流风险分析报告，对现金流进行预测，供企业决策使用。其次，对现金流风险进行定性和定量分析，建立风险预警指标体系。定性分析主要分析国家政策、经济环境、行业企业内部管理状况等变化情况，采用调查分析等方法；定量分析主要是对现金流的结构、变现能力、偿债能力、获取现金的能力等方面进行分析，采用的方法主要是趋势分析。重点应关注企业的资产负债率、应收账款周转率、净资产收益率、借款总额、现金储备额等指标。最后，建立现金流分析跟踪制度，及时发现现金流变化趋势，制定相应的应对措施，通过跟踪制度识别现金流中断征兆。以上这些指标体系变化对建筑企业价值的影响都可以归因于通过现金流的流入和流出实现，价值创造与否就看是否增大现金流入，控制现金流出。所以通过跟踪反馈制度建立风险模型，能够防范现金流风险。

第四节 央企集团“两金”占用

近年来，随着国家宏观经济增速放缓，部分行业市场供需矛盾日益突出，部分企业产销不畅，回款放慢，应收款项和存货（以下简称“两金”）占用持续

放大，加剧企业资金周转压力，严重影响企业运行质量，“两金”高位增长，已成为当前制约中央企业健康发展的瓶颈，这一问题在中央建筑企业集团尤其突出。2015 年 6 月 9 日，国务院国资委下发《关于中央企业开展两金占用专项清理工作有关事项的通知》（国资发评价〔2015〕82 号），要求通过 2 年专项清理，以 2015 年 5 月 31 日为基准日，中央企业基准日之前“两金”存量规模（特殊用途的商业储备除外）压降 15%~20%，其中 2015 年压降 10%。在当前国务院国资委“保增长”形势下，中央建筑企业集团完成这一目标任务十分艰巨。因此，只有弄清楚“两金”占用的现状和形成的原因，才能有针对性地压降两金。

一、建筑企业“两金”与其他行业的区别

由于建筑行业的特殊性，应收款项涉及内容有别于其他行业，建设单位对建筑企业工程款支付比例下降，受建设单位质保金按工程进度款一定比例提前扣留、收取工程履约现金保证金以及要求建筑企业垫资和 BT 项目施工未能按期回购等的影响，使得建筑企业应收款项总额大大高于其他行业。同样，建筑企业存货涵盖的范围更广，除了包括为施工生产储备正常存货外，还包括周转材料、房地产开发成本、房地产开发产品、临时设施和已完工未结算等存货。特别是已完工未结算存货性质更为特殊和抽象，按《企业会计准则》和相关会计核算规定，为“工程施工”科目金额大于“工程结算”科目余额的差额，列示在资产负债表中“存货——已完工未结算”项下，它的存在可能归根于建设单位验工计价批复滞后、项目预计毛利率偏高、合同外的工作量、项目发生潜亏等。项目施工过程中，资产负债表披露的已完工未结算存货与建设单位未批复验工计价差异较大，对建筑企业存货余额影响十分巨大。建筑企业“两金”是除货印资金之外的两项最重要的流动性资产，“两金”占企业总资产比例过高、时间过长，使周转持续降低，造成建筑企业流动资金严重不足，企业不得不通过高息举债维持正常施工，使得本来微利的空间进一步压低，长期下去可能会造成企业资金链断裂，影响企业生存。

二、建筑企业“两金”占用的现状

本节选取中央建筑企业集团中具有代表性的中国中铁、中国铁建和中国建筑三家上市公司为样本，对中央建筑企业集团“两金”现状进行分析。

（一）“两金”占用总体情况

据 2009~2014 年中国中铁、中国铁建和中国建筑三家上市公司年报披露，前三年，这三家上市公司“两金”占总资产的比例差异较大，中国铁建“两金”占资比最低，中国中铁“两金”占资比最高，但中国建筑和中国铁建呈现快速

增长趋势，三家上市公司“两金”占资比差距逐步缩小；后三年，“两金”占资规模均超过总资产的60%，2014年三家上市公司达到最高值，其中，中国铁建最高（为67.06%），中国中铁最低（为65.14%）。三家上市公司2009~2014年“两金”总体占资情况如图2-1所示。

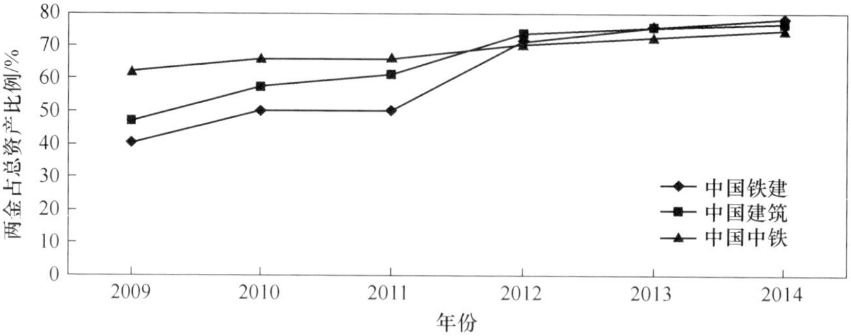

图2-1 三家上市公司2009~2014年“两金”总体占资情况

（本书所指的存货和应收款项除特殊说明外，一般为剔除存货跌价准备和坏账准备后的净值）

（二）存货总额构成和分布

从三家上市公司2014年年末存货构成可知，原材料、房地产存货和已完工未结算存货三项存货之和均超过存货总额的90%，中国建筑已达到99.37%。三家上市公司中，中国铁建和中国中铁原材料占存货总额的比例分别为11.51%和11.78%，中国建筑仅占4.28%；房地产存货占总存货总额的比例最高，为中国建筑的67.39%，中国铁建和中国中铁分别为39.07%和39.32%；中国铁建和中国中铁已完工未结算存货占存货总额的比例分别为42.32%和43.19%；中国建筑最低，为27.69%。从以上存货构成不难发现，中国铁建与中国中铁业务相似度较高，存货的构成也基本相近；中国建筑房地产存货最高，说明房地产业务为其主要经营板块。这表明建筑业与其他行业原材料占比较高形成了明显反差，进一步说明了建筑行业的特殊性。

（三）应收款项总额构成和分布

从三家上市公司近三年应收款项（包含应收账款、其他应收款、长期应收款和一年内到期的非流动资产）构成可知，由于三家上市公司经营规模进一步扩张，使得应收款项总额快速上升。一是按总额划分，截至2014年年末，中国建筑应收款总额最高，达到2609.93亿元，比2013年同期增长33.84%；中国铁建最低，也达到1878.28亿元，也比2013年同期增长18.07%。二是按形成时间划分，以中国铁建为例，截至2014年年末，应收款项总额（未剔除坏账准备）为

1912.38亿元，其中：1年以内应收款项为1644.41亿元，占总应收款项的85.99%；1~2年（包含2年）应收款项为184.52亿元，占总应收款项的9.65%；2~3年（包含3年）应收款项为50.70亿元，占总应收款项的2.65%；3年以上应收款项为32.74亿元，占总应收款项的1.71%。虽然3年以上应收款总额占比较少，但时间越长，收款难度越大，风险也就越高。三是按项目组成划分，中国中铁和中国铁建应收工程进度款和应收质保金均超过30%，应收各类保证金（履约保证金、投标保证金、农民工工资保证金、审计预留金、安全保证金、廉政保证金、信用保证金、考核保证金、文明施工保证金、复垦保证金等）在12%左右，应收产品销售款在10%左右，其他为应收项目BT回购款等。四是按应收单位划分，以中国中铁为例，截至2013年年末，应收国有性质单位款项占比80%以上，其中：应收政府性部门业主款项占比20%以上，应收中国铁路总公司款项占比30%以上，说明政府工程及铁路工程产生的“两金”占资问题仍然比较严重。

从以上分析结果不难发现，中央建筑企业集团“两金”占用中，存货主要集中于房地产形成的存货和已完工未结算存货，约占总存货的80%以上，中国建筑已占到95%以上；应收款项主要集中于应收工程进度款（包含预留金）、质保金、各类保证金和BT项目应收款，约占应收款总额的90%，其中质保金和各类保证金已占到应收款项总额的40%以上，成为目前建筑企业清欠的重中之重。同时，BT项目应收款近三年也呈快速上升趋势，中国建筑2012年年末余额为178亿元，到2014年年末余额已达到551亿元，占应收款总额的21%，这也是当前乃至今后建筑企业清欠的重点和难点。

三、建筑企业两金形成的原因

两金占用的成因，既包含各级政府和建设单位以及投资环境等外部客观因素，也包含建筑企业自身管理等主观因素。

（一）国家政府层面

中央建筑企业集团“两金”占用过高与国家政策和宏观调控政策变化等有较大的关联度。

1. 相关法律法规不健全，弹性较大

2011年修订的《中华人民共和国建筑法》第十八条规定：“按照合同的约定，建设方应及时拨付工程款项。”但这只是原则规定，并没有规定建设单位不及时拨付工程款应承担怎样的法律责任，因此，实际执行中很难操作。建筑法第六十二条规定具体的保修范围和最低保修期限由国务院规定。国务院颁布的《建

设工程质量管理条例》第四十条规定：屋面防水工程等为5年，供热与供冷系统为2个采暖期、供冷期，电气管线、给排水管道、设备安装和装修工程为2年，保修期自竣工验收合格之日起计算。《建设工程价款结算暂行办法》（财建〔2004〕369号）第十四条规定：待工程交付使用1年质保期到期后清算。《建设工程质量保证金管理暂行办法》（建质〔2005〕7号）第二条规定：缺陷责任期一般为6个月、12个月或24个月。由于相关政策规定的最低保修期限不一致，导致质保期弹性较大，以哪一标准为准很难确定，直接影响建筑企业质保金回收。

2. 部门规章不合理，执行较难

《建设工程质量保证金管理暂行办法》第七条规定：全部或者部分使用政府投资的建设项目，按工程结算价款总额5%左右的比例预留建设工程质保金。《建设工程价款结算暂行办法》第十二条规定：包工包料工程的预付款按合同约定拨付，原则上预付比例不低于合同金额的10%，不高于合同金额的30%。但在实际过程中，大部分包工包料工程，建设单位不支付工程预付款；由于按工程竣工结算价预留5%质保金，对建筑企业跨几年的特大型基础设施施工项目，收取比例过高，无疑是“雪上加霜”《公路工程竣（交）工验收办法》（交通部令第3号）规定：公路工程验收分为交工验收和竣工验收两个阶段，也就是说公路项目的竣工交验要待整条线的公路施工完毕后，以竣工验收确定最终交验，使得公路项目的竣工验收时间相当长，同样加剧了建筑企业质保金回收风险。还有的地方政府为了保证社会稳定，要求建筑企业向政府交纳民工工资、安全和施工保证金，这些保证金名目繁多、比例不一，不仅金额大、时间长，而且也给清欠工作带来较大的难度。

3. 国家宏观调控难预见，影响较大

近年来，国际国内宏观经济环境变化巨大，为了保持经济增速，国家实行积极的财政政策以及稳健的货币政策，这样造成投资资金压力由政府、建设单位向下转移至建筑企业，造成建筑企业集团“两金”占资规模持续居高不下。建筑行业体量大、投入大、周期长，在应对市场经济的瞬息万变中灵敏度往往不够，给建筑企业带来巨大影响。国家拉动内需时，基础设施投入加大，导致建筑企业一哄而上，由于缺乏必要的约束机制，使得一些项目前期盲目抢工，后期又因资金不足停工缓建。如2011年铁路建设项目大面积停工、缓建给建筑行业带来较大的冲击，就是一个深刻的教训，建设单位既不验工计价，也不支付任何款项，同时也不承担任何损失，企业的质保金、民工保证金等长期无法收回，使各种拖欠成为一种必然。

（二）建筑行业层面

中央建筑企业集团两金占用过高与市场竞争环境恶劣、诚信经营缺失和自身管理欠规范等密不可分。

1. 垫资建设现象普遍

根据原建设部、原国家计委、财政部发布的《关于严格禁止在工程建设中带资承包的通知》的要求，在工程建设过程中出现的资金短缺，应由建设单位自行解决，不得要求施工单位垫款施工。但部分建设单位因资金短缺，规避法律规定，常以黑白合同、借款合同、购买理财产品等形式变相垫资施工；有的建设单位对建筑企业中标后工程履约担保提供银行保函或信用证明变成目前需要缴纳大量的履约现金保证金，部分项目现金保证金收取比例畸高；部分建设单位在合同中约定工程项目进度款支付比为80%~90%，有的项目低到60%以下，这实质上就是变相垫资施工，给建筑企业工程款的拖欠埋下隐患。

2. 行业潜规则的影响

一些建设单位钻国家建筑法律法规和政策的空子，如工程质保期最低期限不统一和按工程价款结算预留保证金和暂扣金，导致建设单位在执行过程中随意性较大，在预留保证金额度上选择最高的，在期限上选择最长的。建设单位与建筑企业签订不平等合同条款约定，按整个综合工程最高缺陷期计算归还质保金期限，而不按基础工程、主体工程、防水工程、采暖制冷工程等保修期分别予以年限划定，分别按缺陷到期逐一归还质保金，达到滞后归还质保金的目的。有的建设单位在工程进度验工计价上约定，分部分项工程结束后，由建筑企业在30个工作日内提出验工计价，建设单位在90个工作日内批复验工计价，批复验工计价后30个工作日内再支付工程进度款，以达到延后支付工程款合法化的目的。有的借工程整个线路未能竣工交验等其他理由，长期对建筑企业已完工项目不办理竣工决算；有的建设单位以工程项目政府相关部门未进行竣工审计为由，有的借工程存在一些小的质量问题未能得到修复为由，长期拖欠建筑企业的工程尾款和质保金。

3. 自身行为不规范

由于投资体制不完善，责任机制还不健全，对建设单位缺乏监督约束机制，特别是市场供求关系失衡使得建设单位在建筑市场中居于主导地位。有的建设单位投资不落实、资金不到位、工程款被挪用，工程建设边勘察、边设计、边施工的现象屡见不鲜。有的建设中随意变更设计标准或增加新装备的投入，要求建筑企业增加大型临时设施或装备投入等，造成建筑企业大量的变更得不到确认，使建筑企业蒙受重大损失。有的建设单位在未取得开工许可证的前提下擅自开工，对自身征地拆迁原因造成的工期延误推卸责任。有的建设单位管理人员素质不高，不严格履行合同约定条款，随意压缩工期，随意压低造价，随意延长工程进度款支付时间和金额。以上这些也是建筑企业“两金”占资过高的重要原因之一。

(三) 企业管理层面

建筑企业集团“两金”占用过高与建筑企业项目施工、管控体系等内部管理息息相关。

1. 对形势研判不足

盲目加大房地产开发，财务风险显现。前几年，建筑企业集团及下属企业大部分都认为房地产开发利润较高，纷纷加大房地产开发力度，有的主要从事基础施工的建筑企业，在没有相关的专业人员和其他资源的情况下，也投入大量的资源从事房地产开发，这部分企业由于对国家房地产调控政策及市场分析不到位，未能综合考虑企业开发能力，加之不切合企业实际量力而行，不惜动用企业流动资金或通过高息贷款融资进行土地储备，导致大量的土地出现闲置或开发的房地产未能按进度进行销售，最终结果一方面使企业的房地产存货总额快速上升，周转速度降低；另一方面使企业资金成本加大，跌价损失风险进一步上升。同时，因房地产开发周期特别长，从土地储备、项目实施直到销售整个过程，房地产存货往往高位运行，只有等到正式交房，才能去存货，列转成本，这也是企业存货占资过高的原因之一。

2. 忽视验工计价

存货增加，债权难以确认。有的建筑企业重视施工生产，忽视对已完成工作量的结算和计量，未能及时与建设单位办理验工计价，形成已完工未结算存货，也使得应收账款无法得到确认；有的工程无合同先行施工，无补充协议增加额外工程量，导致建筑企业与建设单位无法办理验工计价，也就无法形成收款权利；有的由于设计变更或隐蔽工程形成的计量，暂时无法办理调概索赔，使得建筑企业发生的成本未能得到补偿，也未能及时确认债权；有的是建筑企业预计毛利率偏高或工程本身中标价偏低，形成潜亏，导致已完工存货增加。

3. 施工计划不周

调剂余缺功能差，库存材料出现积压。有的建筑企业未能从源头进行控制，对工程项目施工组织不周，生产进度安排不合理，对工程项目的预算管理不重视，盲目进行采购，导致库存实物量和价值量超过工程需要量，使得库存出现大量积压；有的建筑企业物资采购部门没有按工程管理部门提供的物资需用量计划进行采购，而是超计划采购，形成积压；有的建筑企业集团各子（分）公司或项目部之间由于其相对独立性，信息化手段落后，内部资源不能共享，往往出现有些子（分）公司或项目部同样规格型号材料出现积压，而另一些单位库存不足，出现了重复采购和库存积压并存的现象。

4. 内部管理不到位

责任不落实，清收清欠难度加大。一是工期出现延误。施工进度计划不合理，没有按合同工期组织施工，当发现工程进度出现延误时，又不及时采取应对措施，合同工期出现延误，导致建设单位按合同规定收取违约金或滞后办理验工计价。二是质量存在缺陷。有的建筑企业项目部管理意识淡薄，没有按施工验收规范对工程质量进行控制，大问题没有、小问题不断，给建设单位拖延验收、结算和付款留下把柄；有些项目部对于建设单位指出的质量缺陷或保修责任不及时进行修复和整改，导致质保金不能如期按时足额收回。三是工程竣工决算和收尾不及时。由于建筑企业项目管理人员不足等原因，竣工收尾项目的管理相对较弱。项目一进入收尾阶段，项目经理、工程部和合约部人员很快又被安排到新的项目，一般主要是财务人员和其他无关人员具体负责管理和收款事宜，使得决算和收款工作滞后。

5. 忽视源头管控

垫资现象严重，债权规模持续放大。一是盲目参与投标。在投标过程中，有的建筑企业未能深入现场调查，认真研究招标文件，对成本预测较粗，没有综合考虑经营风险，对那些建设单位信誉差、资金不到位、垫资额度大、报价不合理，特别是效益预期明显亏损的项目，不慎重决策，见标就投，没有从源头上预防应收账款的风险，给企业应收账款清欠留下隐患。二是垫资施工现象严重，企业回款出现滞后。由于受到国家清理地方融资平台的影响，目前地方政府一些基础设施建设一般采用 BT 模式或交纳高额的保证金垫资施工，由于缺少对回购款风险的防范措施，最终导致应收账款回收困难，影响企业正常资金周转。

综上所述，建筑企业集团“两金”占用过高与国家政策、行业规则和企业内部管理有关。假设以中国建筑 2014 年年末“两金”占用余额 6092.66 亿元为基准，2015 年压降 10%，两金占用余额可下降 609 亿元，如果按 2015 年 5 月末为基准，压降的目标还会更大，在国务院国资委目前“保增长”的形势下，在现行政策未改变和企业管理未强化的情况下，实现此目标很难。但如果国家政策能够调整和倾斜、建设单位能给予大力支持，以及企业能够创新自身管理，在各级政府、建设单位和企业三方合力作用下，妥善解决压降“两金”的重点和难点，中央建筑企业集团压降两金目标是可以实现的。

第五节 构建清收清欠管控体系

近些年由于国家加大基础设施投入，特别是高铁和城市轨道交通建设迅速发展，基础设施建设水平得到长足提升。快速发展也给建筑行业带来一些不容忽视的问题，如法律法规不完善、宏观调控和清理地方融资平台，少数地方政府基础设施投资资金未落实，部分建设单位诚信缺失和建筑企业内部管理不够等原因，导致建筑行业应收账款和存货（两金）余额持续攀升，对建筑企业集团财务状况、资产质量、经营成果和现金流量造成全方位影响，财务风险日益显现。如何对存货，特别是已完工未结算存货进行清收，如何对建设单位已确认的债权进行清欠，顺利实现“两金”向现金流转变，已成为建筑企业集团当前乃至今后重中之重的工作。本部分结合企业实际，探讨构建一套行之有效的事前、事中和事后的清收清欠（双清）管控体系，以在一定程度上抑制两金过快增长，降低清收清欠风险，促进企业可持续发展。

一、双清事前防范管控体系构建

双清事前管控体系构建包含信用体系建立、投标源头的风险防范等工作。双清事前管控体系工作流程如图 2-2 所示。

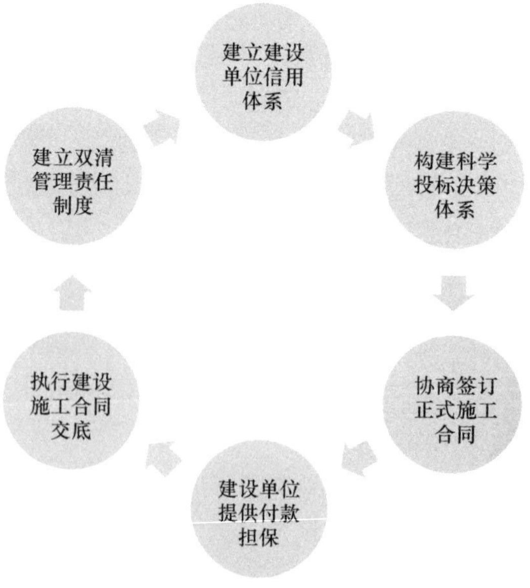

图 2-2 双清事前管控体系工作流程

（一）健全资信档案，掌握诚信经营状况

对建设单位进行资信调查是建筑企业进行工程项目投标前首先应进行的工作，建筑企业通过对建设单位包含工程款支付在内的履约能力进行全面的评估，建立信用档案，能够为投标工作提供决策参考。一是调查内容。建筑企业在投标前对建设单位资金，特别是首度合作的建设单位资信，应进行充分调查，包括开发项目的真实性、建设单位基本情况、项目资金的来源以及到位情况、既往经营业绩、履约能力以及社会信誉等各方面内容。二是调查途径。实地走访建设单位，了解企业性质、注册资本、主要管理人员等企业信息，以及是否存在后续项目等。利用公共信息资源查找，包括通过政府管刑部门和司法部门、媒体等途径得到建设单位以往资信记录、纠纷处理和相关评价等信息。

（二）科学决策投标，严格合同审批程序

建筑企业除了做好资信管理体系建立、风险识别和评价外，还应对投标进行科学决策，从源头上控制因投标引起的双清风险发生。一是择优选择。建筑企业应结合市场分析和企业实际情况，重点从控制工程项目资金能否按期足额回收的角度确定企业参与投标的重点项目和区域，明确什么样的项目可以参与投标、什么样的项目不能参与投标，并将其作为判断能否参与投标的基本依据。应坚持量力而行的原则，要与建筑企业资源相适应，不能盲目投标，给日后双清工作埋下隐患。二是严格审批。建筑企业对是否参与投标应明确决策权限和程序。对营销部门提出的拟参与投标的项目，应由财务部门会同法律事务等相关部门在充分研究招标文件的基础上，对项目是否垫资、现金履约保证金数额、工程款支付比例和计价周期等财务风险情况进行充分分析和评估，并将分析评估结果作为投标决策的重要依据。

（三）慎重签订合同，严格执行合同评审

要用合同约束双方行为。签订的建设施工合同是否完善，对项目未来双清等风险具有重大影响。一是完善建筑工程合同条款。工程项目中标后，建筑企业与建设单位之间一般会有一个复杂的合同谈判过程。建筑企业应将减少或避免包含双清在内的风险作为合同谈判的重点。通过合同谈判，使合同能体现双方责权利平衡和公平。二是严格合同评审制度。建筑企业与建设单位多次沟通谈判后达成的初步合同，应在正式签订前由企业组织法律、财务、工程和工经等专业人员对各项条款进行严格评审。通过评审发现合同文本中包含的双清在内的可能承担的风险和合同不完善的地方，进一步与建设单位进行沟通，最终达成双方都能接受的条款。

（四）提供支付担保，防范工程款支付风险

2003 年，国务院办公厅在《关于切实解决建设领域拖欠工程款问题的通知》

中提出“对项目积极推行业主工程款支付担保等风险管理方式”。建设单位支付担保是保证人依据担保法为建筑企业提供的，保证建设单位按照合同规定的支付条件，如期将工程款支付给建筑企业的信用担保。如果建设单位不能按合同要求支付工程款，将由保证人负责向建筑企业履行支付责任。建设单位支付担保是与建筑企业履约担保对等的反担保措施，它是一种维护建筑市场秩序、保证工程项目参与各方守信履约，公开、公正、公平的风险管理机制。

（五）执行合同交底，掌握合同相关条款

建设施工合同签订后，应由经办部门负责下发合同书面交底通知，要求各相关部门和单位负责人在指定时间、地点参加合同交底会。同时，经办部门应根据合同性质，事先准备重点交底的内容。工经部门应特别关注建设施工合同中分部分项工程验工计价规则、验工计价周期、隐蔽工程量确认、调概索赔等重点内容；财务部门应特别关注建设施工合同中工程款回收、履约保证金或保函收取、工程款拖欠相关条款等重点内容；法律部门应特别关注建设施工合同中工程款验工计价、支付违约处罚以及如何通过法律程序催收债权等重点内容。

二、双清事中动态管控体系构建

事中管控体系构建包含施工准备、施工过程直至工程竣工整个过程中双清管理等工作。双清事中管控体系工作流程如图 2-3 所示。

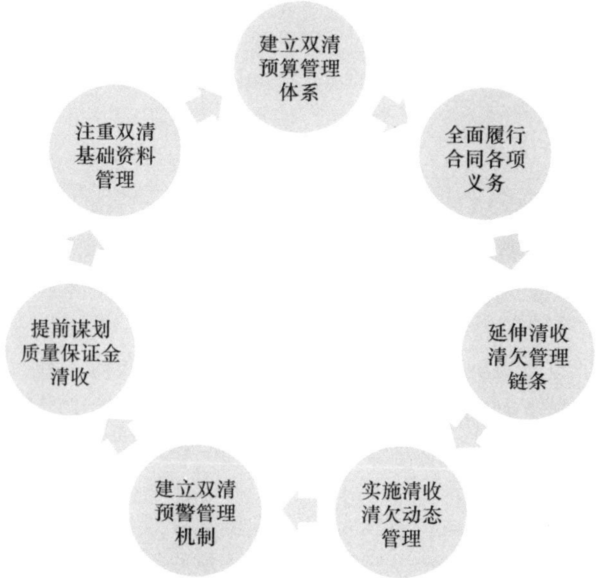

图 2-3 双清事中管控体系工作流程

（一）建立预算管理机制，层层落实双清目标

一是目标制订。建筑企业集团应依据企业年度会计报表反映的应收账款余额，结合当年新增工程等情况，拟定当年清欠目标；同时对期初存货中的已完工未结算数额以及对房地产期初存货，在分析的基础上，结合对资产负债率管控的要求，拟定当年存货清收目标。一般情况下，当年工程款应按当年新增营业收入的90%确定回款额；历年工程欠款，按年初余额的70%确定等。二是层层分解，根据“谁形成的债权谁清理”的原则，层层落实到所属单位和责任人。通过下达清欠责任书，将双清与各单位、各部门绩效考核挂钩，提升双清管控效果。

（二）切实履行合同义务，降低应收清欠风险

全面履行建筑工程合同各项义务，是双清工作最重要的基础。项目部应按建设工程施工合同中确定的工期，按分部分项工程完工节点，安全、保质完成规定的工程量。只有全面履行合同规定的义务，建设单位才无理由不按期验工计价和不按期支付工程款。同时，应优化工程施工方案，合理安排工期；对因建设单位原因造成工期滞后以及因设计变更而增加的工程量，应得到建设单位和现场监理确认。特别是在全面履约过程中，应做好以下三个方面的工作：一是关注施工进度。按合同规定的施工进度科学有序组织施工，当可能发生进度延误时，应采取应对措施；对因建设单位原因可能造成工期延误的，应加强与建设单位的沟通，及时办理相关确认手续。二是关注工程质量。依据合同约定验收要求，自检并接受建设单位和监理工程师质量检验，确保工程质量，不要因为工程质量扯皮，使建设单位找出理由延期支付工程款。三是关注竣工结算。依据设计变更等因素，及时提出增减工程量报告，变更工程造价，办理工程竣工结算，结清工程款。

（三）实施日常动态管理，延伸双清管理链条

针对建筑企业“两金”动态变化的特点，应对双清实施动态管理。一是应对已完工未结算款是因时间性差异还是其他原因引起进行深层次分析。对于因计量规则导致的滞后计量所造成的已完工未结算款，应在生产安排时尽量考虑计量的需要，满足计量条件，及时结算；对于因自身原因，比如报送资料不及时等造成的，应督促相关部门积极报送；对于因合同外的工程变更造成的，应与建设单位积极沟通，催促建设单位尽快完成计量和相关批复，尽早将其转化为可回收应收账款。二是对那些金额大、时间长的双清重点目标，应通过各种渠道动态跟踪建设单位，了解建设单位资金状况的变化，必要时可采取让建设单位提供其他担保等措施来保证应收账款的回收。三是延伸双清链条。建筑企业应将双清延伸至计量、结算、清收的全过程。根据项目所处的不同阶段和实际情况认真分析导致

资金不能及时收回的问题环节，有针对性地确定工作重点，积极催收已到期尚未收回的工程款。与此同时，要重点做好项目调概索赔等收尾的结算与计量工作，将已完工未结算款转化为即期债权，为债权清收创造条件。

（四）构建预警管理制度，强化各层管控力度

双清预警管理是指利用工经、财务有关数据对存货、应收账款相关指标进行计算分析，从而提前发现双清存在的风险。其可通过应收账款、已完工未结算款之和与营业收入之比，以及已完工未结算款与近三年主营业务收入之比，设置临界值，当计算出的某指标超过临界值时，就对其进行预警，实行重点监控，并采取应对措施。特别是出现建设单位未按合同付款、结算拖延等偏差时，应立即根据偏差程度，提升管理层级，加大管控力度。一旦上升到风险管理级别，就应对应收款项风险进行分类量化评价，根据建设单位性质、规模大小等划分为 A、B、C、D 四个不同资信等级，再根据欠款金额大小和时间长短建立风险识别标准，按风险程度不同分为“蓝、黄、橙、红、黑”五个级别，橙色等级以下风险由下级单位管控，橙色、红色风险由一般集团所属成员单位经理层管控，黑色风险由集团经理层管控，明确责任人、责任领导，签订风险管理责任书，及时制定应对方案，确定风险控制目标及完成时间，确保回款风险受控。

（五）提前谋划保证金清收，确保经营成果实现

一是落实责任。应明确项目经理是应收质量保证金的第一责任人，项目经理在该项目完工后，不管调离到企业内部任何岗位，其仍然是负责清收质量保证金的责任人。二是提前谋划。企业应该明确工程管理部门和财务部门负责监控应收质量保证金回收时间和金额，项目部解散后，应及时向上述部门移交包含应收质量保证金在内的相关资料，在工程质量保证金到期前，上述部门相关人员应及时通知原项目负责人，跟踪建设单位发现的施工存在的质量缺陷问题，并提请建筑企业安排专人对缺陷问题及时修复或委托建设单位进行修复，做到不留尾巴，以使在质量保证金到期时，建设单位找不出不支付质量保证金的理由，从而实现质量保证金到期回收的目标。

（六）加强双清基础管理，健全相关管理制度

一是健全双清管理制度，明确各部门的职责、内容、责任人，确定双清的考核和奖惩措施。特别是项目经理是项目双清的第一责任人，应将领导层薪酬支付与双清管理严格挂钩。二是加强基础资料的管理。建筑企业在履行合同过程中应重视对证据的收集，包括工程质量、工程进度、工程款支付、隐蔽工程、监理签认、工期安排等方面的往来信函、传真、会议纪要及电子邮件等，应及时进行登

记保管。同时，建筑企业在履行合同中一旦发现合同关键条款约定不明确或没有约定，双方应协商签订补充协议，这样可以减少合同履行过程中的纠纷。项目部与建设单位联系较为密切，建设单位所有指令基本上是直接传递给项目部的，因此，项目部双清台账登记管理尤其重要，对清理清收的执行必须建立定期统计分析、情况通报等工作制度，以上这些资料的管理也可为日后纠纷处理提供有力支撑。三是月度报告制度。双清目标下达后，必须掌握目标的完成情况，跟踪重难点目标进度。需要建立一套完整的应收账款和存货双清管理月度报告制度，包括项目应收款项的合同条件、动态信息、清欠责任落实情况、清欠及回款责任额完成情况等四个方面内容，定期剖析清欠过程中存在的问题并提出解决方案。

三、双清事后补救管控体系构建

事后管控体系构建包含建设单位拖延建筑企业工程款、应收已到期质量保证金以及项目调概索赔确认和清收等。双清事后管控体系流程如图 2-4 所示。

图 2-4 双清事后管控体系流程

（一）做好变更索赔管理，提升项目盈利水平

变更索赔在企业正常施工中都会存在，如施工过程中增加的工程量、发生设计变更等，对建筑企业来讲，这部分成本费用已经发生在存货中，如果这部分得不到补偿，项目的效益将流失。一是变更索赔谈判，在谈判时，一定要做到观点鲜明，要求有理有据，根据对方侧重点不同提供不同的解决方案，尽量避开自己没有把握的地方，对证据确凿的部分要进行重点阐述，从而找到一个双方共同认可的解决方案。二是变更索赔提报。工程施工中一旦出现变更事项，应在第一时间提出索赔方案，经现场监理签字确认，并在合理时间内将变更索赔报告上报建设单位，报告应简明扼要地分析变更的原因和对企业造成的影响，同时应事先确

定索赔金额，依据充分、计算准确。三是变更索赔跟踪。建筑企业上报变更索赔报告后，应时时关注变更索赔事项受理进展，也可主动要求建设方派人到现场核实，积极推动变更索赔工作。当变更索赔方案批复后应及时进行清收。

（二）联合运用各种策略，多措并举清收清欠

双清事实形成后，应及时运用各种策略进行清理清收。一是与建设单位充分沟通，在协商同意的基础上，通过提交银行保函的形式，置换未到期应收质量保证金、提前回收资金。二是通过办理应收账款保理的形式，或者让售应收账款进行清收，假日是双清的一个有利时机。三是要事先组织召开专门节日清欠会议，制定预案、精心策划，确保实现回款目标。特别应利用好元旦、春节前双清大好时机，实践证明，效果十分明显。四是运用法律武器清收。对于恶意拖欠和不诚信建设单位，坚决诉诸法律或申请仲裁，或通过起诉达到建设单位拿出诚意协商解决，最终实现回款的目的。

（三）构建双清评价体系，实现双清闭环管理

双清评价管理就是对整个管控体系实施闭环管理。一是资信后评价。资信后评价包括（但不限于以下内容）：建设单位对工期及工程质量的要求是否超过合同规定；建设单位是否存在不按合同规定强迫建筑企业赶工期；是否存在不按合同约定降低工程应付款的支付比例；质量缺限期到期后是否存在延迟或设置障碍不支付质量保证金等问题。具体评价时可对每一个指标赋予权数，并根据建设单位的实际情况按 1~10 的等级赋分，权数乘以所赋的分值，就得到对该建设单位的评分，权数乘以 10 得到最大评分，用建设单位评分除以最大评分所得的百分比表示该建设单位的综合资信水平。通过对建设单位资信进行后评价管理，从中可以找到一定的规律，为各级企业领导层今后是否参与该建设单位或该区域投标提供决策依据。二是对内部双清进行综合评价。通过对项目双清工作的评价，建筑企业可以总结值得推广的好做法或成功经验，也可以发现教训和问题。对项目双清的综合评价，可以根据项目双清工作总结、签订的责任书、相关财务报表来开展，通过设置定性和定量指标，综合衡量评价项目双清工作，推动建筑企业集团整体双清工作水平的提升。

第三章

风险管理

第一节　PPP 投资项目风险管控

为缓解财政负担，解决公共品供给低效等问题，20 世纪 80 年代，我国开始引进政府与社会资本合作模式 PPP（Public-Private Partnership 的字母缩写，直译为公私合作），经过地方政府实践、试点推广以及 2013 年进入全面推进阶段，从最初的以 BT（建设—移交）、BOT（建设—运营—移交）为主，发展到 BLT（建设—租赁—移交）、BOO（建设—拥有—运营）、EPC（工程总承包）、TOT（移交—运营—移交）、DBFO（设计—建设—融资—运营）以及多种组合形式。截至 2019 年，我国采用 PPP 模式运作的项目涉及能源、交通、通信、基础设施等领域，项目累计超过 1000 个，投资总额超万亿元人民币。同时，深化投融资体制改革，继续以市场化方式筹集专项建设基金，推动地方融资平台转型改制进行市场化融资，探索基础设施等资产证券化。完善政府和社会资本合作模式，依法严格履行合同，充分激发社会资本参与热情。可以看出，运用 PPP 模式有效提供公共服务将是今后大型集团企业发展的主要方向，作为 PPP 参与主体之一的建筑企业正面临前所未有的机遇和挑战：一方面，基础设施建设规模加大，给建筑企业带来前所未有的机会；另一方面，在基础设施建设新常态下，更多的项目以 PPP 模式建设，建筑企业在项目投融资、韧劲建设、运营和移交等方面将面临诸多挑战。建筑企业如不参与 PPP 项目建设，将会失去市场，影响企业生存，制约企业的发展；如参与 PPP 项目，对原来只擅长施工的建筑企业来讲，将面临项目投融资、运营、维护等方面的风险。

一、PPP 项目建设面临的风险

风险问题是建筑企业集团参与 PPP 项目建设无法回避的风险，它存在于从立项到项目移交的各个阶段，有来自项目运作中外部的自然、社会和市场环境等风险，也有来自参与主体的风险，还有来自项目运营等方面的管理风险。

（一）外部环境风险

一是社会环境风险，影响 PPP 项目的社会环境风险主要有政治、经济、法律和市场等方面。如国家政策中有关资产国有化、税收、外汇、市场管控等规定和调整带来的政治方面的风险；经济危机、银根紧缩、通货膨胀以及金融利率等变化带来的经济风险；国家有关 PPP 法律法规不健全导致相关产权没有得到充分保护等法律风险；新的竞争对手加入，上下游产业供应和消费发生变化等带来的市场风险。二是自然环境风险，影响 PPP 项目的自然环境风险主要有自然灾害、气候变化、地质因素等方面。如台风、洪水及地震等可能导致 PPP 项目遭受重大损失，无法继续下去；也有企业在参与基础设施建设过程中，由于地质条件复杂等导致项目投入发生重大变化，以致企业无法承受损失的风险。以上风险是建筑企业集团参与 PPP 项目建设难以规避的，也是企业无法预见的风险。

（二）公私合作风险

一是政府与合作方风险。由于政府与社会资本合作方出现分歧以及政府实施 PPP 项目能力缺陷等带来的公私合作风险。如政府在 PPP 项目选择上出现重大失误，很难达到预期目标；政府与社会资本合作方因项目实施过程中产生控制权纠纷，如政府在 PPP 项目上所占的股权比例、政府对项目补贴、税收减免以及在特许经营权期限等方面的纠纷导致需要再谈判，给 PPP 项目运作带来的风险；另外，PPP 项目招标不科学，招标过程中如果政府监管不到位等都会对 PPP 项目带来一定风险。二是项目建设融资风险。PPP 模式是一种将公私多个主体聚集在一起，提供公共服务的新型项目融资模式，其主要形式为某一个项目成立特殊目的公司（SPV），负责融资、建设及运营。2015 年 9 月 1 日国务院常务会议决定，将关系国计民生的港口、沿海及内河航运、机场等领域固定资产投资项目最低资本金比例要求由 30%降为 25%，铁路、公路、城市轨道交通项目由 25%降为 20%。虽然各方主体出资 20%～25%资本金，但 75%～80%其他资金通常由 SPV 自身融资解决，而 SPV 自身融资不仅受到政府担保额度以及合作各方担保额度的影响，还受到金融机构发放贷款等其他条件的限制，能否按时足额融资，也是 SPV 现实存在的风险。以上风险，可以通过政府精选项目、强化监管，同时与社会资本合作方及金融机构充分沟通协商一致，予以化解。

（三）社会资本合作方之间的风险

社会资本合作方之间还会存在因合作各方在一些重大事项上难以达成一致意见，而使得一些社会资本参与方中途退出，影响 PPP 项目正常运作的风险。一是作为社会资本合作方的建筑企业集团可能发生资金周转困难，很难满足 SPV 资本金出资需求；还有征地拆迁费超概算带来的费用无法弥补风险；工程成本严重超支、工程施工中发生重大技术问题很难解决、施工的工程质量出现重大缺陷等可能导致工程建设很难继续下去的施工风险。二是合作方是设计单位，因 PPP

项目设计上达不到规定设计标准，可能发生项目中途暂停的风险；还有因设计发生重大变更，增加建设投资成本，政府不同意所带来的设计风险。三是银行、保险、信托等金融机构或信用合作社等非金融机构，往往因资金优势，也作为社会资本合作方参与 PPP 项目，但有时因国家紧缩银根等宏观政策调整的变化，资金出现短缺，可能造成中途退出的风险。

（四）项目运营期间的风险

PPP 项目建成后，运营期间的风险时有发生，这些风险与项目能否满足环境保护相关法律法规的要求，与项目的配套设施、运营期间的专业人才和经营管理人员知识水平等都密切相关。一是配套设施不完善引起的风险。还有土地使用权取得的不确定性以及土地使用权权属不清引起的纠纷，也给 PPP 项目运营带来风险。二是 PPP 项目建成运营，政府授予的特许经营权一般在 20~30 年，漫长的经营期本身就存在市场需求变化风险、信用风险、收益风险，这些风险的发生都将影响项目投资回报。三是建筑企业集团虽然在工程项目施工中有专业人才、技术和管理上的优势，但普遍缺乏项目运营管理经验，同时，专业运营管理人员和维护人员能否适应运营期管理需求和相应能力，也是企业面临的主要风险因素之一。四是我国目前越来越重视环境保护，个别项目可能因污染环境或达不到规定的标准，而使 PPP 项目受到大额罚单，甚至存在被责令关闭等风险。

二、风险应对策略

应对 PPP 项目风险策略可以从风险回避、风险控制、风险转移和风险自留等四个方面展开，PPP 项目风险应对策略如图 3-1 所示。

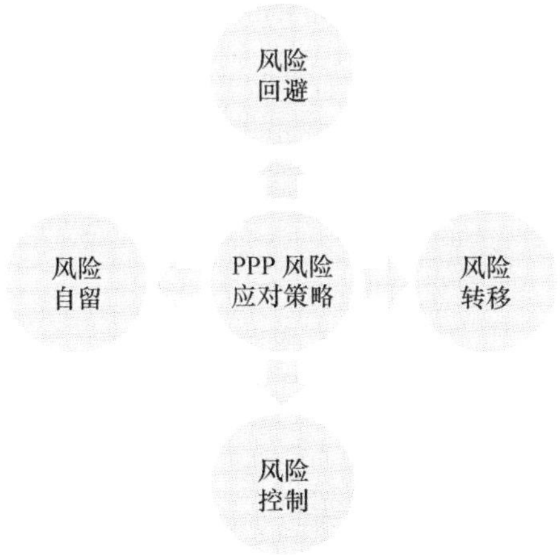

图 3-1　PPP 项目风险应对策略

建筑企业集团参与 PPP 项目，在完成项目风险分析与评价后，如果发现项目风险发生的概率很高，而且可能的损失也很大，又没有其他有效的对策来降低风险时，应放弃项目以回避风险；但同时，放弃承担风险也就意味着放弃某些机会。有些 PPP 项目风险企业可以通过预防、制订应急计划加以控制；有些 PPP 项目风险企业可以通过强强联合、政府补贴等将其转移；有些 PPP 项目风险可以通过管理主体内部采取控制措施来化解。这些 PPP 项目，企业应积极参与并做好风险管控，其最终将会给企业带来投资回报。建筑企业 PPP 项目风险应对策略具体有以下几种。

(一) 做好集团顶层设计，加快战略调整

一是企业战略调整应适应 PPP 项目模式。建筑企业集团参与 PPP 项目，将拓宽企业上下游产业，由原来单一建筑承包商向投资商、建筑承包商和运营商等多重角色转变；经营业务由原来仅获取施工业务收入向获取投资收入、施工业务收入和运营收入等多元收入转变；员工也将由原来满足工程项目施工、管理、技术需要，向 PPP 项目模式下的投资、融资、施工、运营管理等人才转变。因此，建筑企业集团在制定“十三五”规划或更长远的规划中，必须调整企业战略思路，在业务模式、装备、人才等方面做好远期规划，定位要准，以有利于战略实施。二是集团层面设计要创新。采用 PPP 项目模式涉及集团内部体系、机制、组织结构、业务协调、融资模式等方方面面。三是适应灵活多样模式。PPP 模式不是唯一的，目前我国没有一个统一的版本。例如有的 PPP 模式分成两部分，一部分是建设施工，采用 BT 模式；另一部分是运营维护，采用 PPP 模式，还有 BOT+EPC+股权等 PPP 模式，因此，建筑企业集团在战略调整上要顺应市场变化，这样企业才能拿到市场份额。四是控制投资风险。对建筑企业集团而言，由于目前我国的 PPP 模式法律法规还不健全，运作经验还很欠缺，在今后一段时间内，建筑企业集团应规定成员企业只能承揽信息、跟踪项目，投资 PPP 项目应由集团总部为主、成员企业为辅，这样可以有效控制风险发生。

(二) 强化项目可行性研究，科学决策项目

任何一项投资的失败都会给企业带来损失甚至是致命的损失。市场有风险，投资需谨慎。一是慎选 PPP 项目。目前 PPP 项目较多，但实际实施的并不多。如果建筑企业集团见到 PPP 项目就盲目投资，后果可想而知。因此，对企业来讲，优选 PPP 项目至关重要。财政部 2014～2015 年分两次公布了 206 个政府和社会资本合作示范项目，总投资规模约 8389 亿元，涉及交通、新能源汽车、地下综合管廊等多个领域。建筑企业集团从降低风险角度出发，可从财政部公布的项目中择优选择参与合作项目，同时，要及时关注财政部“政府和社会资本合作

综合信息平台”，了解和掌握相关 PPP 项目和相关规章。二是重视并做好 PPP 项目的可行性研究。PPP 项目的可行性研究是防范投资风险的关键环节，可行性研究必须在深入调查研究的基础上，对项目背景、项目概况、建设模式、市场需求、合作方意向、融资方案、投资效益和风险分析等八个方面进行认真研判，特别对项目风险应认真细致研究，对可能发生的风险因素进行识别，对每一个项目都要作出详尽的风险评估，不留死角，切实找出各种风险点，确定规避风险的措施和手段，在此基础上形成项目初步的可行性研究报告。三是确保项目可行性报告的质量。项目初步的可行性报告必须征求企业风险管理和法律事务部门的意见，必要时可向外部风险管理机构进行咨询，也可通过内外部专家进行打分，确保可行性研究报告的深度、准确度和可靠性，在此基础上，形成正式的项目可行性报告。四是严格履行决策程序。科学决策 PPP 项目，把好项目投资源头关口，对于市场需求分析存在缺陷、融资方案未能达成意向、投资效益还可以，但现金流较差、风险分析不全面，以及重大的风险未能有应对策略的项目，要慎重决策，防止项目上线后给企业造成重大损失。

（三）充分运用 PPP 规则，合理分担风险

PPP 项目模式一个显著规则就是政府与社会资本合作方合理分担风险，在此过程中，应尽量保持分担平衡。PPP 项目的风险分担应该遵守三条主要原则：对风险最有控制力的一方控制相应的风险；承担的风险程度与所得回报相匹配；承担的风险是一个动态过程且要有上限。如本应由社会资本合作方承担的风险交由政府承担，这样的 PPP 项目模式很难维持下去；如让社会资本合作方承担项目全部风险，一旦风险发生，社会资本合作方将很难应对，必然导致公共服务质量效率降低。因此，平衡、合理分担成本，可以取长补短、相互补充、协同管理，减少防范风险的成本，达到运用 PPP 项目模式实现最优公共服务的目的。一般来讲，PPP 项目中市场变动、汇率、经济政策的变化等方面的风险应由政府承担，项目的投资管理、施工管理、技术管理、债务偿还、运营管理等方面的风险可由社会资本合作方承担，而项目的社会环境、自然环境、投资效益、市场环境、资产转移和纠纷的发生等方面风险可由各合作主体共同承担。如城市排水和污水处理 PPP 建设项目运营后，因片区的工厂和居民生活收费达不到社会资本合作方预期基本收益，政府可以根据合作协议对其项目提供最高不超过一定额度的运营补贴。这种方式还经常运用到高速公路、城市桥梁和隧道 PPP 项目中，例如因车流量达不到预期而由政府提供车流量运营补贴。同样，建筑企业集团作为社会资本合作方，在负责项目征地拆迁、施工等过程中，工程造价超概算等风险主要由企业来承担，这样必然推动建筑企业强化自身管理，精打细算，控制成本支出。因此，建筑企业集团在与政府谈判过程中，除本应由政府承担的 PPP

风险外，还应坚持因政府原因增加的安全、环保等额外成本，以及由于重大的设计变更等引起的工程造价超支等风险由政府承担。在评估对风险承担能力的基础上，科学分配风险，这样才能避免项目最终失败。一个典型的 PPP 项目风险分担流程如图 3-2 所示。

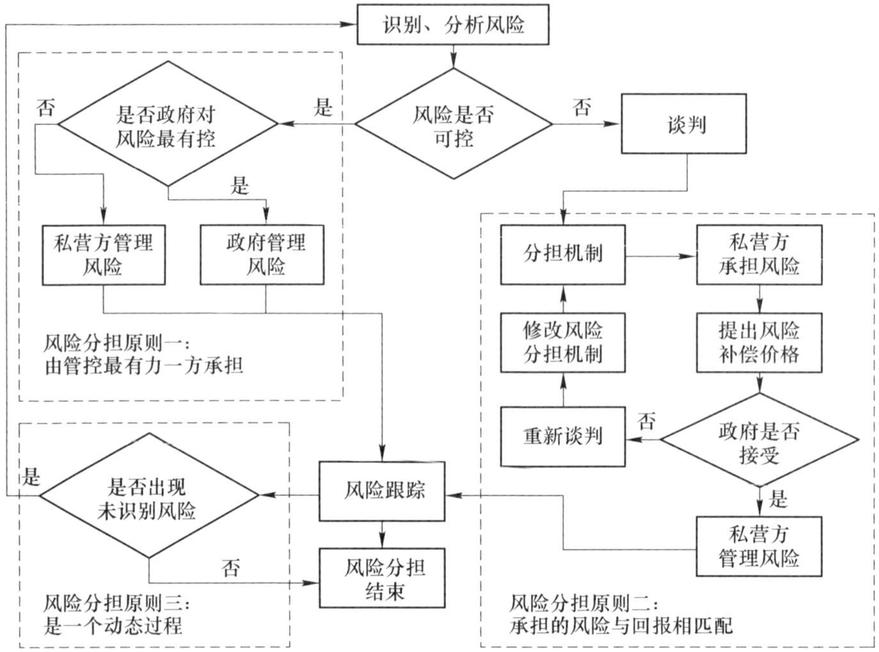

图 3-2 一个典型的 PPP 项目风险分担流程图

（四）强强联合合作各方，分散投资风险

目前大部分地方政府 PPP 项目，基本上是由政府所属的投资公司负责项目运作，由投资公司作为政府出资代表公开招标遴选社会资本合作方，参与 PPP 项目投资、建设和运营。因此，建筑企业集团可采取强强联合的方式，优选诚实守信合作方，发挥各自优势，达到分散投资风险的目的。一是优选投资公司。建筑企业集团要主动与资金实力强、有投资管理和运营方面经验、规模大的政府出资设立的投资公司加强沟通协调，如交通投资公司，与其签订《PPP 项目合作意向书》，诚实守信参与城市基础设施建设。二是优选社会资本其他合作方建筑企业集团参与 PPP 项目最主要的目的之一是获得项目施工总承包权，带动主业持续健康发展。项目实施离不开设计单位，所以，建筑企业集团要加强与设计信誉好、设计人才多、规模大和经验丰富的大型设计公司沟通联系，吸收其出资入股到 SPV 中，这样既能优化设计方案、保证设计质量，又能有效衔接设计与施工中相关业务，保证施工得以顺利实施。同时，对一些在桥梁、隧道和港口建设等方面专业优势比较明显的大型建筑企业集团也可作为社会资本参与方吸收到 SPV 中，这样可以优势互补，分散施工风险。

（五）拓宽产融结合模式，化解融资风险

建筑企业集团要做大规模，才能提升抗风险能力。由于建筑业是劳动密集型行业，利润低、积累少，而企业要做大，关键的问题是缺资金，解决资金问题就要拓宽企业融资渠道，而企业参与 PPP 项目，首要的风险就是融资风险。如何化解融资风险，最重要的途径之一就是实现产融结合。目前，在国家经济下行压力较大的情况下，金融机构和非金融机构资金都比较充裕，他们也在优选项目。因此，建筑企业集团要想投资规模大的 PPP 项目，必须实施产融结合，利用对外融资带动产业发展。一是要主动承接 PPP 项目，只要企业能中标经济发展前景好的项目，就不用担心金融机构和非金融机构不放款。二是加强与金融机构、非金融机构和规模大的投资公司的沟通，当企业与地方政府签订合作协议后，要主动及时将项目向其推介，通过产融结合，使建筑企业有活干、银行或保险公司有钱赚，实现双赢。三是在合作方式上，由于 PPP 项目投资额较大、周期长，所以，建筑企业要利用集团优势，可以以 SPV 作为融资主体，通过包括政府、企业在内的其他合作方提供信誉担保，通过组建银团融资模式，保证项目建设和项目初期运营所需资金；也可引进金融机构、非金融机构和大型民营企业投资入股到 SPV 中，共同分担融资风险。

（六）发挥资金杠杆作用，带动施工承包

如果仅由建筑企业集团内部自有资金解决 PPP 项目资金需求，可能一至两个项目还可以维持，但实施更多的 PPP 项目，只由企业自身解决是不现实的。解决的途径，企业可以借鉴政府发起成立产业基金的模式，吸引更多的金融资本和社会资本，拉动资金效应。其实这种方式就是发挥资金杠杆的作用。建筑企业集团也可根据企业内部资金状况，设立一定额度产业引导基金，再通过向银行、信托、保险等金融和非金融机构和有实力的投资公司筹集资金，利用资金杠杆原理，放大资金效应。通过规范的基金运作，可以实现在 PPP 项目甄选和资本运营等方面更加精准、更加专业、更加贴近市场，建筑企业集团也可以从更多的 PPP 项目上得到更多的施工总承包合同订单，实现建筑企业集团主业跨越式发展。

（七）重视项目施工管理，降低施工风险

在 PPP 项目实施过程中，各类风险无处不在，项目施工中风险也不例外，按照专业人做专业事的要求，施工过程中的风险一般由承接项目施工任务的建筑企业集团承担。施工过程中的风险包括项目质量、安全、技术、环保、工期等方面的风险。这些风险的发生可能延长交付项目运营时间，可能会增加项目工程造价，严重的将会使项目被叫停。因此，建筑企业集团必须重视项目施工管理，做好以下工作：一是项目施工前，应对项目全过程施工安全防控重点进行统一策划，编制安全生产策划书，所有进场作业人员必须按要求接受安全教育培训。项目施工过程中要做好安全防护、设备安全检查、应急救援等工作，杜绝发生违反安全操作规程的行为。二是根据项目质量目标及顾客需要，确定项目质量目标，编制质量计划、创优规划等质量管理文件，工序施工前，应对作业层进行书面交底或培训，并严格执行“三检制”“工程首件制”。工程隐蔽前必须会同监理人员进行验收，经签认后方可施工；分部分项工程完成后，必须进行质量检验评定；上一道工序检验不合格，不得进行下一道工序施工。同时，要强化材料物资进场检查，对检验质量不达标的材料，严禁使用，同时，坚决杜绝偷工减料行为。三是应进行环境因素识别评价，并对重要环境因素进行控制和监测。对易引起环境污染事件的重要环境因素，制定专项应急预案，配备必要的应急材料和设备，适时进行演练、评审和改进。对风景区、临水施工区或其他特殊施工环境编制专项水土保持方案。四是在施工组织设计方面要做好施工部署、方案比选、施工顺序、工期安排、关键工序的工艺设计以及重点的辅助施工设施设计，通过优化方案节约工程造价。五是项目进度管理应在确保安全、质量的基础上，以均衡生产为原则，以各项管理措施为保证手段，以实现合同工期为最终目标，实行施工全过程的动态控制。如发生月进度或重要节点进度延误时，企业应按预警等级划分及时发出相应级别预警信号，进行重点监控与检查，并制定切实整改补救措施，保证项目工期的实现，同时在分包工程、资金策划等方面也要强化管控，只有这样，才能将施工过程中的风险降到最低。

（八）培养专业人才队伍，预防经营风险

由于PPP项目具有复杂性、专业性、长期性特点，建筑企业集团参与PPP项目，除资金紧缺外，最重要的是缺少项目投融资、法务、项目运营和项目维护的专业人才。没有专业人才团队，很难避免经营风险。因此，人才储备、人才培养在建筑企业集团参与更多的PPP项目所面临的最重要也是亟需解决的问题，但人才培养周期长，需要通过多种途径去实现。一是对短期急需的专业人才，可以通过向社会公开招聘，引进成熟的投融资专业和项目运营管理人员，通过这些专业人才，以点带面，培养出一批懂经营、会管理的人才，充实到PPP项目中。二是从企业长远出发，通过与高校合作，招收一批投融资和运营管理等专业的大学生，实行定单式培养，储备PPP项目专业人才。三是培养PPP项目管理复合

型领导人。建筑企业集团领导人才不能只精通施工技术，还要成为懂投融资、运营和维护等 PPP 运作全过程管理的领导人才。对领导人员的培养，可以通过将其派驻到 PPP 项目上参与管理，积累经验，提升项目管理水平，也可以委托高校进行相关专业的长短期培训，提升他们的综合管理和应用能力。只有拥有一支专业人才队伍，才能有效应对 PPP 项目，防范经营风险。

综上所述，目前我国推进的 PPP 模式还处于探索阶段，对 PPP 的认识有待进一步深化，PPP 项目运作还有待规范，相关法律法规还不健全，大型企业集团参与 PPP 项目建设，有些风险很难规避和防控，这就需要政府加快完善 PPP 相关政策和制度，探索财政资金支持 PPP 项目的有效形式，进一步提高政府的合作意识，破除 PPP 项目市场地方保护主义，为 PPP 项目落地等创造良好的市场环境，同时，企业集团要练好内功，强化 FTP（资金转移定价系统）风险管理和防范意识，坚持量力而行的原则，结合企业实际，慎重选择和参与 PPP 项目，以保持企业健康发展。

第二节　应收质量保证金风险应对

近几年，由于建筑企业规模不断扩大，营业额持续攀升，企业应收质量保证金余额也不断增加，产生了建筑企业工程项目缺陷责任到期后应收质量保证金回款较为困难的问题，严重影响了企业资金周转。本节结合企业实际，分析建筑企业应收质量保证金风险成因并提出相关应对策略。

一、风险成因分析

造成目前建筑企业应收质量保证金收款难的根源，既有政策不完善和建设单位人为因素等客观原因，也有建筑企业对应收质量保证金管理重视不够等主观原因。

（一）最低保修期限不一致，实际操作弹性较大

《中华人民共和国建筑法》第六十二条规定：建筑工程的保修范围应当包括地基基础工程、主体结构工程、屋面防水工程和其他土建工程，以及电气管线、上下水管线的安装工程，供热、供冷系统工程等项目；保修的期限应当按照保证建筑物合理寿命年限内正常使用，维护使用者合法权益的原则确定。具体的保修范围和最低保修期限由国务院规定。《建设工程质量管理条例》《建设工程价款结算暂行办法》和《建设工程质量保证金管理暂行办法》等法规和规章，对基础设施工程、房屋主体结构工程、各类防水工程、供热与供冷系统等规定的最低保修期有 5 年、2 年、1 年或 6 个月，具体文件规定参见第二章“中央企业集团

‘两金’占用”，在此不详述。由于相关政策规定的最低保修期限不一致，导致质量保证金最低期限弹性较大，具体标准难以确定。

（二）预留比例不统一，建设单位变相截留资金

《建设工程质量保证金管理暂行办法》规定：建设工程竣工结算后，建设单位应按照合同约定及时向承包人支付工程结算价款并预留保证金。全部或者部分使用政府投资的建设项目，按工程结算价款总额5%左右的比例预留建设工程质量保证金；社会投资项目采用预留保证金方式的，预留保证金的比例可参照执行。《建设工程价款结算暂行办法》规定：包工包料工程的预付款按合同约定拨付，原则上预付比例不低于合同金额的10%，不高于合同金额的30%，对重大工程项目，按年度工程计划逐年预付。根据确定的工程计量结果，承包人向建设单位提出支付工程进度款申请，14天内，建设单位应按不低于工程价款的60%，不高于工程价款的90%向承包人支付工程进度款。按约定时间建设单位应扣回的预付款，与工程进度款同期结算抵扣。但在实践中，对于大部分包工包料工程，建设单位已不支付工程预付款，对承包方按最高不高于90%支付工程进度款，此外，还按工程竣工结算总价再预留5%的保证金，对需要几年或更长时间才能完成的特大型综合工程项目，这样的保证金预留方式无疑扩大了应收质量保证金的期限和金额，进一步加剧了建筑企业资金紧张的局面，不利于建筑企业的可持续发展。

（三）行业潜规则，影响建筑企业的生存和发展

由于国家有些相关政策规定模棱两可，如预留工程质量保证金最低期限不统一和按工程价款结算预留保证金，导致建设单位在执行过程中随意性较大，出于利益最大化的考虑，建设单位往往在预留保证金额度上选择最高的，在期限上选择最长的。另外，个别建设单位甚至通过设置障碍，延缓建筑企业应收质量保证金的收取时间，有的通过延期办理竣工验收，有的以政府还没有对工程项目进行竣工审计、总价未确定为由，有的借工程一些小问题未能得到修复为由，扣除建筑企业修缮成本数倍费用或随意拖延归还质量保证金。对此建筑企业因害怕失去市场，一般不通过司法解决，只能选择等待。而建筑企业如果拖欠供应商货款或农民工工资，就会严重影响企业形象，并带来诉讼纠纷。

（四）建筑企业重视不够，影响资金回收效果

部分建筑企业对应收工程质量保证金的管理重视不够，也是应收工程质量保证金收回难的一个重要原因。一是建筑工程具有特殊性，往往一个项目完工后，项目部主要领导和大部分人员就会被派往另外项目参与施工，实际上原项目部已

名存实亡，而一般的工程项目质量缺陷期限又较长，没有专门机构或专人负责清收，同时有些建设单位也是临时组织的，建筑工程竣工验收后机构也随之撤销、人员也已调离，由此增加了建筑企业收回质量保证金的难度。二是在质量缺陷期到期后，建设单位或接收工程项目的单位发现有质量问题通知建筑企业时，部分单位不太重视，没有按要求及时进行整改或修复，或不理不睬，或认为修复成本比收回的工程质量保证金成本还高，不仅最终导致工程质量保证金不能及时收回，也会因信誉差失去市场竞争力。

二、风险解决对策

在激烈的市场竞争中，目前建筑企业承揽工程项目毛利率普遍偏低，预留工程总价的5%质量保证金实际上相当于建筑企业从工程项目建设中获取的利润。要从根本上规范应收质量保证金的管理，需要政府、建设单位和建筑企业的共同努力。

（一）政府层面

国家相关部门应及时完善有关工程质量保证方面的管理办法和制度，规范建设单位相关行为，同时建设主管部门也要加强监督管理，将各项政策落实到位。一是修订办法。2011年已对建筑法进行修订，而2005年之前国家相关部门发布的《建设工程质量保证金管理暂行办法》《建设工程价款结算暂行办法》等政策目前仍在执行，有的条款已不能适应当前建筑市场发展需要，有必要进行重新修改发布。二是降低比率。预留工程结算总价5%的质量保证金比率延续的是计划经济时代确定的预留比率，该比率过高且未按工程类型、投资规模大小区别对待，已不能适应市场经济发展的需要。目前有的地方政府已出台相关规定，将民用建筑的质量保证金预留比率确定为3%，工业和公用建筑预留比率为1.5%，这些地方性规定对建筑企业是一种切实可行的扶持。三是改变方式。建议建立保修金预留第三方管理机制。该第三方机构应设在政府建设主管部门监督下，处于建设单位和建筑企业之间，通过该机构既可以避免工程质量保证金的超期返还和建设单位挪用资金，又可以避免建设单位机构撤销给工程维修带来的问题，以及建筑企业不知找谁返还质量保证金的尴尬局面，真正起到规范质量保证金的监督管理和扶持建筑企业的作用。

（二）建设单位层面

需严格履行相关约定，执行退还制度。建筑工程质量保证金拖欠在很大程度上加大了建筑企业拖欠供应商货款、分包商工程款和农民工工资的可能，建设单位应充分认识到问题的严重性，严格执行国家的相关规定，切实履行合同的相关约定。一是划清责任归属。对建筑工程质量存在的问题，建设单位应组织相关专业技术人员认真进行调查分析，不能将所有问题都归结于建筑企业施工造成，应在调查分析的基础上确定责任的归属。二是严格履行约定。建设单位应严格执行国家相关政策，并与建筑企业签订合同条款，对综合性工程项目，包括基础工程、主体工程、防水工程、采暖制冷工程和电气管线、设备安装和装修工程等的保修期分别进行年限划定，在返还质量保证金时，也应按照不同类型工程的保修期限逐一返还。不能借故随意拖延或全部按工程最高缺陷期计算归还质量保证金。

（三）建筑企业层面

需加强应收质量保证金管理力度。目前，应收工程质量保证金占建筑企业应收外欠款总额比重较高，能否及时足额收回应收质量保证金，关系到建筑企业资金能否正常周转。一是落实责任。必须明确项目经理是应收质量保证金的第一责任人，项目经理在该项目完工后不管调到企业其他任何岗位，仍然是负责清收质量保证金的责任人，对该项目仍应承担责任。同时，对整个建筑企业而言，必须落实“法人管理项目”，企业委派的项目经理代表法人负责项目的施工管理，企业主要领导以及相关部门必须对项目加强指导和监督，有义务帮助解决诸如应收质量保证金等管理问题，将“法人管理项目”工作落实到位。二是提前谋划。企业应该明确工程管理部门和财务部门负责监控应收质量保证金的回收时间和金额，项目部解散后，应及时向上述部门移交包含应收质量保证金在内的相关资料，在工程质量保证金到期前，上述部门相关人员应及时通知原项目负责人，跟踪建设单位发现的、合同规定由于施工导致的质量缺陷问题，并安排专人对缺陷问题及时进行修复或委托建设单位进行修复，保证质量保证金到期就能收回。三是实施奖惩。建筑企业应完善业绩考核评价体系，项目完工后，对项目部考核兑现时必须预留最低20%的薪酬，直到项目的所有后续工作（包含应收质量保证金在内）完成后才能支付，如应收质量保证金不能按期收回或只收回部分，对项目部责任人必须实施包含扣除部分薪酬在内的处罚，同时，对项目领导成员建立风险抵押金制度，实行有奖有罚，以调动项目责任人工作的积极性和责任心，为全面完成该项目的所有工作打下良好基础。

第三节　工程项目财务风险管理

在激烈的市场竞争中，如何加强建筑企业项目财务管理，满足企业发展的需求，实现企业价值最大化，是企业管理者面临的一个重要课题。项目管理好与差，财务管理是关键，它直接影响到建筑企业经济效益，决定着建筑企业的生存和发展。所以，做好项目财务管理是决定建筑企业能否在激烈的市场竞争中站稳脚跟的根本。本节结合工作实际，探讨建筑企业如何防范项目财务风险，以实现企业价值最大化的目标。

一、慎重投标决策，防范项目财务风险

在事前防范过程中，应主要做好建设单位信用档案管理，实地调查了解建设单位信用情况和项目所在地，在此基础上编制标书。

首先，建立建设单位资信管理档案。建立资信管理档案，就要对建设单位进行资信调查和评价，调查和评价的内容应包括：建设单位的级别、管理水平；以往一些建设项目工期和工程质量的要求、资金的到位情况；项目投标保证金、履约保函、预留质量保证金比例，等等。

其次，做好投标事前控制，降低投标风险。对于建设单位信誉差、资金不能按时到位或建设单位资金还没有落实、垫资数额超过施工单位承受能力、合同价低于成本、合同条款显失公平的工程项目应慎重进行决策。

最后，标书编制要留有余地。标书的编制内容要涵盖项目全过程，注意重点突出和留有适当变更的余地，在不提高总报价的前提下，可采用不平衡报价法，绝不能高估冒算，对早期完成的和预计工程量将增加的分项工程可适当调增单价，对后期完成的和预计实际工程量将减少的分项工程可适当调减单价。针对编制标书时间仓促和资料不全的问题，为避免中标后的被动局面，在制定投标方案时，可将一些隐蔽不可预见因素（如基础施工等）编入标书中，为今后的施工方案和调概索赔打下基础。

二、做好准备，夯实防范项目财务风险基础

在项目中标后，在与建设单位及时签订合同的基础上，应做好项目责任成本分析预测，同时对施工图纸进行会审。

首先，及时签订施工合同。建筑企业中标后，既要按建设单位招投标文件中的承诺办事，又要对招投标文件和设计中不明确、不具体的内容，本着平等协商的原则，通过双方的多次沟通，多轮实质谈判，争取得到比较合理可行的合同条款。

其次，施工前的成本费用预测。施工前的成本费用预测是追求项目经济效益最大化的一项重要手段，它可克服传统意义上成本管理依靠财务部门决算报表带来的时效性滞后的弊端。项目开工前，可通过划小核算单位，搞好施工图预算，测算出成本费用消耗总量。通过测算施工成本费用，做到心中有数，并且寻找降低施工成本费用的各种途径，从而确定目标成本。

最后，认真做好图纸会审工作。图纸会审并不单纯是寻找图纸上存在的设计

问题，对项目部而言，更重要的是在图纸会审时，应从方便施工、加快工程进度、确保质量，同时又能降低资源消耗、增加工程收入几方面着手，积极提出修改意见；对一些明显亏本的项目，可在不影响质量的前提下，提出合理的替代措施，争取建设单位和设计单位的认可。因此，图纸会审也是建筑企业效益最大化的一个重要途径。

三、做好过程控制，降低项目管理财务风险

在项目施工过程中，要优化施工组织设计，加强项目成本控制，严格分包结算，对项目实施动态管理。

第一，优化施工组织设计。施工方案不同，工期就会不同，投入也不同。因此，施工方案的优化是有效控制工程成本的主要途径。编制出技术上先进、工艺上合理、组织上精干的施工方案，均衡地安排各分项工程的进度，是施工过程中成本控制的前提。

第二，加强材料和机械设备的管理。首先，材料成本和机械设备使用占整个工程成本的70%左右，有较大的节约潜力。在项目施工中，往往在其他成本出现亏损时，要靠材料的节约来弥补。材料采购人员应该在熟悉材料性能、作用、价格的基础上制定合理的采购方案，保证在相同的条件下选择到价格最低的材料。一般可在不影响正常施工的前提下，减少材料储存量，以加速资金周转。其次，要加强现场物资设备的管理，合理堆放材料，减少二次搬运和摊基损耗，并严格收发料制度，进场要认真点验，确保质量；发料要严格按照计划发放，做到账物相符，台账清楚，特别要注意各个环节之间的相互监督、相互制约。设备管理部门要根据工程质量、进度和设备能力的要求，配备机械。合理安排机械设备的进、退场时间，合理调度和充分利用，以提高设备的使用效率。对自备的小型机具，要合理使用，减少机具闲置。对于机械设备还应建立日常定期保养和检修制度，确保机械设备的完好，杜绝机械事故的发生，努力降低机械使用成本。

第三，强化分包项目管理。首先，建立分包准入机制。严格执行规范的分包工程招标工作程序和分包队伍管理程序，择优选择分包队伍，严格按程序公开运作，在选择分包队伍时：一是不准将工程分包给不具备相应资质条件的单位；二是不准将工程分包给不具备履约能力条件的单位；三是严禁将主体工程进行分包或将主体工程支解分包。其次，强化分包现场管理。一是按要求派驻相应的技术、经济管理人员；同时，明确现场派驻人员的工作职责，合理界定其工作权限，加强岗位责任考核，督促其切实履行好各项管理职能。二是严格控制结算和费用。一方面防止分包结算时的高估冒算，另一方面要防止应扣费用款项的遗漏。建立并实行分包工程分阶段结算和竣工预结算制度。三是强化对分包队伍的过程控制。加强入场培训，特别是加强岗前安全培训与考核工作，拓展对分包队

伍的监控范围，确保分包队伍资源投入，进度、质量、安全、操作流程、文明施工等情况都处于项目部的监控之中。最后，建立工资支付保证金制度，分包队伍必须预交一定数额的保证金，专项用于解决拖欠和克扣农民工工资的问题。如果农民工工资被拖欠，建筑企业可动用预交的保证金，用于先行支付拖欠农民工的工资。

第四，确定适度经济成本。工程达到的最佳质量水平，并不是工程质量越高越好，只要符合合同或国家标准的要求，满足工程本身的需要即可，同时在施工过程中，可在保证工程质量的前提下，充分利用规范允许的正负偏差，节约材料的使用量，降低项目成本。

第五，抓好进度结算，转嫁资金风险。根据合同条款约定，建筑企业应按时编制进度报表和工程结算资料，报送建设单位并收取进度款；同时对分包商和供货商提出一定的垫资要求，降低资金使用成本。与分包商签订合同时，除约定不支付预付款条款外，也可以在合同中明确要求分包商缴付一定金额保证金。在支付分包工程款时应严格扣留不低于建设单位扣留比例的质保金，分摊资金压力和风险。

四、注重项目收尾，防范经济效益流失

工程项目收尾工作主要包括：调概索赔；部分分包工程需要办理决算；工地返还的废料、废旧机械等需要处置。虽然工程已经竣工验收，但竣工决算未办，还要负责向建设单位移交各种技术资料；发生的后期成本，包括工资、办公费在内的成本费用；应收账款、质量保证金、履约保证金需要回收等。收尾工作在很大程度上影响着项目盈亏和资金回收，而且持续时间可能很长。所以，尽管前期利润丰厚，如果收尾环节管理不善，也可能前功尽弃。只有工程款全部收回，全部债权债务清理完毕，这才标志该工程项目财务管理工作的终结。做好项目收尾，主要应做好以下三个方面的工作。

（一）高度重视竣工决算管理

竣工决算阶段，项目部有关财务、施工、材料部门必须积极配合预算部门，将有关资料汇总、递交至预算部门，预算部门将预算、材料实耗清单、人工费发生额进行分析、比较，查寻决算的漏项，以确保决算的正确性、完整性。

（二）加强索赔管理

工程索赔对工程项目的盈亏影响较大，它是获得经济效益的重要途径之一。可利用建设单位变更设计图纸，增减工作量等因素，提出正常索赔要求，一般能得到建设单位、监理单位的认可。所以，收集施工中保存的各种与合同有关资

料，如施工日记、来往信函、气象资料、会议纪要、备忘录、工程声像资料等，为索赔提供详尽的证明材料，是工程索赔的必要程序，也是创造建筑企业价值最大化关键所在。

（三）强化债权催收管理

工程竣工以后，要及时进行结算，以明确债权债务关系。对到期的应收账款，财务部门应及时通知经办部门和合同管理员、合同承办人员向建设单位催收，对不同的债务人应讲究催款的技巧，可以采用灵活多样的方式，如信函、电话、传真、派专人催收，双方协商解决，或在第三方调解下解决，并注意保管好各种证据资料。同时要考虑成本效益的原则以及失去本来较好的建设单位合作的风险，权衡得失，但对有钱不还、恶意拖欠的建设单位，建筑企业在多次上门追讨无效的情况下，可以通过律师事务所发出律师催款函，在没有得到明确答复后，再向法院提起诉讼或向仲裁委员会提起仲裁，采取法律手段，收回应收账款，捍卫自己的合法权益。

综上所述，建筑企业项目财务风险防范在整个项目管理体系中处于十分重要的地位，而建筑企业价值最大化体现了建筑企业管理的综合水平，是提高建筑企业竞争能力、应变能力和开拓能力的关键。建筑企业要想在强手如林的竞争环境中立于不败之地，实现近期求生存、长期谋发展的目标，就必须强化项目财务风险管控，提高建筑企业经济效益，以适应市场经济发展的要求。

第四节　建筑企业财务风险防范

近年来，企业发展速度加快、规模逐步扩大的同时，企业面临的各类财务风险也在加剧。特别是建筑企业随着市场竞争日趋激烈，财务风险时有发生，有的企业资产负债率过高，经济效益不佳，时常发生无力偿还贷款及再筹资困难的筹资风险；有的企业工程竣工验收后，工程款长期收不回，致使企业出现大量的坏账损失等。在建筑企业快速发展的情况下，如何规避建筑企业财务风险尤其重要。本节结合工作实际，以建筑企业为例探讨如何防范企业财务风险。

一、企业面临的财务风险

（一）生产规模快速发展带来的资源紧缺风险

在建筑企业跨越式发展的同时，也出现了企业资源不足的状况，经营规模不断扩大，人力资源和机械设备严重不足。现在，当一个新接项目上马时最为头痛的事情往往是资金紧张、人力资源紧缺和机械设备匮乏。这种状况不可避免地要对在建工程产生这样或那样的影响：一方面由于人力资源缺乏，导致管理工作不到位，从而影响企业经济效益，增加施工风险；另一方面，施工机械匮乏势必要外租高价机械来满足施工需要，这也导致施工成本增加，经济效益外流。

（二）低价中标带来的效益风险

工程投标竞争，说到底是承包工程价格的竞争和技术的竞争，而价格竞争主要体现在工程总造价的让利，有的项目让利的平均幅度高达造价的5%～15%之间。建筑企业整体经济效益下降已是不争的事实，如果企业内部缺乏完善的效益保证体系和一整套行之有效的成本控制措施，将无法彻底消化压价让利因素，潜在的效益风险极大。

（三）施工过程中的履约风险

建筑企业与建设单位签订工程承包合同后，按合同规定要向建设单位出具一定数额的履约保函和预付款保函，保函的形式一般由银行担保或现金担保。在施工过程中，建筑企业可能由于资金、技术等因素的影响而未能履行合同约定的义务，带来履约风险。

（四）巨额拖欠款带来的资金风险

一是建筑市场供求的失衡，僧多粥少、竞争激烈，一些建设单位故意拖延工程结算，致使建筑企业贻误了及时催讨工程款的最佳时机；二是建筑市场法制不健全，市场交易秩序混乱，巨额的工程拖欠款带给建筑企业的风险是融资费用巨大，资金周转困难，坏账风险增大，直接影响企业的可持续发展。

（五）组织管理不善带来成本失控的风险

一部分建筑企业基础管理薄弱、管理机制不活、奖惩措施不力、人员效率低下、管理漏洞较多。比如，现场管理混乱，物资浪费严重；工程质量管理把关不严，返工现象时有发生；工程预结算工作松散，该向建设单位收取的工程款收不回来；分包工程管理、材料设备管理不到位，效益流失。粗放型管理是建筑企业久积的弊端，它带来的直接后果就是加大工程成本，造成效益流失，损害企业利益。

（六）分包商和材料供应商带来的诉讼风险

建设单位不能及时支付工程款，建筑企业就只能拖欠分包工程款和供应商货款。拖欠之风蔓延，一拖再拖，日积月累，数额大了，建筑企业随时都面临被分包商和供应商诉讼的风险。

二、防范财务风险的应对措施

建筑企业要想真正积极有效防范和控制风险，必须深入调查、分析和判断风险程度，采取各种措施，有效防范、控制、化解和回避由企业内部管理不善造成的风险，减少风险损失，提高经营的有效性。

（一）适度控制企业发展规模，完善企业资源配置

当建筑企业快速发展时，要考虑增长速度与财务资源的匹配问题，适当控制增长的速度。一方面，建筑企业要制定中长期发展战略，对企业经营规模的增长要有理性的规划，根据企业自身情况有辨别地实施市场开发，在企业任务饱和的情况下要综合考察建设单位招标项目的资金、标价、技术等各个方面的情况，以确定效益最佳的项目作为投标重点，一定要避免“见标就投，不辨优劣”的经营开发思路。另一方面，企业要加快企业内部资源的配置：一要大力培养经营开发人才，使之具备足够的市场开发专业知识和敏锐的市场分析判断能力，为签定合同做好第一步；二要提高项目经营管理者的综合素质，使其具备技术、管理及领导才能，更好地带领团队经营好施工项目；三要加快培养施工技术人员，使之能够在技术革新、方案优化上创造效益，同时能严格把握安全质量关口；四要在资金允许的条件下逐步更新和完备企业施工机械配置，使企业真正具备施工需要的硬件设备。

（二）树立风险意识，防范财务风险

首先，建筑企业的领导班子要建立民主科学的经营决策机制，重大经营事项经班子集体研究决定，总经理对本单位的财务风险负主要责任。工程投标是建筑企业的重点工作，要充分考虑项目的可行性和可靠性。建设项目是否已经正式批准、资金来源是否可靠，要依据企业的承受能力和市场行情合理报价。比如，对于有些资金到位率低、盈利水平不高、风险较大的项目应权衡得失。其次，要建立合同评审制度，完善企业合同管理。合同签订前，企业法律顾问要介入，对合同的风险性进行评估，防止合同中不利条款，把合同的隐患消灭在评审阶段。工程开工时要组织大家进行合同交底，明确承包人的合同责任和工程范围。在合同条件发生变化时，要及时收集会议纪要、工程图片、变更通知等重要资料，为可能发生的合同争议处理准备证据，也为工程索赔打下基础。最后，发挥总会计师的监控作用。总会计师作为第一管理者的参谋和助手，财务管理是总会计师的重要职责，要严格执行《总会计师条例》，注重调查研究，参与重大经营决策，完善财务制度，防范财务风险。

（三）加强建筑企业管理，提高企业的盈利能力

一是企业领导层要转变观念，树立强烈的市场竞争意识，增强积极性、主动性和创造性，到市场经济的海洋中去拼搏，去壮大自己。二是建筑企业可以通过优化施工方案，材料招标采购，实行限额领料和配比发料以及合理分包等措施来降低工程项目的成本，提高主营业务利润率。三是根据建设主管部门的相关规定，如果建设单位未及时对施工方结算书作出答复，应视为对该结算书的认可，所以企业在施工过程中，应采取措施提高生产效率并积极与建设单位沟通，及时报送工程计量单。工程量得到建设单位的确认后应及时变现，加快资金周转。四是对应收账款的管理主要通过对建设单位的信用进行考察，加强合同的管理，提高合同履行质量，争取建设单位对工程款及时支付；对于逾期的应收账款，企业应成立应收账款清欠小组，建立应收账款回收奖罚制度，落实到人，进行催讨。

（四）拓宽融资渠道，改善资本结构

近年来，国家大力发展资本市场，努力提高市场的筹资能力和资本配置功能，这对于建筑企业上市融资是一个机遇，有志于长远发展的建筑企业应创造条件进行股权融资，一方面可以降低企业的资产负债率，优化资本结构；另一方面可以为建筑企业的增长提供比较充裕的资金。同时，还可以通过发行企业债券、短期融资券等融资方式，补充企业资金缺口；还要加强内源融资管理，合理调剂资金，减少资金沉淀，加快资金周转。

（五）提高履约能力，化解财务经营风险

第一，加强工程质量管理。在工程合同中承诺的质量等级，要按照相关质量体系的要求，实施严格的质量目标管理，根据工程的实际情况，设计创优方案和相应的技术措施，选择精良的项目管理班子和劳务队伍，配备优质的设备，确保质量目标的实现。第二，落实质量管理责任制。工程质量管理贯穿于工程施工全过程，每一个分部分项的质量优劣都会影响整个工程质量的优劣。因此，对于分部分项的分包商，要在分包合同中落实质量责任，明确质量标准，并建立质量目标奖罚措施，转移质量管理中的财务风险。对于建设单位指定的分包商，更应在分包合同中明确分包工程的质量标准和质量责任。由于建设单位对指定分包商的庇护而无法在分包合同申明确经济责任的，应通过公函与建设单位据理力争，并注重函件的收集、整理和保管，一旦发生合同纠纷，可处于比较主动的地位。

（六）强化资金管理，化解诉讼风险

首先，建筑企业必须十分重视资金管理，完善管理办法，规范结算纪律，提

高资金使用效率。建立企业资金结算中心或“内部银行”，集中开户，统一管理，编制月度资金收支计划，严格审批制度，遵循以收定支的原则，控制资金的流向和流量，提高履约能力。其次，建筑企业应根据不同工程合同中约定的工程款收取条件，在与工程分包商和材料供应商签订合同时，约定以建设单位资金支付进度为前提，一般不高于建设单位支付的进度款的比例，以回避分包商和供应商对建筑企业的诉讼风险。

（七）提高资金的使用效率，优化负债结构

提高资金的使用效率，首先，要使资金的来源和使用得到有效配合比，如不能用短期借款来购买固定资产，以免导致资金周转困难。其次，准确预测资金收回和支付的时间。如应收账款什么时候可收回，什么时候可支付劳务款等，都要做到心中有数；否则，易造成收支失衡，资金拮据。最后，合理地进行资金分配，流动资金和固定资金的占用应做到合理组合。

总之，在竞争日益激烈的今天，建筑企业生产经营管理面临的风险因素较多。因此，建筑企业只有增强风险意识，完善风险机制，加强财务风险防范，才有可能在激烈的市场竞争中站稳脚跟，赢得市场。

第五节 企业内部会计控制策略

财政部《内部会计控制规范——基本规范》中明确指出：会计控制要保证会计信息质量，要保证国家有关法律法规和规章制度得到贯彻执行；会计控制要在预算、投标、发包、承包、施工和验收等各个环节，以及企业内部的采购、付款、合同签订、销售、投资等各个环节保证会计控制信息的高度一致。可以说，会计信息控制是解决企业内部与外部信息不对称矛盾的一个关键控制环节或者说是一个非常有效的关键控制点。本节从企业制度下内部会计控制失败的原因入手分析如何强化企业内部控制。

一、内部会计控制失败的主要表现和原因

（一）会计信息失真

近年来，由于会计工作秩序混乱、核算不实造成的信息失真的现象在一些企业较为普遍，其主要原因不外乎在利益驱动下，一些企业领导人更看重短期经营效益给自己带来的利益，在会计上夸大经营成果，掩盖经营损失等。具体表现在：会计凭证的填制缺乏合理有效的原始凭证的支持，提前确认收入，不足额提取费用，篡改会计数据，设置账外账，资产不实，债务不清，等等。

（二）费用支出失控

一些企业的业务招待费、办公费等开支缺乏约束监督机制，使本来微利的企业出现亏损，本来亏损的企业更是“雪上加霜”。有的企业财产物资管理薄弱，物资购销制度松弛，存货发出未按规定手续办理，对多年来的报废、短缺、积物资等不作处理，致使潜亏隐藏在库存中，再加上业务往来中审查制度不健全，造成企业资产大量流失。

（三）对外投资泛滥

一些企业对外投资一度处于失控状态，虽有部分投资失败是出于对新进入领域不熟悉所致，但还有一部分投资失败完全是人为因素造成的，少数企业没有经过集体研究，由领导个人决策，完全处于失控状态，造成巨额亏损。

（四）国有资产流失

由于缺乏有效的内部控制和监督，少数企业领导通过合法或非法途径，利用手中的权力转移收益，有些国有企业领导人在企业改制过程中串通中介机构，在资产评估或验资过程中侵吞企业资产，改制后变成拥有几百万元甚至上千万元的大股东。

对于企业投资主体来说，他们期望获得真实的会计信息，并据此客观评价企业的经营成果；而对于经营者来说，则可能因其不会更多关心企业长远发展而采取与投资者相反的会计政策，因为在多数情况下，他们会更注重短期经营效益给自己带来的利益。可见内部会计控制是控制主体意志的体现，控制者都希望成为控制主体以实现其控制目标。伴随着现代企业的所有权与经营权的分离，也促成了财务会计与管理会计开始分离。在此种情况下，企业经营者成为现实的内部会计控制主体，直接控制会计信息的生成和利用；而投资主体对经营的控制则主要是通过由经营者提供的会计信息来实现。由于信息不对称以及没有一套切实可行的监督体系，从而形成了会计信息失真的“土壤”，并弱化了内部会计控制的作用，严重影响了我国现代企业制度的健康发展。

二、强化内部会计控制的思路

建立和强化企业内部会计控制，一方面可以借鉴内部控制理论，另一方面要结合企业的实际情况，因地制宜、有的放矢。

第一，政府财政部门应进一步加大对内部会计控制框架的建设，企业应建立适应自身的内部控制制度。虽然财政部发布了《内部会计控制规范——基本规范（试行）》以及陆续发布了其他具体规范，但适合所有行业企业的内部控制框架并没有形成。因此吸收国内外内部会计控制理论与实务成果，对提高内部控制制度的规范建设至关重要。企业应加强内部会计控制理论的学习研究，相互之间交流实践经验，转变观念，提高对建立内部会计控制制度的重要性认识，建立适应企业自身管理的内部会计控制制度，有效防范风险和舞弊。

第二，健全和完善法人治理结构是企业实施内部会计控制的前提。法人治理结构是企业产权关系的具体体现，是企业决策机制、激励机制和监控体系的基础。在“两权分离”的情况下，有效的治理结构是决定企业能否正常和健康成长的基础性制度，是内部会计控制的组织保证。不同的产权关系要求具体的治理结构模式不尽相同，从内部会计控制的角度而言，企业治理结构中必须有独立的决策层、被合理授权的执行层和健全有力的监督层。从目前我国企业治理情况看，建立和完善内部会计控制，首先应当解决治理结构“形备而实不至”的问题，一是董事会作为高层权力机构，要充分发挥其职能，董事会与经理层人员原则上不得重叠；二是完善监控体系。虽然外部监督机制正在形成，但企业内部监督作用，没有真正发挥，监事会形同虚设。因此，建立直接对董事会负责的审计委员会，在治理结构上应当进一步强化监事会的作用，特别是总会计师不得分管审计工作，设立隶属于审计委员会的内部审计、稽核等专门的监督机构，并赋予其在业务和财务上相应的监督权，建立覆盖各环节的控制系统。

第三，建立多层次的内部会计控制体制。首先，投资主体对经营者的会计控制权利。具体控制措施是通过由投资主体委派的财务总监来实现的。第一层次上体现出两个控制主体相互制衡的关系，投资主体通过激励和约束来控制经营者，保障自身获得最大化的经营利益；而经营者通过正确决策和有效经营履行受托经济责任，同时获得制度化约定的期望利益。其次，财务总监具体行使内部会计控制的权利。第二层次财务总监由投资者委派的，对投资者利益负责，并具体指导企业内部会计控制过程。财务部门属于企业一个职能部门，是在企业负责人领导下开展工作，因而难以使其承担对领导层和对各部门的控制职能，因此，应派出财务总监到所属企业，作为企业董事会或监事会成员，参与经营决策和财务监督。由于其具有事前控制性、审计经常性、反馈及时性、高度专业性和独立性等特点，因此可以帮助现代企业进行有效的内部会计控制。最后，企业会计部门及会计人员的内部会计控制责权利。第三层次是直接面向经营者的会计控制制度。会计工作是一切财务收支的“关口”，一切财务收支活动只有通过会计核算和会计监督这一重要程序之后，才能得以认可和实现。会计监督和控制是企业日常控制，也是企业最基本的监督，会计人员要严格执行会计法及相关的法律法规，企业应明确会计人员的控制责任，要改变“由企业领导发给会计人员工资，会计人员就不可能不听领导的话”的错误观念。

第四，建立和完善预算制度，强化预算执行控制。全面预算应以公司发展战略为依据，具体落实股东大会、董事会、经营者、各部门乃至每个员工的责权利关系，明晰他们各自的权限空间和责任区域，采取自下而上、上下相结合的方式科学编制预算，严格预算的执行和监督，及时进行预算分析和评估，结合财政部《内部会计控制规范——基本规范》，针对业务处理过程中的关键控制点，落实到决策、执行、监督反馈等环节，抓住预算管理中的关键环节，对执行情况进行分析，查找原因，制定针对性措施。可以说，只有实施全方位、全过程、全员的预算管理，调整企业的经营规模、水平，才能使企业的资金、未来收入和可能发生的费用成本，以及投融资等相互协调，才能保证企业经营目标的实现。

第五，设立良好的内部会计控制环节。现代企业在制定控制活动时就是要抓住关键控制点。一是工作流程应对每一会计岗位设计工作流程图，工作流程图中明确规定每个人应该做什么、如何做、何时做等。工作流程图应将管理过程进行标准化。二是职责分离。财务部门应按照职能分离原则划分每个人的工作，建立不相容职务相分离制度。如记录现金收入和支出的人员不应负责编制银行账户余额调节表。三是票据与记录控制。票据是证明交易发生和交易的价格、性质及条件的证据。应实行票据保管、收款与会计记录人员的岗位分离；对所有内部票据进行预先连续编号。四是资产接触与记录使用。资产接触与记录使用主要是指限制接近重要记录，以保证资产和记录的安全。五是独立稽核人有可能由于偶然疏忽发生错误，每名会计人员完成的工作应由与其没有直接关系的另一个人进行验证、稽核，以保证会计业务处理正确，不发生错误。

第六，强化内部审计，实现内部会计的再监督。对会计资料进行内部审计，既是内部控制的一个组成部分，又是对控制活动的监督。一是坚持以财务审计为基础，具体对资产、负债和损益的真实、合法和效益进行审计监督，检查评价各种资产内部控制的健全性、有效性，同时应审计各种收入是否按规定全部入账，各种支出是否合理合规。二是积极推行内部控制制度的评审，主要是审查内部控制制度是否与国家的有关法规、企业的规章制度相背离；审查内部控制制度是否符合被审计单位的实际情况，采取的控制方法和措施是否有效；审查制定内部控制制度是否对管理全过程的关键控制点进行有效控制，评价其使用效益和运用效果。三是重点抓好经济效益审计，内部审计应当始终围绕经济效益作文章，并不断拓宽效益审计的领域，坚持根据本单位的实际情况，开展对企业生产经营管理的全过程和各环节的效益审计，针对存在的问题，提出改进的建议和措施，通过内部审计，实现对内部会计的再监督。

第六节　企业投标财务风险防范

在我国招投标政策日趋健全的今天，企业大部分商品基本上是通过招投标采购，尤其是各类基本建设工程已全部实施招投标制度，建筑企业只有通过投标才能承揽工程任务，因此，建筑企业的实际盈亏与工程项目中标结果密切相关，投标策略是影响建筑企业工程项目能否中标的关键，而投标过程中的财务风险防范又是建筑企业创造价值最大化的前提。本节以建筑企业参与投标承揽工程为例，探讨如何从源头上防范投标财务风险。

一、建筑企业投标过程中财务风险

综观建筑企业工程项目投标过程中的财务风险成因，主要有两个方面，一是来自企业外部财务风险，也称客观风险，是企业无法回避的风险；二是来自企业内部财务风险，也称主观风险，是企业可以控制的风险。

（一）外部财务风险

首先，由国家政策法规变动带来的财务风险。我国于 2000 年 1 月 1 日颁布实施了《中华人民共和国招投标法》，对规范建筑工程市场招投标行为发挥了重要作用。由于市场经济发展加快和国家进一步改革开放，招投标法已不能适应经济形势的发展。2012 年 2 月 1 日实施的《招标投标法实施条例》，对建筑企业投标带来较大的影响。如国家修改或颁布新的招投标法及相应的其他法律法规，还将给建筑企业投标带来变革，将导致建筑企业财务收益可能与预期收益发生偏离。

其次，由政府融资平台变动带来的财务风险。我国经济处于新常态，财政紧缩将会是今后一段时期的常态。为缓解财政负担，化解地方政府债务风险，为推进基础设施建设和促进城镇化建设提供融资。政府目前正大力推进 PPP 模式的发展。作为 PPP 市场参与主体之一的建筑企业遇到前所未有的挑战，在原有的建筑市场中建筑企业只是负责项目的建设施工，而在新的 PPP 项目模式下，建筑企业作为社会资本方参与 PPP 项目，将主导项目的投融资、项目施工、运营或移交等工作。因此，建筑企业如参与到 PPP 项目，首先面临的是项目融资风险，这主要是由于 PPP 项目合作周期长，资金需求量大，少则几个亿，多则几十亿、上百亿；项目公司负责融资，将加大融资难度。以上这些都给建筑企业在投标过程中带来较多不确定因素，导致企业财务风险加大。

最后，由投资环境变化带来的财务风险。由于国家对招标方或建设单位违规处罚措施方面的规范不健全，处罚力度不够，以及经济利益的驱使，一些建设单位、招标中介机构的评标人员在评标过程中暗箱操作，从而加大了投标单位的投标成本，给施工单位带来一定的财务风险。

（二）内部财务风险

首先，由企业决策失误带来的财务风险。一是由于国家近几年加大基础设施投资，虽然投资项目较多，但如果对本单位的资金、机械、物资、人力等资源状况估计不足，盲目投标，造成决策失误，会加大建筑企业的财务风险。二是许多企业在投标中，搜集信息不充分，没有辨别信息真伪，使用不充分的信息作为决策依据，有标就投，屡投不中，最终导致有可能浪费有限的流动资金。

其次，由资信掌握不够带来的财务风险。在市场经济条件下，建设单位的资信参差不齐，有的建设单位资信较好，投资的项目手续齐全、投资款到位，付款也比较及时，碰到工程项目存在问题时，能及时与施工单位进行沟通，共同来解决问题；但有的建设单位资信较差，签订的合同权利和义务不对等，附加某些不平等条款，有的存在“三边工程”的现象，给施工单位带来较大的隐患。大量的事实证明，如果建筑企业对建设单位的资信审查不深入，在投标过程中必然带来一系列财务风险，有可能使建筑企业陷入投标陷阱，最终陷入进退两难的境地。

再次，由垫资参与施工带来的财务风险。一些工程项目，建设单位要求建筑企业以现金担保代替银行保函、带资施工、低比例形象进度付款和工程竣工后付款的情况下，建筑企业只有带资施工，才能承揽到施工任务。在目前的建筑市场上，无论是政府投资的项目、房地产项目、民营投资项目往往都涉及垫资施工的问题。建筑企业承接这类工程要承担比较大的财务风险，往往工程项目的利润被垫资利息消耗掉。同时，建设单位设立的投标担保、预付款担保、履约担保，也进一步加大了建筑企业财务风险。

最后，由标价偏低带来的财务风险。工程任务不饱和的建筑企业为了中标，不惜花血本竞相压低报价，对成本、利润缺乏科学的分析与预测，隐含了一些不可预见的让利因素。常常盲目寄希望于“中标靠低标，盈利靠索赔”，或者以低价争取中标一期工程，由此打开市场而顺利中标后续工程，这些愿望一旦无法实现就会带来标价过低的效益风险。如果建筑企业内部缺乏完善的效益保证体系和一整套行之有效的成本控制措施，不能彻底地消化压价让利因素，潜在的财务风险极大。

二、相关建议

通过对工程项目投标过程中的财务风险进行分析可知，客观风险是无法避免的风险，但主观上的投标过程中的财务风险是可以通过建筑企业积极应对、统筹安排、权衡得失、科学决策来防范和避免的。

（一）建立资信管理系统，完善建设单位档案建设

建立资信管理系统指建筑企业在投标前对建设单位资信特别是首度合作的建设单位的资信应进行充分调查，包括开发项目的真实性、建设单位的注册情况、

项目资金的来源以及到位情况、既往经管理会计实践与案例运营业绩、履约能力以及社会信誉等方面。调查可以通过以下方法进行：一是走访建设项目建设单位，了解建设单位办公地址、硬件设施、企业性质、注册资本、法人代表及相关证照等；二是利用公共信息资源获得，通过网络、新闻媒体了解建设单位在政府各部门形成的资信记录；三是通过同行了解对建设单位的评价，通过电话、信函、电邮等方式从同行获得建筑企业需要的信息；四是委托中介机构进行调查，其实质就是向中介机构购买建设单位发展过程、业务范围、员工人数、付款记录、法庭记录、财务状况等方面的资信调查报告。

（二）强化投标项目的可行性研究，降低投标风险

建筑企业在投标前首先要关注项目是否符合企业的发展战略。一般的建筑企业都是以一元为主、做专做强、滚动发展为原则。所以，建筑企业是否参与项目投标要综合考虑是否符合企业资质的要求，是否符合专业经营的原则，是否符合滚动经营的条件，是否符合专有技术经济的条件。其次要做好技术分析。根据建设单位提供的图纸和有关资料，从技术角度简单描述该项目工程的规模、特点和设备等工程概况；要针对项目中技术上存在的难度采取相应的施工方法和技术措施解决技术问题。再次要做好经济效益分析。建筑企业要组织相关人员在拟投标项目经济上进行全面分析，做好设计预算与施工预算的对比分析，同时成本测算必须准确，不要为了提高中标率，不惜相互杀价，压低利润空间，形成微利施工或亏损经营。最后自身能力分析。主要是对企业自身占有的人、财、物等综合资源能否满足拟投标项目的需要进行分析，对高精尖项目、垫资项目、对施工设备有特殊要求的项目要慎之又慎，否则可能后患无穷。

（三）健全投标的管理机构，完善决策机制

工程项目投标过程中财务风险的防范仅靠建筑企业财务部门是无法完成的，需要各部门的密切配合，形成一个强大的抵御市场风险的网络，才能有效防范工程项目财务风险，这就需要有一个综合机构负责进行组织协调实施，建筑企业首先应成立由财务、市场营销、工程管理、法律事务专家组成的投标评审委员会，全面做好标前的单价分析和成本预估、投标和履约的风险预测；同时根据相关部门对建设单位的资信档案和区域市场分析资料，由投标评审委员会结合企业实际情况，重点从控制工程项目财务风险的角度确定企业参与投标的重点项目和区域，明确什么样的项目可以参与投标，什么样的项目不能参与投标，并将其作为判断能否参与投标的基本依据。

（四）实施有效的投标策略，分散投标风险

目前，建设单位大多数基础设施招标项目标段工程量大、线路长、投资额

大。这些特大型工程建设项目对一个企业来讲，在资源有限和专业优势各不相同的情况下，有的企业土建施工能力较强，有的企业桥梁建设优势比较明显，有的企业房屋建设经验丰富，为了优势互补，在投标竞争中立于不败之地，企业之间可以组成联合体参与投标，这样能够发挥各自的优势，取长补短，增加竞争优势，中标的概率也比较高，更主要是通过这种联合投标形式，可以有效规避投标风险。

第四章

应用指引

第一节　企业应收账款管理

由于国家宏观调控的不确定性和外部建筑的市场新变化，加上受建设单位采用 BT 等模式进行基础设施投资建设日趋扩大化，以及通过降低工程款支付比例等方式要求建筑企业垫资施工、拖欠潜规则等多种因素的影响，国有建筑企业集团应收外欠工程款余额逐年攀升，已严重制约建筑企业正常资金周转。面对建筑市场日趋激烈的新形势和新变化，国有建筑企业集团必须要创新应收外欠工程款清收管理思路，这是当前和今后一段时间迫切需要解决的问题。

一、面临的新形势

（一）宏观调控，机遇和挑战并存

前几年，为了应对全球金融危机，国家实施积极的财政政策，加大基础设施建设规模，以内需带动经济发展，建筑单位资金相对宽松，应收外欠工程款余额在合理范围内。而宏观紧缩政策和市场环境的变化给国有建筑企业集团生产经营带来了很大的困难，在企业经营上突出表现为资金十分紧张，建设单位投资不到位，延缓或停止支付项目工程进度款，应收外欠工程款余额持续攀升，占总资本比例逐年提高，这些都加剧了建筑企业资金紧张局面。而时松时紧的货币政策，给国有建筑企业集团应收外欠款回收工作带来较大的不确定性，企业面临着较大挑战。

（二）市场环境，制约清收效果

从国有建筑企业集团应收外欠工程款余额持续增加的因素分析，不难发现：一是近年来建设单位对建筑企业参与投标和中标后工程履约担保的要求由过去一般只要建筑企业提供银行保函或信用证明变成目前需要缴纳大量的投标和履约现金保证金，部分项目现金保证金收取比例畸高；二是建设单位工程项目进度款支付比例持续降低，一般为 80%～90%，有的项目更低，这实质上就是建筑企业为建设项目在垫资施工；三是建设项目质量缺陷保证期延长，由于受到国家调控政

策、紧缩银根和清理地方政府融资平台等的影响，部分建设项目投资款没有落实，在这种情况下很多建设单位或滞后工程计价结算，或以工程竣工未终结审计以及存在质量缺陷等为由推迟应付质量保证金到期时点，采取拖延办法延缓支付时间，这也是国有建筑企业集团应收外欠款余额增长的一个重要因素。

（三）外部融资，加大资金成本

资金是企业的“血液”，应收外欠工程款作为国有建筑企业集团资金的重要占用形式之一，如果长期不能及时回收就会导致企业现金流严重不足，直接制约企业的发展，甚至危及企业的生存。目前，大部分国有建筑企业集团资金都处于十分紧张的状态，一方面大量的应收外欠工程款等待回笼；另一方面由于资金周转困难，为了维持企业的正常运转，国有建筑企业集团不得不通过银行举债经营，导致企业筹资规模快速增长，利息负担越来越重，融资成本进一步增大，企业生产经营面临着很大的资金压力，已严重制约企业生产经营。应收外欠工程款能否及时回收，对国有建筑企业集团公司现金流能否稳健运行和带息负债规模能否有效控制具有重要影响。

二、应对策略

针对应收外欠工程款面临的新形势和建设单位新的变化，国家应从宏观层面上进一步加强管理，规范建设领域秩序；在企业层面上，国有建筑企业集团需要积极研判形势，提前谋划，制定工作预案，将应收外欠工程款清收工作落到实处。

（一）加强监管，规范市场秩序

在2003年，国务院办公厅就下发了《关于切实解决建设领域拖欠工程款问题的通知》（国办发〔2003〕94号），文件下发后，从2004年起，历时3年时间，通过政府和建设单位的共同努力，基本解决了建设单位拖欠建筑企业建设领域工程款问题。可近年，建设单位融资困难日益突出，为了转移项目投资资金不到位的问题，建设单位变相要求建筑企业交纳高额的保证金、降低支付款比例，要求建筑企业垫资施工，目前建设领域拖欠工程款问题已严重影响我国建筑市场的健康发展，而且进一步加剧了拖欠农民工工资问题，影响了社会稳定。因此，针对目前建筑领域的新问题，有必要再次由政府部门出台相关政策予以解决。一是对政府及有关部门投资的工程项目情况进行一次检查，彻底清理发生拖欠工程款的项目。对于政府投资工程项目已拖欠的工程款，要结合自身财力情况，制订切实可行的还款计划，建议从本级财政每年安排用于城市建设的资金，划出一定的比例专项用于清偿拖欠工程款。凡逾期未能基本解决政府投资工程项目拖欠工程款问题的，除极特殊的项目外，一律不再批准其新建政府投资工程项目。二是建立和完善监督机制，加强执法队伍建设，切实加大建筑市场监管力度。要严肃查处规避招标和假招投标，综合整治转包和违法分包等行为，大力发展劳务分包企业，防止非法用工行为导致拖欠农民工工资问题，维护社会的稳定。三是进一步完善建设领域相关法规建设，尽快完善与建筑法、合同法等相配套的有关法规、制度，规范建设单位和建筑企业行为，保护建设工程项目双方合法权益。

（二）提高认识，落实清收责任

国有建筑企业集团首先要进一步统一思想，提高认识，深刻理解应收外欠款工作的重要性，充分认识到做好双清工作是提高企业效益的必然要求，是提高经济运行质量的重要措施，是规范企业管理的重要载体，进一步增强做好双清工作的责任感。应通过狠抓应收外欠工程款管理，将“死账”变“活钱”，促进企业步入良性发展的轨道。其次是要建立领导责任制。国有建筑企业集团各级成员企业主要领导要把应收外欠工程款管理纳入企业管理工作的整体框架，摆在债权债务管理的突出位置，认真落实重大债权项目分工负责制。再次是要健全双清工作体系。集团各成员企业要健全主要领导督促清欠、分管领导组织清欠、专门机构落实清欠、硬化措施保障双清的工作体系。最后是要落实清欠责任目标。要积极推行定人、定责、定任务、定时限、包成效的应收外欠款管理“四定一包”责任制。“定人”就是要清楚地明确债权清收的具体责任人，“定责”就是要在人员确定后清楚地明确其应承担的清收责任，“定任务”就是要清楚地量化应收外欠款的回收金额目标，“定时限”就是要清楚地规定应收外欠款资金回收到位的时间要求，“包成效”就是要通过层层签订清欠责任书等形式切实落实双清责任，将清收任务目标完成情况作为衡量工作成效的主要依据。

（三）强化管理，严控新增债权

一方面，清理、清收债权的前提是取得收款的即时权利。存货中已完工尚未结算项目应成为建筑企业集团清收的重点内容，通过和建设单位验工计价、办理工程结算，已完工尚未结算才能转化为国有建筑企业集团应收外欠款权利，应及时将债权不清晰的已完工尚未结算转化为权属清晰的应收外欠工程款。清理是清收的前提和基础，清收是清算的验证和落实。对于已完工尚未办理竣工结算的收尾项目，要积极催收已到期尚未收回的进度款和尾工款；对于已办理竣工结算的收尾项目，要重点关注质量保证金和工程尾款的到期情况和清理清收，争取早日收回质量保证金。另一方面，要重点做好项目调概索赔、竣工结算、审计等收尾阶段的结算与计量工作，这既有利于尽早将已完工未结算款转化为应收账款，取得收款权利，也有利于尽早将应收质量保证金等转化为即期债权，为债权清收创造条件。往往就是因为对当期形成的应收外欠工程款的清收重视不够，清收不及时，才逐步形成旧债权，使清收难度变大，不得不组织专门的机构和人员进行清收，加大企业的管理成本。所以，当期应收外欠工程款一定要争取尽早收回。

（四）源头治理，遏制债权规模

国有建筑企业集团要从源头上，特别是从经营工作开始起就加以关注，在投标过程中，要高度重视标前评审工作，坚持标前策划和评估制度，做好成本预测，有效预测经营风险；对投标项目要分级评审，认真组织，提高评审层次，注重评审效果。对那些建设单位信誉差、资金不到位、垫资额度大，特别是效益预期明显亏损的项目必须坚决放弃。对工程规模较大、科技含量高、社会影响大、需要保证金的营销项目，集团和各成员企业主要领导要亲自挂帅，严格把关，确定合理标价，慎重决策，坚决从源头上预防外欠款风险。集团各成员企业经营开发部门在具体投标时要深入现场调查，认真研究招标文件，充分考虑将来可能发生变更索赔的问题。国有建筑企业集团采取 BT、BOT 等投资形式参与国家和地方其他基础设施建设，要量力而行，要与国有建筑企业集团资源相适应，不能盲目投资，影响企业正常资金周转。

（五）突出重点，力争取得实效

国有建筑企业集团需要摸清应收外欠工程款主体、项目进展情况和具体清收金额，对时间在 1 年以上、余额较大（一般在 500 万元以上）的项目，需纳入集团清收范围内，坚持抓重点、破难点、带一般，以点带面，整体全面推进应收外欠款工作的有效开展。各个涉及清收重点项目的集团成员企业对清收要做到“四个明确”，即明确具体的阶段性进度要求、明确具体的清收责任单位和人员、明确具体的清收策略与措施、明确具体的考核奖罚标准，以此促进这些重点债权项目的清收工作取得实效。国有建筑企业集团主责部门应重点跟踪清收进展情况。各成员企业对纳入集团清欠范围的重难点项目，必须建立重点项目清收档案，相关成员企业应确定一名分管领导为责任人，组织制订翔实的清收方案和切实可行的措施，落实清收进度和分阶段目标，必要时国有建筑企业集团领导和相关部门要直接参与，共同破解清收难题。要通过对这些重难点债权的清收，逐步控制和降低国有建筑企业集团债权规模，缓解资金压力，促使资金良性循环。

（六）创新方法，注重清收策略

清收策略与思路的正确与否，是每一个具体清收项目能否取得成功或者顺利推进的关键。国有建筑企业集团各成员企业在坚持以往清欠工作中一些好的做法的基础上，要进一步研究和分析市场经济条件下外欠工程款形成的特点和规律，不断探索和创新清欠方式方法，努力提高清欠工作的效率；要像抓经营开发那样抓清欠，把清欠摆到与经营开发同等重要的位置，并将在市场开发中使用的方法、策略和手段用于清欠催收。要坚持“依纪依法、有理有节、灵活高效”的原则，各成员企业要在总的原则的指导下，针对每一个项目的具体情况，制订具体的清收策略，策划具体的清收路线。同时要借助舆论力量、吸收群众参与、整合社会资源、充实力量、协同清欠。总结回顾近几年建筑行业清理应收外欠工程款的实践，应该说形成了一些有效的清收策略和方式，除日常通过法律手段进行清收、利用节假日有利时机开展清收、通过金融机构的应收账款保理等金融产品进行清收外，也可以尝试一些新方式，如联合清收、抵扣清收、打折清收、债务重组清收等，这些方式虽然要支付一定的成本，但能及时回笼资金，加速企业资金周转，实质上也是节约企业资金成本，还能防止坏账风险的发生。

（七）强化监控，注重检查督导

工程项目应收外欠工程款能否及时收回，除了债权形成后努力清收外，还与施工生产管理、工程结算管理等密切相关。集团各成员企业要强化制度执行和过程监控，确保应收外欠工程款及时回收。一是要把好施工进度关。要严格按施工合同约定编制施工进度计划，科学组织施工。当发现工程进度有延误的可能时，要及时采取相应措施，确保合同工期。对因建设单位或其他原因造成工期延误的，要及时加强与建设单位的沟通联系，办理相关签证，以便修订合同工期，确保工程款及时收取。二是要把好工程质量关。要根据施工合同约定的施工及验收规范，自检工程质量，接受建设单位和监理工程师质量检验，确保工程质量，不要因为工程质量扯皮，使建设单位拒付工程款。三是要把好竣工结算关。要根据设计变更签证，及时提出增减预算，按合同约定和有关政策及时调整工程造价，办理工程竣工结算，结清工程款。四是要把好债权过程控制关。要围绕防止和减少工程款的拖欠，完善过程中的各项管理规定，保证项目结算收款进度与工程完工进度同步，减少施工过程中的隐性拖欠。五是建筑企业集团及各成员企业在将应收外欠工程款清收工作层层分解的同时，还要抓好重点应收外欠工程款的检查督办；同时，要及时总结推广清欠工作中出现的好经验和好做法，推动集团整体应收外欠工程款清收水平提升。

（八）健全机制，狠抓基础管理

要控制应收外欠工程款规模，除了要及时清收外，更需要建立健全长效机制。一是要进一步加强清收外欠工程款制度建设，从制度上加强应收外欠工程款管理，规范应收外欠工程款形成和清收；二是集团各成员企业要结合自身实际情况，建立健全应收外欠工程款的激励约束机制，加大奖罚力度，充分调动和挖掘相关单位和人员的主观能动性和潜能，推动应收外欠工程款工作取得更大成效。对一些拖欠时间长、清收难度大的债权可适当提高奖励标准，对作出突出贡献的清欠人员应给予重奖，对应收外欠工程款被拖欠负有责任的单位和人员，要追究责任并与成员企业领导薪酬考核挂钩。三是要强化日常基础管理，建立完善的应收外欠工程款台账登记、定期统计分析、情况通报等工作制度，使应收外欠工程款管理和清欠催收工作步入制度化、规范化的轨道。

第二节 建筑企业人工成本管理

在国民经济保持快速发展同时，受近几年物价持续上涨以及我国加大对农民工社会保障力度等众多因素的影响，建筑业人工成本增长过快与企业经济效益不匹配的矛盾日益突出。国务院国资委 2012 年下发《关于加强中央企业人工成本管理控制有关事项的通知》（国资发分配〔2012〕100 号），要求中央企业提升管理水平，遏制人工成本过快增长的势头。本节以中央建筑企业为例，分析企业人工成本过快增长的原因，并在此基础上提出加强人工成本管理的对策。

一、原因分析

中央建筑企业人工成本过快增长既有通货膨胀引起的物价上涨、各地持续调整最低工资水平、施工环境恶劣引起从业人员短缺导致用工成本上升以及社会保障体系日趋完善等客观原因，也有企业规模不断扩大、劳动生产率低和人工成本管控不严等主观原因。

（一）通货膨胀持续扩大

居民消费价格总水平指数（CPI 指数）是根据与居民生活有关的产品及劳务价格统计出来的物价变动指标，一般说来当 CPI 增幅超过 3%时称为通货膨胀；当 CPI 增幅超过 5%时，称为严重的通货膨胀。据国家统计局网站消息，2015 年 7 月，全国居民消费价格总水平（CPI）同比上涨 1.6%，其中，城市上涨 1.7%，农村上涨 1.5%；食品价格上涨 2.7%，非食品价格上涨 1.1%；消费品价格上涨 1.4%，服务价格上涨 2.2%。1~7 月平均，全国居民消费价格总水平比上年同期上涨 1.3%。7 月，全国居民消费价格总水平环比上涨 0.3%，其中，城市上涨 0.3%，农村上涨 0.3%；食品价格上涨 0.7%，非食品价格上涨 0.1%；消费品价格上涨 0.2%，服务价格上涨 0.5%。CPI 指数的上涨，必然会导致建筑企业人工成本的上涨。

（二）最低工资普遍提高

自劳动和社会保障部 2004 年 3 月 1 日发布并实施《最低工资规定》以来，

由于物价持续上涨，全国各地每年都要调高最低工资标准。2007 年劳动和社会保障部再次下发《关于进一步健全最低工资制度的通知》（劳社部函〔2007〕20号），要求用人单位规范工资支付行为，保证劳动者在法定工作时间内提供正常劳动的前提下应得工资不低于最低工资标准。根据全国总工会通报的数据，截至2015 年 4 月，已经有北京、天津、湖南、广东、海南、西藏等 6 个省（区、市）以及深圳市相继调整了最低工资标准，北京、天津、深圳是在 2014 年已经调整的基础上，再次上调了最低工资标准。最低工资水平的提高直接导致建筑业农民工等人员整体工资水平提高，带来建筑业总成本的上升。

（三）社会保障体系日趋健全

一是随着社会保障体系日趋势健全，目前企业承担的职工“五险一金”缴费比例已达到职工工资总额 50%，有的地区已超过 50%，这也是企业人工成本增加的主要因素。二是为解决“三农”问题，全面建设小康社会，与农民工医疗和养老保险等方面相关的法律法规正逐步完善。如国务院《关于解决农民工问题的若干意见》（国发〔2006〕5 号）要求：所有用人单位必须及时为农民工办理工伤保险，并按时足额缴纳工伤保险费；解决农民工进城务工期间的住院医疗保障，根据当地实际合理确定缴费率，主要由用人单位缴费。已经参加城镇职工基本养老保险的农民工，用人单位要继续为其缴费。建筑业的成本优势已不复存在，人工成本上升势在必行。

（四）从业人员逐步减少

表面上看我国建筑业队伍庞大、从业人员众多、劳动力市场供给充足，然而近年来，我国大部分地区建筑行业已出现了“民工荒”现象，愿意从事建筑业施工的从业人员逐渐减少，建筑业劳务用工市场供求矛盾日益突出。究其原因不难发现，由于国家对农业的减免税政策和贴补，从事农业的利润率水平不断提高，部分建筑农民工选择留在家乡务农；同时由于建筑业风险较高，工作环境恶劣、收入不高以及劳动时间长等原因使得现场施工人员数量下降，导致建筑企业需要花费更高的人工成本才能招聘到农民工。

（五）忽视人力资源管理

一是基建规模扩大带动员工总量增加。中央建筑企业在前几年国家加大基础建设投资政策的影响下，新进员工总量增速过快，而国家压缩基建规模后，员工总量增长导致的工资所占成本比例与经济效益不匹配问题也暴露出来。从上海证券交易所公布的中国中铁、中国铁建和中国建筑上市前的招股说明书与 2014 年12 月 31 日年报披露的相关数据可知，中国中铁在职员工从 272050 人增加到

293252 人，中国铁建在职员工从 180986 人增加到 249624 人，中国建筑在职员工从 98671 人增加到 238079 人，这其中已剔除了主轴分离、辅业改制单位分离的员工以及离退休等原因造成的减员。二是人员素质相对偏低。以上三家公司 2014 年 12 月 31 日中专及以下人员分别占到在职员工总量的 59%、33%、23%，员工素质偏低导致劳动生产率不高。三是机械装备率低，过分依赖“人海战术”，劳动生产率水平不高的问题也十分突出。四是过程控制不严，施工组织不理想，窝工损失时有发生，加之劳务队伍管理不规范，人员不稳定，也是导致人工成本增加原因之一。

二、解决对策

通过以上分析可知，中央建筑企业人工成本上涨无法回避，需要企业积极面对。企业只有努力从强化人力资源管控、采用先进的技术和设备提高劳动生产率等方面入手，才能在人工成本上涨的同时保证预期的经济效益。

（一）提高劳动生产效率是控制人工成本的主要手段

面对日益上涨的人工成本，中央建筑企业首先需要提高劳动生产率，通过引进先进的施工机械装备推行机械化作业，提高企业劳动生产效率，降低人工成本。在过去，修建大型桥梁，多则上十年，少则五六年，如今只需两三年即可完成，这在很大程度上归功于大型机械设备的投入使用。如某单位购置了总价 100 多万元的 4 套功能不同的数控钢筋加工设备，在泉州湾跨海大桥实现了“钢筋加工数控化”施工，成立了仅有 12 名员工的钢筋作业架子队，以前加工 5t 钢筋需要 6 名员工工作一天，现在只需要 2 名员工在两个小时内就可以完成，全标段可通过数控设备加工的钢筋总量为 23000t，由此可节约人工成本约 500 余万元，同时，数控加工设备还极大地提高了钢筋加工质量，减少了返工成本。

（二）运用先进核心技术是控制人工成本的有效途径

技术创新是企业发展的源泉，我国建筑行业必须在技术创新和推广应用先进技术方面加大力度，从依靠增加人力发展生产的劳动密集型产业转变为依靠科技进步的智力密集型产业，运用先进技术和工艺，提高工作效率，降低人工成本。如某公司在某特大桥梁工程钢箱梁制造过程中，设计了全新的板单元生产线，研制了处于世界领先水平的 U 形肋、板肋板单元自动组装、定位机床，引进了日本神钢先进的电弧跟踪技术，研制了反变形船位焊接机器人，大幅度提升了板单元制造设备的机械自动化水平，确保了板单元制造质量的稳定和高效，大幅度降低了人工成本。再如某公司创新工艺，实施了墩身“模板脚手一体化”技术，将墩身模板与标准化的爬梯进行一体设计，减少了搭设钢管支架的环节，由此 1 个墩身可以节省 4 天的建造时间和 5000 元左右的人工及机械租赁费，按全标段共 88 个墩身计算，可累计节约直接费用支出 44 万元，同时工期的缩短又可间接降低人工成本，有力促进了施工管理水平和经济效益的提升。

（三）建立稳定劳务队伍是控制人工成本的前提条件

随着劳动力的产业转移、地域转移，以及建筑行业工作环境恶劣等特点，愿意从事建筑业的人数将减少，未来临时寻找农民工组建施工队伍的难度和人工成本还将越来越大。因此，中央企业及所属企业有必要建立稳定的劳务队伍，这样既能保证劳动力需求，又能更好地控制人工成本。原铁道部《关于积极倡导架子队管理模式的指导意见》（铁建设〔2008〕51 号）明确指出，“架子队是铁路工程建设项目、施工现场的基层施工作业队伍，是以施工企业管理、技术人员和生产骨干为施工作业管理与监控层，以劳务企业的劳务人员和与施工企业签订劳动合同的其他社会劳动者为主要作业人员的工程队”。而“采用架子队管理模式，能够充分利用社会劳动力资源，实现建筑企业施工现场管理层与作业层的有机衔接和有效运作，防止施工现场质量安全保证体系流于形式”。可见建立稳定的劳务队伍，对控制人工成本、保证施工质量与安全具有重大意义。

（四）深入推广快速施工是控制人工成本的关键环节

快速施工不是单纯地加快施工进度，更是一项系统性的经营管理工作，要求将施工工期、安全质量、成本效益、资金运作、社会效率等因素有机结合起来，通过优化配置资源、科学规范施工流程、提高管理效率等手段，在最短的施工期内快速完成施工生产任务、通过缩短施工时间，节约包括人工成本在内的大量的固定费用支出，从而实现企业价值最大化。例如某企业在某省高速公路项目的固定支出高达 1300 万元，该项目通过加大前期资源投入、合理安排施工计划、优化施工组织，极大地提高了劳动生产效率，提前 6 个月完成施工任务，通过实施快速施工仅固定费用支出就节约了 3800 万元；同时也扩大了企业知名度，有利于市场开发。

（五）切实强化过程管控是控制人工成本的中心工作

一是控制员工总量。严把用人关，加强对新进员工、临时用工、其他从业人员等各类用工的管理，形成精干高效的员工队伍，提高劳动生产率，进而有效控制工资总额。二是规范薪酬分配行为。按照效益决定分配的原则，建立和完善工资随效益升降的联动机制，确保企业人工成本增长和经济效益增长匹配。若出现经济效益下滑的情况，企业负责人和机关职工要带头减薪。三是抓好人工成本分析和预警。通过人工成本分析，可以掌握平均人工成本变动情况、观察平均人工成本构成变化趋势、进行人工成本效益比较，为实现人工成本的控制提供依据和资料，从中发现问题，做好预警和提出解决对策。四是加强人工成本管控督导检查。中央建筑企业要对人工成本管控不到位、人工成本增长与经济效益增长不匹配的成员企业，开展内部收入分配的专项督导检查，督促其进一步规范收入分配行为，确保人工成本管控工作落到实处。

（六）完善各项管理措施是控制人工成本的重要基础

一是注重人才培养和培训工作。要建立复合型工程人才培养机制，使人才既具有跨行业、跨专业知识，又有谈判索赔、招标投标和相关的组织能力，通过管理人员能力和素质提升带来的效益抵消人工成本上涨带来的不利影响。要提高骨干技术人员和高技能人员的素质，充实建筑业队伍。要对农民工进行岗位培训以及素质培训，普及安全施工知识，着力提高建筑农民工的素质和技能，提高劳动生产率。二是建立和完善人工成本管控奖惩机制。中央建筑企业要完善和落实人工成本管控与企业负责人薪酬挂钩等奖惩机制，提高人工成本管控的激励和约束效果。要以全面预算为目标，建立人工成本管控相关办法，对人工成本等预算指标控制比较好的成员企业进行奖励，对人工成本等预算指标控制比较差的成员企业进行惩罚。另外，对人工成本和效益状况不匹配、人工成本增长较快的成员企业采取约谈、警示、通报批评等措施，督促其整改。通过以上措施，才能将人工成本控制在合理的范围内，保证企业健康有序发展。

降低成本是2016年中国经济工作的主要任务之一，其中降低人工成本，从企业层面上需要通过强化劳动用工管理，引进先进的技术和设备，提高劳动生产率；此外，需要政府强化宏观调控，抑制通货膨胀，同时出台相关政策减轻企业负担。2016年3月16日，李克强总理在十二届全国人大四次会议上回答中外记者提问时说：“五险一金”从总体上看还是有适当调整空间。这是继2015年国务院下调工伤、失业、生育保险缴存比例后，又一利好消息。综上所述，通过政府的支持，企业的努力，降低企业人工成本有望实现。

第三节 材料物资集中管理

材料管理是企业成本控制的重要工作，材料控制的好坏，直接影响企业经济效益，特别是企业材料在成本中所占比例较大，因此集团要想降低成本、实现效益最大化，重点应在降低材料成本上下功夫。实践证明，实行材料集中管理是降低材料成本的重要途径。

一、实行扁平化管理，减少管理层次

目前，大部分集团材料管理机构层次众多。如较具代表性的“二级管理、5

级核算”管理模式（原管理模式），由集团总部成立物资管理部，集团直属项目部设立物资部，子公司成立物资部（科），子公司项目部设立材料室。在该模式下，机构处于分散管理、各自为政的状况，造成人员等资源的浪费。为改变这一现象，应实行扁平化管理，即推行“一级管理、二级核算”的集中管理模式。具体而言，集团总部设立物资管理中心，与物资管理部门隶属办公，行使指导、监督、管理、协调等职能；集团直属大型项目设立物资管理分中心，具体负责甲供料、甲控料、大宗料，以及地材地料采购、供应、库存管理等；子公司项目部在集团直属项目部下达的材料等责任成本内进行核算，负责提供材料供应计划，并上报分中心审批；施工队不再进行材料核算。

二、发挥集团整体优势，降低材料采购成本

在原管理模式下，材料使用机构和人员需直接面对材料供应商，由于采购量相对较少，较难从材料采购价格上得到较多优惠。而在集中管理模式下，通过发挥集团的整体优势，可以有效地降低材料的采购成本：一是由于在整体框架内运作，采购量大，有利于通过发挥规模优势取得相对优惠的价格，同时采购资金的集中使用可以降低融资成本，进而降低采购成本；二是将现有的采购人员等人力资源集中，通过重新整合成立分中心，实行人员统一管理，能最大限度地发挥专业采购人员集体队伍的作用。

三、健全相关制度，有效运行材料集中管理系统

材料集中管理要想成功实施，制度是保障。首先，集团应判定《材料集中管理实施办法》，从管理人员职责、材料计划、供应商选择、采购和供应管理、周转材料管理、废旧材料处置、招标管理、合同管理、信息化管理、效能监督等方面进行规范。其次，应判定《材料采购招标管理办法》，根据集团规模大小制定具体材料采购招标的标准。如完成年度营业收入 200 亿元，可初步约定项目金额为 3 亿元以上的所有大宗材料全部执行集中采购，具体流程设计如下：每个月由集团参建项目部提报采购计划报分中心，分中心审定汇总后报集团公司物资管理中心，由物资管理中心合理选择供应商，统一组织招标，合同可由物资管理中心统一签订或委托分中心签订，具体采购以及供应均由分中心直接进行。该办法下，一方面集团采购招标、合同谈判、合同评审都是在中心平台上集中进行，在同等价格基础上，可对比选择质量相对较高的大型供应商，这样既能保证质量又便于监督，透明度较高，杜绝暗箱操作，规范采购行为；另一方面，大宗材料采购统一由中心按照规范流程验收更能保证采购材料的质量，防止劣质材料进入工程项目。最后，还应陆续完善《周转材料管理办法》《材料收发管理办法》《库存材料管理办法》《材料集中成本管理办法》等配套制度建设，为施工集团推行

材料集中管理提供可操作性的依据。

四、做好融资筹划工作，降低材料成本

材料集中管理必须有适量的资金做支撑，在目前大部分集团资金不充裕的情况下，做好融资筹划尤其重要。企业应注意以下几方面的内容：一是根据年度物资集中采购规模的大小，由集团通过相应的决策程序核定融资的最高限额，所需流动资金由集团资金结算中心进行内部调剂，滚动使用。二是充分发挥银行承兑汇票、保函等银行中间业务的作用，减少部分流动资金的占用。具体做法为：由集团统一与银行进行协商，争取一定的中间业务的授信额度，同时针对集团材料采购量大、使用额度频繁的特点，可以择优几家银行，通过竞争达到在额度内使用银行承兑时可不提供担保、只开一个保证金账户、保证金不超过10%、保函业务不需要保证金存款等优惠条件。

五、实施动态管理，加速周转材料周转次数

施工项目使用杆件、钢轨、型钢、钢模板、移动模架、千斤顶、管桩等周转材料数量多、存量大、价值高，但由于管理粗放、信息不畅通等原因，目前大部分集团周转材料使用效率较低，投资成本较难收回。因此建议：一是利用集团公司采购信息平台，建立集团范围内的中心、子（分）公司二级周转材料资源信息库，集中集团所有子（分）公司、中心可使用的周转材料，实施周转材料的动态管理，开展内部有偿调剂工作，提高周转材料利用率，充分发挥其整体效益；二是项目开工前，预算人员依据施工图计算出周转材料各阶段的需用量和总的需求量，项目部经分中心上报中心，由中心根据项目进度通过信息平台统一调剂使用；三是由于自然损耗、报废等原因以及新上项目较多而导致库存减少时，可由中心通过关联企业进行租赁，也可以由中心、子公司进行购买，但不能超过正常储备量。通过动态管理：一方面能盘活资产，最大程度上利用好现有资源；另一方面周转次数增加，可以降低采购成本，实现企业价值最大化。

六、强化材料预算管理，努力压缩库存储备

实施材料集中管理，预算管理是关键。预算管理主要由年度财务预算、月（季）度材料采购预算、月（季）度资金预算、超库存储备预算四部分组成。一是年度财务预算。中心根据年度销售规模、人员经费、购置资产等情况，编制年度财务预算，上报决策层审批，审定后要及时对年度财务预算进行分解。二是以需定供、以需定储的原则。月（季）度材料采购预算由采购部门根据中心（本部）、分中心汇总的项目材料需求计划以及对外签订的销售合同，结合各中心现有的各种材料库存以及补充材料正常储备情况，拟定月（季）度材料采购预算。

三是根据采购部门编制的月（季）度材料采购预算，经综合平衡后，由财务部门结合可动用资金余额、预计可收回销售资金、预计可使用集团内部调剂资金限额以及银行承兑汇票等银行中间业务额度，拟定月（季）度资金预算，上报总经理办公会审定，月（季）度资金预算确定后，由财务部门在审定范围配合采购部门进行材料款支付。四是超库存储备预算，也就是临时采购预算。主要是针对市场预测，对可能上涨的大宗材料，以及钢材等生产厂家因原料、季节电力供应不足等原因，有可能影响材料采购的情况下，进行临时材料储备，对临时采购预算，需慎重决策，必须在对市场变化进行深入研究的基础上制定，以免因超库存储备而影响资金周转。

七、建立风险预警机制，防范财务风险

任何企业经营都会存在风险，材料集中管理也不例外。采购资金不足风险、库存积压风险、供应风险、材料质量风险，这些风险最终都会反映到财务风险上。为有效化解这些风险，集团应建立材料管理风险防范体系。其主要内容包括以下几点：一是建立 ABC 材料预警模型，将材料按品种和占用资金大小进行分类，并按重要程度分别控制。A 类材料品种、实物量少而价值高；C 类材料品种、实物量多而价值低；B 类材料介于两者之间。对 A 类材料应投入最多的精力和资源进行重点监控，尽可能降低订货量，减少库存储备，是风险预警重点关注的内容；对 B 类材料的风险管理可适当放宽一些，选择补充库存进行控制；而对 C 类材料，只需稍加注意，可适当加大订购量、提高保险储备量，采用定量库存进行简单控制。二是建立采购资金报警系统，根据月度材料销售确定收回资金、可动用自有资金余额、已开具的应付票据金额等测算本月可采购材料最高限额，如果可动用资金不足支付应付票据等金额时，必须控制采购规模，适量进行采购，以防范产生资金支付风险。另外，中心还应根据需要陆续完善材料供应风险、质量风险等风险体系。

八、加大销售款清收力度，确保资金回笼

过去材料销售部门只注重销售总量，忽视应收账款的回收，导致一些集团应收账款居高不下，出现一些呆账，在集团实施材料集中管理的情况下，应收账款清收十分重要。一是集团内部应收材料款可通过资金结算中心平台，由债权方、债务方、资金结算中心签订扣款协议，由资金中心直接扣划，也可以由债务方向资金结算中心申请调剂资金归还。二是对集团外的单位销售材料应慎重，对信誉差的单位，可考虑不对其供料；对其他单位供料应按期收回货币资金；如对方暂时资金周转困难，可以由对方开具应付票据，由中心进行贴现以便回笼资金；若对方无法开具应付票据，可考虑由对方提供资产作为抵押或提供其他担保，以保

证本集团按期收回资金。三是对销售人员应建立风险抵押金制度，对销售人员考核业绩时销售款收回率应是重要的考核指标，对于没有完成规定的销售款收回率指标的销售人员，取消业绩考核并没收风险抵押金，对超额完成该指标的，按不同程度予以奖励。

第四节　大型设备集中管理

设备资源的多少是企业核心竞争力的体现，也是企业生产经营过程中必不可少的资源，特别对建筑企业而言，其大型设备具有价值量大、专用性强、技术含量高以及操作风险大等特征。一般说来，虽然大型设备数量只占集团设备总数的20%~30%，但其价值一般占集团全部固定资产的60%~70%，因此大型设备集中体现了企业的科技与装备水平，并对企业竞争力的强弱有着重要的影响，多年来，一些集团在设备的使用过程中缺乏竞争机制，没有按照市场经济规律办事，无法体现出大型设备的资本效益，造成投资回报率低；集团对内部各单位资产的相互调剂能力较弱，各单位间设备闲置与不足的矛盾日益突出。实践证明，推行大型设备集中管理，可以合理配置资源，盘活存量资产，提高资产利用效率，从源头上解决这一问题。

一、理顺管理体制，实施集中管理

目前，集团机械设备管理体制普遍实行集团总部、子（分）公司、项目部三级管理体系，但相当部分机械设备管理和综合管理之间的关系没有完全理顺，机械管理部门的职能和权限定位不准确，作用发挥不充分。要改变这种状况，必须理顺管理体制，由集团总部集中管理大型设备。从实际情况看，下述做法是可行的：集团总部成立机械设备租赁分公司，与设备管理部门合署办公，即通常所说的“一个机构、两块牌子”，将分散在各单位具有企业核心竞争力的大型设备纳入集团集中管理；技术上已得到推广和一般的通用性设备虽然不作为集中管理对象，但可以通过集团平台提供相关资源信息，方便其他单位调剂使用；集团设备管理部门统一负责进行大型设备的集中采购、研制，在业务上进行指导、监督和经济评价，并由机械设备租赁分公司负责在集团内项目上统一调配使用，按内部机械设备定额收取租赁费用。这样可以减少重复投资，提高设备利用率。

二、创新管理模式，合理规划组资范围

按现行财务制度规定，设备组资一般包含与购置设备相关的全部支出，需要安装的设备还包含安装费用。由于建筑企业的特殊性，除需要购置一部分通用设备外，往往还要结合工程项目施工的需要，自行研制或委托相关单位制造适合某

项工程施工特点的大型专用设备，才能使项目施工得以顺利进行。由于这些专用设备通用性不强，在某一项目使用后，可能无法在另一个项目使用，或需要再投入大量的资金对其进行改造，才能用到另一个项目上，正因为利用率低，可能导致这些专用设备投资很难收回。为解决这一问题，应合理确定工程项目的设备使用费，建议对集团企业设备购置采用区别组资原则，一是对采购的通用设备（如混凝土搅拌站、自卸汽车等），组资价值包括所有购置费（需要安装的包含安装费用），按规定使用年限计提折旧，列入项目成本。二是对投入到某项目通用性不强的大型专用设备（如移动模架、架桥机等），由于投资额大，但使用期限较短（一般不超过5年），可采取灵活处理方式，将设备研制费、非通用的结构件以及基础安装费等，一次性或分次摊入项目成本；对分拆后能独立使用的外购机电等通用设备或部件，由于这部分通用性强，能独立使用，或可以通过简单改造就能用到其他大型专用设备上，对这部分设备或部件，按购置费进行组资，计提折旧，分摊到所使用的项目上。这样做的主要理由是，既可以客观反映工程项目的成本费用，真实反映项目的盈亏；又可以强化设备管理，盘活存量资源，降低企业的经营风险。

三、优化投资方案，推行公开招标采购

由于大型设备具有投资期长、金额大、技术性能高等特点，因此对大型设备投资要从企业发展战略出发，做好统筹规划、优化投资方案等工作。一是应重视可行性研究，强化经济技术论证，遵循先进、安全、适用、经济、可靠的投资原则，优先使用企业现有资源或社会资源，在通用设备可以解决的情况下，尽量不投资专用大型设备；大型设备的投资应以相应的工程项目为依托，在超前准备的基础上做到有的放矢。二是大型专用设备设计时，不应片面求大求全，主要部件可采用通用件，结构件设计预留拓展改造功能，以方便安装和拆卸，并同时兼顾维修、保养的经济性和便捷性。三是把好设备采购关，集团应成立招标采购领导小组，组织、领导和监督招标工作。招标过程应做到公开、公平、公正。四是为了强化设备集中采购，集团在对设备管理部门业绩考核中，应规定在年度设备投入预算中，集中采购占设备投入的比例不应低于80%。通过集中公开招标采购，可以大大降低大型设备采购成本，保证设备质优价廉；同时也能促进中标厂家不断提高售后服务水平。

四、实行单机核算，提高管理水平

应在大型设备集中管理的前提下，集团实行统一核算、分级管理的管理模式。所有大型设备从采购直至报废的会计核算应由机械租赁分公司财务部门负责，机械租赁分公司应根据项目需求，利用集团机械设备信息平台负责内部调剂

使用，监督使用单位对设备加强管理，核算已有的单项大型设备净值、新增单项大型设备原价、计提折旧、单机租赁收入、租赁成本、大修理费用、设备报废清理费用等。设备使用单位负责现场设备管理，保证设备完好无损，具体核算单台租赁使用费、一般性维修、保养费用等。设备在使用过程中，由于使用单位人员操作不当引起设备非正常损耗的，应由使用单位负责维修，费用由使用单位承担。对大型设备应建立全程单机管理、单机核算，使得职责更加清晰，便于管理和控制。另外通过单机核算，可以全过程了解设备完成的工作量、现金流量、收入及成本费用，便于从总体上分析单台设备使用效果、投资回报等情况，为集团设备投资决策提供依据。

五、采用合理的折旧方法，确认资产减值

大型设备不同于一般的固定资产，对大型设备进行后续计量应采用灵活适用的方式。一是集团应当按《企业会计准则——固定资产》的规定与大型设备有关经济利益的预期实现方式合理选择折旧方法。正常情况下，对通用性大型设备可以选择年限平均法；特殊情况下，由于设备在工程上的使用强度、技术环境以及其他环境的变化导致设备有关的经济利益预期实现方式发生重大改变的，可以将年限平均法改为工作量法；对集团研制的大型专用设备，由于通用性不强，可选用双倍余额递减法或年数总和法等加速折旧方法，应尽可能在设备使用寿命期内通过项目进行全额补偿。二是对大型设备使用过程中发生的更新改造支出和修理费用等，符合固定资产确认条件的，应当计入该固定资产成本，同时扣除被替换部分的账面价值；不符合固定资产确认条件的，应计入当期损益。三是大型设备减值损失的确认。对通用性大型设备，应按《企业会计准则——资产减值》的规定，由集团在资产负债表日依据外部信息和内部信息判断资产是否发生减值迹象并进行减值测试，对于确认资产损失的，应计提资产减值准备；对专用性大型设备，同样应进行减值测试，以该设备预计未来现金流量的现值作为其可收回金额，可收回金额低于账面余额的，应将两者之间的差额确认为资产减值损失。

六、建立信息化平台，盘活沉淀设备

大型设备集中管理离不开信息化管理。集团设备管理部门必须建立大型设备信息化平台，实施动态管理，以便使用单位能通过该平台及时了解设备存量信息，对项目确实需要的大型设备或对集团长远发展有利的设备，由集团设备管理部门提出议案，上报集团统一进行决策。一是组建集团内部大型设备信息平台，该平台必须涵盖现有的机械设备状况、规格、性能、使用年限、剩余年限、原值、累计折旧、净值、每月租赁费、设备的成新率、已在哪些项目使用过、存在的问题及操作人员分布情况等信息，同时还应反映设备已调剂到项目租赁时间、

剩余租赁时间等动态信息。二是集团市场营销人员通过该平台，应能实时了解市场上现有设备状况，为设计、编标人员选用相应的设备提供信息，为投标决策提供准确资料。三是通过设备信息平台与其他集团企业、社会现有的资源单位网络进行链接，这样既有利于拓宽外部租赁市场，又能向外部提供设备闲置信息，在保证内部项目使用的情况下，最大程度盘活设备资产，提高设备经济效益。

七、完善经济评价体系，保证设备集中有序进行

一是集团应完善设备经济评价体系。主要对设备收益率、投资回收期、设备完好率、设备报废率、设备使用率、能源消耗、备件消耗、事故率、周转率、维修费用等指标加以评价，将评价结果与员工薪酬、激励与晋升结合起来。二是集团应建立对大型设备资产的考核机制，将设备的经济评价与对项目的考核区分开。在设备使用时，按内部机械设备定额的使用情况评价经济效果；在大型设备闲置时，应以基本维护费用作为集中管理成本。

第五节 企业管理会计报告

近些年，全面预算、绩效评价和成本控制等各类管理会计工具已逐步在大型企业集团得到应用。但是，目前管理会计报告规范体系在企业尚未建立，管理会计报告还比较粗放，难以发挥其作用。本节结合企业实际，以中央企业为例，分析管理会计报告在央企应用中的现状，并提出相关改进建议。

一、企业管理会计报告的应用现状

目前企业管理者对企业管理报告重视不够，表现在重视生产经营报告，忽视企业管理会计报告；重视部门自身报告，忽视报告横向及时传递；重视报告向上传递，忽视管理报告向下反馈；重视单个管理报告，忽视管理报告协同效应；重视科技人员的发展，忽视管理会计队伍建设等方面。

（一）重视生产经营报告，忽视企业管理会计报告

近年来，各级央企围绕国务院国资委“稳增长”的总体目标，经营规模得到长足发展，在新签合同额、营业额等指标快速上升的同时，资本投入、人员规模也在持续攀升，安全生产费用投入前所未有。与之相关联的是企业生产月度（季报）计划报告和执打报告、人力资源报告、安全生产检查报告、科技计划投入及执行报告等生产经营管理报告得到领导层高度重视和关注，这些报告披露的问题也能很快得到落实和解决；但从大部分企业来看，规模的发展无法掩盖企业管理上的诸多问题和矛盾，如：企业收入增长的同时，经济效益却未能同步增

长，有的企业还出现严重下滑；应收账款和存货高位运行，有息负债居高不下；资产负债率持续上升，资产质量持续降低，与之相关联的是全面预算编制与执行情况报告、企业绩效评价报告、经济活动分析报告、资金管理报告、成本控制报告等相关管理会计报告披露的问题和提出的管理建议并没有引起管理层的足够重视，认为这些问题都能通过企业生产经营“大干快上”得以解决。

（二）重视部门自身报告，忽视报告横向及时传递

目前，大多数央企及其所属成员企业的各部门职责和管理内容与组织结构密切相关，各职能部门因管理需要提交的管理报告主要以本部门管理为出发点，因此，相关管理报告都十分重视向领导层纵向传递，而受制于部门间的壁垒，报告难以在部门间及时横向传递，各类管理报告的内容和目的只有部门自己清楚和掌握。综观各类管理报告，大部分与企业财务管理和资金需求相关，而这样的报告通常事前财务部门并不知情，相关财务管理的内容未能在事前得到策划，涉及大额资金支付时，财务部门不得不临时筹集资金解决。如大多数经营部门在报送月（季）生产计划报告时，出于自身经营的需要，都会将物资需求预算数放大，或不按生产进度超前安排计划，由于报告横向传递不畅，物资部门和财务部门未能及时得到准确信息，往往导致物资大量积压、融资成本加大、资金周转困难。

（三）重视报告向上传递，忽视管理报告向下反馈

企业各类管理报告的核心内容就是披露现状、发现问题并提出有针对性的解决建议，但目前央企及下属成员企业更重视各类管理报告在形式上的纵向上报。本级报告中虽然披露了下属成员企业管理上存在的问题，但能做到将问题向下反馈的不多，指导和跟踪落实甚少，这种现象对于企业管理会计报告来说尤其突出。如大部分央企及所属各级企业目前基本上建立了定期经济活动分析报告机制，但各级企业的经济活动分析往往就结束在向上呈送报告时，对下属成员企业出现的问题未能反馈，或未进行跟踪落实。有些整改问题年年提，可年年在，整改措施年年一个样，经济活动分析未能实现闭环管理。

（四）重视单个管理报告，忽视管理报告协同效应

目前央企及下属成员企业涉及的管理报告内容众多，有投资后评价报告、转移定价报告、成本控制报告和预算报告等，这些单个管理报告都比较翔实，反映的问题也比较真实，措施也比较具体。但众多的管理报告传递给领导层后，从中可以发现大部分报告披露的问题和解决的措施都相互关联。有些报告中的问题可以在单位间或部门间协调解决，可为了体现单位和部门的工作成果，也上报领导层去解决，这就在无形中增加了领导层的工作量，分散了领导层的精力。如各级

企业对下属成员企业的年度绩效评价报告仅作为对下属成员企业负责人计发薪酬的依据，未能与预算管理、成本控制、资金管理、投资管理等管理会计报告进行充分融合，提出系统性管理建议，使得单位间和部门间的管理会计报告协同效应未能得到发挥，造成管理上的重复和浪费。

（五）重视科技人员发展，忽视管理会计队伍建设

一些央企和下属成员企业更重视与主业相关的生产技术人员培养。一是从高校或社会上引进和招聘与主业相关的生产技术人员，要求学历较高，一般以硕士研究生及以上为主，而对如会计、经济和审计等方面的管理人才一般以本科或专科为主。二是各级企业领导人员大多来源于主业相关的生产技术人员，而会计、经济和审计方面的管理人员受到领导岗位的限制，升迁机会较少。三是在职称评定方面，企业有权评聘与主业相关的生产技术人员，如正高职（教授级）高级工程师，而如会计等管理人员大多只能评聘高级会计师（副高）等。领导岗位升迁难，技术职称评聘难，挫伤了会计人员的积极性，这也是导致企业管理会计报告得不到重视的一个主要因素。

二、企业管理会计报告的改进策略

针对以上问题，为了更好地发挥管理会计报告在企业经营管理中的作用，央企需要做好总体规划和设计，在组织机制、队伍建设、报告体系和报告质量等方面优化改进。

（一）优化企业组织结构，健全组织和人员体系

管理会计在企业应用如何，与企业组织结构和人员密切相关，因此必须要健全企业管理会计组织和人员体系。一是企业需要重新梳理会计核算与财务管理相关业务职能，对财务管理相关业务进行整合，具体做法为：在原财务部门内设立相关的管理会计科室，负责与管理会计相关的业务，核心内容是推广现代管理会计工具在企业中的应用；捕捉企业在财务管理上的缺陷，及时收集、整理和分析各单位或各部门传递的各类与管理会计相关的报告，在此基础上统一向管理层呈报管理会计报告；向下属成员企业反馈管理会计上存在的问题，跟踪落实和督导问题解决进展和效果。二是配备相关管理会计领导人员和专业管理会计人员。可在财务部门内设立一名分管副部长，由其统筹规划，做好管理会计顶层设计，将企业全面预算、绩效、内部控制和财务监察等相关工作交由管理会计科室中的专业人员具体负责；同时，要将懂技术、善于管理的其他专业人员充实到管理会计队伍中。

（二）确保管理报告质量，提升管理会计应用地位

提升管理会计的地位，关键是能向企业管理层提供高质量的管理会计报告，进而提供增值服务，因此，确保管理会计报告的质量是当前管理会计人员的首要任务。管理会计报告内容必须重点突出、目的必须明确，分析的问题必须深入，提出的管理建议必须具有实际可操作性；同时，应跟踪落实管理会计报告发现的问题，指导帮助企业改进相关管理工作，通过挖掘管理潜力，提高价值创造空间和水平。唯有如此，管理会计的地位才能得到提升。

（三）打破部门报告壁垒，保证管理报告传递畅通

针对部门报告只重视单个部门利益和传递不及时的问题，可以通过以下几个措施予以解决：一是企业要从制度上规范各部门的管理报告传递流程，打破部门管理报告壁垒，实现各类管理报告在部门间传递畅通，如生产经营部门管理报告涉及包含财务部门在内的管理部门相关内容时，必须及时在相关部门间进行传递，吸收相关部门的意见和建议后，才能上报企业管理层；二是各部门必须从企业大局出发，实事求是提出各类管理报告，反映生产经营现状及资源需求，不能只注重单个部门利益而将问题随意放大；三是实施严格的全面预算管理，强化预算编制的科学性，通过预算约束，从根本上解决单个部门只顾自身利益的问题。四是在部门间全面推行绩效考核机制，通过建立部门绩效考核体系，进一步增强部门间的管理意识，同时，建立部门问责和责任追究制度，达到提升各类管理报告质量的目的。

（四）整合各类管理报告，健全管理会计报告体系

针对央企管理会计报告多、内容重复、管理重点不突出等问题，央企应对各类管理报告进行系统梳理，将相关管理报告进行整合，在此基础上建立健全适合自身需要的管理会计报告体系，结合目前央企实际，管理会计报告体系主要应包含全面预算、绩效评价、成本控制、资金管理、经济活动分析和投资决策及后评价报告等，这些报告内容既相互独立，又相互补充。如企业可将年度预算报告（包括编制、监控、执行分析、调整等流程）、年度决算报告、责任成本控制报告与投资决策及后评价报告等相关内容进行整合，在此基础上，提炼出管理经验和存在的主要问题，分析发生问题的深层次原因，并结合下属成员企业经济活动分析报告，形成央企年度总体经济活动分析报告。该报告既能反映央企层面的管理取得的成效和存在的突出问题，又能通过横向对比、行业对比找出差距，提出改进的思路或建议等，这样的经济活动分析才具有针对性，效果才会明显。另外，各级企业对下属成员企业的年度绩效评价报告，既可作为对下属成员企业领

导层薪酬考评的依据，又可发挥绩效评价在企业管理中的重要作用，通过绩效评价指标变动趋势发现管理上的重要缺陷，指出管理上的提升空间。因此，在设计绩效评价指标体系时，可通过引进平衡计分卡（BSC）等管理会计工具，既融入预算、经济增加值（EVA）、责任成本控制、资金管理、费用控制和资产质量等财务绩效指标，也融入顾客、内部业务流程、学习与成长等非财务绩效指标。通过 BSC 补充和修正财务指标，揭示企业价值创造的动因，使最终形成的绩效考评报告应用性更强，管理重点更突出，更能够客观真实地反映企业绩效管理水平。

（五）强化问题整改落实，确保管理会计报告实行闭环

各类管理会计报告提交后，并不代表该项工作就已完成，强化问题整改落实、确保管理会计报告闭环才是管理会计的中心任务。因此，各级企业必须确保每份管理会计报告及时反馈给相关单位和部门，跟踪落实进展，并向上级管理层报告问题的解决方案和取得的成效；下属成员企业管理层需要关注每份管理报告提出的问题，组织专门部门和人员研究解决，并将解决进展及时向上级单位汇报，最终促进企业整体管理水平的提升。

（六）重视人才培养，打造高素质的管理会计队伍

培养、引进管理会计人才是企业全面推行管理会计的前提。一是在政府层面上，应在全国普遍推行正高职高级会计师等管理专业人员的评审工作，使其与企业主业生产技术人员享有同样的待遇。同时，在全国推行如高级管理会计咨询师等管理人员的评聘机制，吸收更多的管理人才充实到企业管理会计队伍中。二是在教育层面上，各类高等财经院校应调整专业设置，增设管理会计专业本科及以上学历教育，并结合企业实际，培养企业需要的高素质管理会计人才。三是在企业层面上，首先，将所有技术管理人员的职称评审统一移交给所属地政府管理，解决企业既当“裁判员”又当“教练员”的弊端，减轻管理上的重复和浪费。其次，由于管理会计应用涉及企业方方面面的管理，因此，在进行管理会计培训时，应打破只培训会计人员的局限，同样，在培训其他管理人员时，会计人员也可参加，了解和掌握其他管理方面的知识，这样才能更好地为企业服务。再次，企业需要培养既精通财务管理又懂生产经营，善于沟通协调、具有较强决策管理才能的复合型人才，并充实到现有的财务管理队伍中；同时需要加强管理会计领导人才的在职培养，通过参加企业内部和外部各类学习培训，重点是管理会计理念和应用方法的培训，加快知识更新，优化知识结构，拓展领导人员的管理会计视野，提高其管理会计的应用能力，为提供高质量的管理会计报告打下良好基础。最后，在干部任命和职务升迁方面，也应向包含管理会计人员在内的其他管理人才倾斜，激发管理会计人员的积极性。

第六节　企业全面预算管理

2011年11月国务院国资委下发《关于进一步深化中央企业全面预算管理工作的通知》（国资发评价〔2011〕1679号），要求中央企业加快实施全面预算，不断改进预算管理工作，有效应对复杂形势，实现做强做优，提升企业国际竞争力。特别是2012年7月，国务院国资委在京召开了中央企业全面预算管理提升专题会议，要求各中央企业要以管理提升活动为契机，深入查找预算管理工作中存在的不足，切实采取措施，推动全面预算管理工作再上新台阶。几年下来，大部分中央企业集团推行全面预算管理工作取得了阶段性成果，预算管理工作得到了有效提升。但是全面预算管理推行和实施不是一蹴而就，而是一个漫长而艰巨的过程，尤其对具有行业特殊性的中央建筑企业集团更是如此。本部分内容以中央建筑企业集团为例，探讨如何推行全面预算管理。

一、顶层设计应先行

全面预算管理是现代企业管理的重要特征，是集系统化、战略化为一体的科学管理模式，应通过运用现代网络与信息技术，统筹层级管理与资源分配，强化业务预算、资本预算和财务预算管控，确保资源有效配置、有序流动。在实际推行过程中，有些集团公司认为全面预算管理就是财务预算扩大化，不需要进行规划和顶层设计，以致推行几年来，仍然停留在财务预算管理上。某中央建筑企业集团公司领导高度重视，在深入研究和调查的基础上，制定了集团全面预算管理发展规划，进而分步骤实施。首先成立全面预算管理咨询联合项目组，外联内合，组织开展了深入广泛的全面预算管理咨询，借鉴国内外企业全面预算管理实践经验，结合企业实际，编写了一本40多万字的《全面预算管理手册》，设计建立了一套思路先进、内容全面、具有行业特色的“分层级、分业态、全流程、从业务到财务”的全面预算管理体系。正是有了先进的顶层设计，该集团的全面预算管理才得以稳步向前推进，目前已取得了阶段性成果。

二、认识提高是关键

对全面预算管理的认识存在误区，很多人还对全面预算管理的意义和作用认识不清、不深、不全、不透，认为全面预算管理就是财务部门的事，没有认识到业务预算的重要性；部分集团下属单位“等靠要”思想严重，主动性参与不够，上级要我怎么做，我就跟着做；还有些领导认为，我以前没有搞全面预算管理，企业目标也照样完成了，存在一些抵触情绪。因此，提高各级领导和管理人员的认识，是当前推行全面预算管理的关键。凡事预则立，不预则废。加强全面预算管理工作，不仅是国资委开展管理提升活动中提出的重要任务，而且是建筑企业集团在新的发展形势下推动转型升级、做强做优企业的重要途径。一是实施全面预算管理，可以优化资源配置，严控企业风险，促进企业平稳增长，这将是今后一段时期中央建筑企业集团对各单位提出的一项重要任务。二是实施全面预算管理，将企业战略目标与预算目标进行有效的结合，可以促进企业战略规划水平的提高；同时，将企业的资源进行整合，更好地协调统一企业内部各部门、各单位服务于企业总体目标。三是推行全面预算管理，能够把握好企业的发展节奏，调配好企业的资源要素，提高企业的毛利率水平，提升企业的经济运行质量，确保企业可持续发展。四是要切实加强全面预算管理，真正做到既要会干、更要会算、还要会收，从源头上控制好各项费用，争取更好的经营效益，提高企业的发展质量，是企业应对市场挑战、提升管理效能、提高经营效益的重要举措。因此，只有充分认识到全面预算管理的意义，才能有针对性地开展全面预算管理。

三、领导重视是保证

以往的经验教训可以证明，如果企业主要领导对某项工作重视不够，不管不问，工作推行起来就十分困难。全面预算管理也不例外。全面预算管理是企业全方位的管理，主要领导高度重视是根本保证。一是中央建筑企业集团总部、二级集团、三级及以下子公司以及基层项目部等领导干部要把推进全面预算管理作为管理提升的重中之重来对待，建立健全“一把手”亲自挂帅的推进工作领导小组和预算管理机构，主要领导要亲自抓落实，认真组织谋划好工作目标、时间节点和措施要求，统筹规划，周密部署，积极稳妥地推进。二是中央建筑企业集团要把建立健全预算管理组织机构的重点放在三级及以下公司和基层项目部上，公司领导或项目经理部要高度重视，认真落实，从机构和人员配备上保证全面预算管理工作的顺利实施。三是各级预算管理机构要按照中央企业集团总部的要求，确定“一把手”亲自抓，建立责任明确、分工具体、措施到位的预算管理责任体系，形成管理层级到底、管理责任到位的工作机制。四是各级领导坚持从实际出发，既要认真落实集团总部的要求，又要认真研究本单位生产经营业务和全面预算管理的特点，按照“上下结合、以我为主”的原则，不等不靠，采取得力措施，分步骤、分阶段地开展好全面预算管理工作，形成上下联动、齐抓共管的良好局面。

四、宣贯培训是保障

全面预算管理是一项全方位、全过程、全员参与的管理举措，它涉及企业“横向到边，纵向到底”的管理，部门之间的沟通和理解。下级单位的支持是推行全面预算管理的基础。树立全面预算管理的理念、培养全员全面预算的意识，是开展全面预算管理工作的基本保障。一是中央建筑企业集团各层级单位要充分发挥各种宣传工具的作用，通过多种形式，全面宣贯执行中央建筑企业集团全面预算管理顶层设计的成果和全面预算管现各类操作手册，及时反映全面预算管理工作情况，总结宣传全面预算管理的好经验、好做法，集中宣传集团系统内全面预算管理工作经验和成效，树立标杆、宣传先进、加强交流，让预算管理文化深入人心，形成全员参与局面。二是要切实抓好全面预算管理的培训工作。中央建筑企业集团各级单位要按照“下管一级”原则，精心制订培训计划，对各层级、各业态负责预算管理工作的领导和业务骨干普遍进行强化培训，特别是要重点培训工程项目部的经理和业务骨干，重点突出全面预算管理的关键环节，使骨干人员尽快熟悉和掌握全面预算管理的制度、规范和流程，适应全面预算管理的要求。只有全面预算管理理念提升到一定高度，业务操作培训才能有序开展，实施才能稳步推进。

五、项目预算是基石

目前大多数中央建筑企业集团是多元化经营，涉及业态较多，管理重点不突出，有的建筑企业集团以修路等城市基础设施建设为主，由于行业利润偏低，往往将重点放在房地产等高风险、高利润的投资项目上，忽视了企业人员和装备众多的传统领域。另外，对项目的预算控制主要以项目整体责任成本预算控制为主，并偏重于项目终结后的事后考核，而未能将责任成本预算按年度进行分解下达和考核，缺乏对责任成本预算的分期过程监控。基建项目是企业集团最基层的施工载体，也是成本控制源头，因此，基建项目预算是中央建筑企业集团全面预算管理的基石。一是要做好项目全周期预算，必须在现行基建项目责任成本测算的基础上设计建立“项目全周期预算+项目年度预算+季度/月度滚动预算”的全面预算管理模型。基建项目的施工组织、资源配置、成本核算、清收清欠等各项管理均应按照全面预算管理的要求来执行，这样才能切实提高项目盈利水平，提升企业经营绩效。二是做好项目闭环管理，以分部分项工程量清单为基础，主要围绕基建项目的工程量预算、产值收入预算、项目成本预算、劳务分包预算、材料采购预算等进行编制；重点突出对基建项目合同签订、合同执行、资金支付的控制；分析上，通过对已完工程预算成本、已完工程实际成本、计划进度预算成本的差异分析监控项目进度情况和项目成本执行情况；考核分为年度考核和项目全周期考核，分别针对下达的年度目标和项目全周期目标的完成情况进行考核，项目考核定量指标设置为营业收入、营业利润率和资金上缴率等，项目全周期预算目标侧重项目收益，而年度预算目标侧重项目过程管控，营业收入与营业利润率在考核权重的设置上有所差异。

六、定额管理是前提

企业内部定额管理也是企业最重要的基础工作之一。目前，有部分中央企业集团在推行全面预算管理中，没有从各级企业内部定额建立和完善入手，以致在上系统时才发现内部定额不统一，不能进行系统自动分析等，更不能进行对标分析，不得不重新建立内部定额，这样既影响全面预算管理实施，又浪费了人力和物力。推行全面预算管理，定额管理是前提，定额的制定和完善也是信息化落地的基础。如神东煤炭在推行全面预算管理中，梳理了材料、矿务工程、费用等146类几千项定额，统一了各单位成本费用计算基础、标准，为顺利推行全面预算管理信息化奠定了坚实基础。因此，要扎扎实实做好定额管理工作。一是中央建筑企业集团各级单位制定定额应坚持从无到有、自下而上、由粗到细、逐步准确、定期更新；要“自下而上”开展企业内部成本费用定额建立和完善工作。二是企业内部成本费用定额应按照各层级各业态的业务流程、作业环节，建立和完善投资、设计、基建、采购、物流、人工以及职能管理等定额标准体系和数额等具体内容。三是集团各层级、各业态相关业务部门要根据业务流程与部门职责组织和参与制定归口范围内的财务定额指标，并结合行业数据及自身的历史积累确定定额具体数值，进行动态跟踪，不断修订和完善定额指标和数值；同时，全面预算管理信息系统的持续优化，更离不开内部定额的更新和完善。定额的建立和完善是企业全面预算管理长期的基础性工作。

七、系统建设是核心

管理工具单一、管理手段落后、缺乏管理信息系统的有力支撑、未能固化预算管理流程是当前深入推行全面预算管理面临的主要问题。全面预算管理信息化建设是一项系统性、长期性和复杂性工程，应坚持集团按照“统一规划、试点先行”的原则，逐步展开和完善。一是在中央建筑企业集团全面预算管理信息系统中，需充分体现集团总部、二级集团公司、三级及以下公司和基层项目部四个层级的全面预算管理内容，主要包括各层级的预算目标制定和分解、预算编制和汇总、预算控制、预算分析、预算调整及预算考核等，而且要实现每个层级的闭环管理。二是立足于建筑企业集团分层、分级管控的原则，按照各层级企业的管理重点明确应用需求，在整体规划的基础上确定部署方案；既要考虑到各级层企业实施的经营管控模式，在财务核算、预算管理、业务管理、资金管理、决策支持等方面相对独立的需求，又要从集团整体出发，各级层企业都要满足集团总部管控模式要求。三是从数据层面、应用层面、流程层面对信息系统集成进行长远规划，最大程度避免出现全面预算管理信息系统与企业财务、资金等系统彼此孤立，只有实现与各级层企业的业务信息系统全面协同，才能进一步提升企业各项管理水平。

第七节　企业兼并重组与税收筹划

为了加强资源整合、实现企业快速发展、提高竞争力，2010 年国务院下发《关于促进企业兼并重组的意见》（国发〔2010〕27 号），要求对兼并重组企业落实税收优惠政策和财政资金投入等。2014 年，国务院再次下发《关于进一步优化企业兼并重组市场环境的意见》（国发〔2014〕14 号），要求完善财税政策，支持企业兼并重组等。2015 年，国务院下发《关于改革和完善国有资产管理体制的若干意见》（国发〔2015〕63 号），要求推进国有资本优化重组，落实相关配套政策。财政部、国家税务总局为了贯彻落实国务院相关文件规定，先后出台了一系列税收优惠政策，支持企业兼并重组。本节对近些年兼并重组相关税收政策进行系统梳理，在此基础上，结合工作实际，对企业兼并重组税收筹划进行探讨，希望对兼并重组企业起到抛砖引玉之作用。

一、兼并重组相关税收优惠政策

自国务院下发《关于促进企业兼并重组的意见》和《关于进一步优化企业兼并重组市场环境的意见》后，财政部、国家税务总局先后对兼并重组企业在企业所得税、营业税、增值税、契税和土地增值税等方面出台多项相关税收优惠政策。

（一）企业所得税

继财政部、国家税务总局《关于企业重组业务企业所得税处理若干问题的通知》（财税〔2009〕59 号）出台后，又出台《关于促进企业重组有关企业所得税处理问题的通知》（财税〔2014〕109 号）、国家税务总局公告 2015 年第 40 号和 48 号《关于资产（股权）划转企业所得税征管问题的公告》和《关于企业重组业务企业所得税征收管理若干问题的公告》等三项规定，对兼并重组业务企业所得税规定进行补充和完善，其实质就是企业各类兼并重组在满足相关条件的前提下，是否适用特殊性税务处理或一般性税务处理。特殊性税务处理和一般性税务处理两者相同的是：都区分债务、股权收购、资产收购、企业合并和企业分立重组方式；两者不同的是：特殊性税务处理还包括股权（资产）划转重组方式，对所得税处理是按资产和负债等账面净值为计税基础，不确认所得或损失，而一般性税务处理应以资产负债等公允价值为计税基础或按清算进行所得税会计处理，确认所得和损失。由于特殊性税务处理程序简单、易操作，不会增加重组交易税负，是重组业最希望达到的目标，因此，本节在企业所得税方面仅解读兼并重组中特殊性税务处理相关政策和要求。

1. 总体满足条件

适用特殊性税务处理的企业兼并重组必须满足具有合理的商业目的，且不以减少、免除或者推迟缴纳税款为主要目的；被收购、合并或分立部分的资产或股权比例符合规定的比例；企业重组后的连续 12 个月内不改变重组资产原来的实质性经营活动；重组交易对价中涉及的股权支付金额符合规定比例；企业重组中取得股权支付的原主要股东，在重组后连续 12 个月内不得转让取得的股权。以上五项条件，如不满足其中任一条件，就不能适用特殊性税务处理政策。

2. 企业重组特殊性税务处理的规定

企业重组符合特殊性税务处理条件的，交易各方对其交易中的股权支付部分，可以按以下规定进行特殊性税务处理：

第一，债务重组。企业债务重组确认的应纳税所得额占该企业当年应纳税所得额 50%以上，可以在 5 个纳税年度的期间内，均匀计入各年度的应纳税所得额。企业发生债权转股权业务，对债务清偿和股权投资两项业务暂不确认有关债务清偿所得或损失，股权投资的计税基础以原债权的计税基础确定。

第二，资产收购。受让企业收购的资产不低于转让企业全部资产的 50%，且受让企业在该资产收购发生时的股权支付金额不低于其交易支付总额的 85%，可以选择按转让企业取得受让企业股权的计税基础，以被转让资产的原有计税基础确定或按受让企业取得转让企业资产的计税基础，以被转让资产的原有计税基础确定的规定处理。

第三，股权收购。收购企业购买的股权不低于被收购企业全部股权的 50%，且收购企业在该股权收购发生时的股权支付金额不低于其交易支付总额的 85%，可以选择按被收购企业的股东取得收购企业股权的计税基础，以被收购股权的原有计税基础确定；收购企业取得被收购企业股权的计税基础，以被收购股权的原有计税基础确定；收购企业、被收购企业的原有各项资产和负债的计税基础和其他相关所得税事项保持不变。

第四，企业合并。企业股东在该企业合并发生时取得的股权支付金额不低于其交易支付总额的 50%，以及同一控制下且不需要支付对价的企业合并，可以选择按合并企业接受被合并企业资产和负债的计税基础，以被合并企业的原有计税基础确定；被合并企业合并前的相关所得税事项由合并企业承继；可由合并企业弥补的被合并企业亏损的限额 = 被合并企业净资产公允价值 × 截至合并业务发生当年年末国家发行的最长期限的国债利率；被合并企业股东取得合并企业股权的计税基础，以其原持有的被合并企业股权的计税基础确定的任一项规定处理。

第五，企业分立。被分立企业所有股东按原持股比例取得分立企业的股权，分立企业和被分立企业均不改变原来的实质经营活动，且被分立企业股东在该企业分立发生时取得的股权支付金额不低于其交易支付总额的85%，可以选择按分立企业接受被分立企业资产和负债的计税基础，以被分立企业的原有计税基础确定；被分立企业已分立出去资产相应的所得税事项由分立企业承继；被分立企业未超过法定弥补期限的亏损额可按分立资产占全部资产的比例进行分配，由分立企业继续弥补的任一项规定处理。

第六，股权、资产划转。对100%直接控制的居民企业之间，以及受同一或相同多家居民企业100%直接控制的居民企业之间按账面净值划转股权或资产，凡具有合理商业目的，不以减少、免除或者推迟缴纳税款为主要目的，股权或资产划转后连续12个月内不改变被划转股权或资产原来实质性经营活动，且划出方企业和划入方企业均未在会计上确认损益的，可以选择按划出方企业和划入方企业均不确认所得；划入方企业取得被划转股权或资产的计税基础，以被划转股权或资产的原账面净值确定；划入方企业取得的被划转资产，应按其原账面净值计算折旧扣除。

(二) 增值税、营业税

资产重组企业不征收增值税和营业税。2011年，国家税务总局下发了《关于纳税人资产重组有关增值税问题的公告》(国家税务总局公告2011年第13号) 和《关于纳税人资产重组有关营业税问题的公告》(国家税务总局公告2011年第51号)，对资产重组企业的纳税人征收增值税和营业税规定为：纳税人在资产重组过程中，通过合并、分立、出售、置换等方式，将全部或者部分实物资产以及与其相关联的债权、债务和劳动力一并转让给其他单位和个人的行为，不属于增值税的征税范围，其中涉及的货物转让，不征收增值税；也不属于营业税征收范围，其中涉及的不动产、土地使用权转让，也不征收营业税。

(三) 土地增值税

2015年，财政部、国家税务总局下发《关于企业改制重组有关土地增值税政策的通知》(财税〔2015〕5号)，对改制企业重组过程中涉及的土地增值税政策进行了规定：一是按照公司法的规定，非公司制企业整体改建为有限责任公司或者股份有限公司，有限责任公司（股份有限公司）整体改建为股份有限公司（有限责任公司）的，对改建前的企业将国有土地、房屋权属转移、变更到改建后的企业，暂不征土地增值税。二是按照法律规定或者合同约定，两个或两个以上企业合并为一个企业，且原企业投资主体存续的，对原企业将国有土地、房屋权属转移、变更到合并后的企业，暂不征土地增值税。三是按照法律规定或者合同约定，企业分设为两个或两个以上与原企业投资主体相同的企业，对原企业将国有土地、房屋权属转移、变更到分立后的企业，暂不征土地增值税。四是单位、个人在改制重组时以国有土地、房屋进行投资，对其将国有土地、房屋权属转移，变更到被投资的企业，暂不征土地增值税。

（四）契税

2015 年，财政部、国家税务总局下发《关于进一步支持企业事业单位改制重组有关契税政策的通知》（财税〔2015〕37 号），对企业改制重组涉及的契税进行规定：一是企业改制。企业按照公司法有关规定整体改制，改制企业原企业投资主体存续并在改制（变更）后的公司中所持股权（股份）比例超过 75%，且改制（变更）后公司承继原企业权利、义务的，对改制（变更）后公司承受的原企业土地、房屋权属，免征契税。二是公司合并两个或两个以上的公司，依照法律规定、合同约定，合并为一个公司，且原投资主体存续的，对合并后公司承受原合并的各方土地、房屋权属，免征契税。三是公司分立。公司依照法律规定、合同约定分立为两个或两个以上与原公司投资主体相同的公司，对分立后公司承受的原公司土地、房屋权属，免征契税。四是资产划转。同一投资主体内部所属企业之间土地、房屋权属的划转，包括母公司与其全资子公司之间，同一公司所属全资子公司之间房屋权属的划转，免征契税。五是债权转股权。经国务院批准实施债权转股权的企业，对债权转股权后新设立的公司承受原企业的土地、房屋权属，免征契税。六是公司股权转让。在股权转让中，单位承受公司股权，公司土地、房屋权属不发生转移，不征收契税。

二、企业兼并重组税收筹划应注意的问题

企业兼并重组相关税收政策关系到企业改制成本问题，因此必须掌握相关兼并重组税收政策适用对象、政策条款、适用时限等，才能灵活运用税收优惠政策，进行兼并重组税收策划。

（一）兼并重组政策适用的对象

国家鼓励企业兼并重组，包含企业改制、企业合并、企业分立、企业出售、股权（资产）划转、企业分立等，以上企业兼并重组业务一定涉及企业产权的变动，如果企业产权没有发生变动，也就谈不上企业享受兼并重组的税收优惠政策。一是改制、合并、分立、出售、股权划转的兼并重组企业，往往都涉及企业产权的变动，大家很容易理解。但对企业资产的划转，很多人比较难理解，明明是企业资产划转，没有涉及产权变动，为什么可以享受兼并重组企业税收优惠政策，其实这是对政策理解的误区。按相关政策规定：如母公司与全资子公司之间

母公司向全资子公司的资产划转按账面净值确定，子公司对母公司进行股权全额支付，母公司进行账务处理时，借记“长期股权投资”，贷记“固定资产”，子公司进行账务处理时，借记“固定资产”，贷记“实收资本”。以上这些涉及母、子公司长期股权投资或所有者权益的变动，其实就是产权的变动。二是房地产企业兼并重组，除根据《关于企业改制重组有关土地增值税政策的通知》（财税〔2015〕5号）的规定，房地产开发企业改制重组不享受有关土地增值税税收优惠政策外，其他税收优惠政策与其他企业一样享受。

（二）灵活运用兼并重组相关税收优惠政策

兼并重组最大的好处在于优化资源配置，盘活企业存量，加速企业资产周转，提升企业核心竞争力。例如某家大型国有企业，因经营转型，有4栋建在已办理出让土地上的厂房和相关的资产设备，成新率都在60%以上，已闲置多年，同时还有与此相关的上百名熟练的此设备操作和技术人员以及一些债权和债务。正好另一家企业有购买的意向，但双方都碍于承担增值税、营业税和契税等高昂的税负而无法实施。自国家出台兼并重组相关税收优惠政策后，双方立即将这种转让设想与税务部门沟通，税务部门答复，这种转让方式视同销售行为，不能享受重组企业税收优惠政策。转让双方都认为政策上规定得很清楚，怎么就不行呢？其实这是企业对政策理解出现了偏差。相关兼并重组税收政策的前提是纳税人必须通过合并、分立、出售和置换等方式进行资产重组，也就是一定涉及双方的产权交易行为。企业在资产兼并重组过程中，需要在认真理解相关税收政策的基础上，灵活利用税收政策，也就是对兼并重组相关税收进行筹划，达到降低税负的目的。就此项交易业务，可以先通过转让方投资注册设立一家全资子公司，将闲置的实物资产以及与其相关联的债权、负债和劳动力都“重组”至新设立全资子公司，在时机成熟后，再将该子公司转让给另一方的方式完成兼并重组。按现行兼并重组税收政策，在股权转让中，单位承受公司股权，公司土地、房屋权属没有发生转移，不征收契税；其涉及的不动产、土地使用权转让，不征收营业税；其涉及的货物转让也不征收增值税。但必须注意的是，以出让方式或国家作价出资（入股）方式承受原改制重组企业划拨用地的，不属于免税范围，对承受方应按规定征收契税。

（三）准确掌握企业适用特殊性税务处理的政策条款

兼并重组企业所得税特殊性税务处理应重点关注以下几点：一是主导方的确定。债务重组方指债务人和债权人；主导方是债务人。股权收购方指收购方、转让方及被收购企业；主导方为股权转让方，如涉及两个或两个以上转让方，由转让被收购企业最大的股权比例一方作为主导方。资产收购指收购方、转让方，主导方为资产转让方；合并指合并企业、被合并企业及被合并企业股东，主导方为被合并企业，涉及同一控制下多家被合并企业的，以净资产最大的一方为主导方。分立指分立企业、被分立企业及被分立企业股东，主导方为被分立企业。二是申报商业目的。重组交易的方式、重组交易的实质结果、重组各方涉及的税务状况变化、重组各方涉及的财务状况变化等都是企业特殊性税务处理商业目的。三是处理原则。适用特殊性税务处理的股权（资产）划转，必须是在交易双方协商一致的基础上，采取一致处理原则，交易双方统一进行特殊性税务处理。四是提供书面备案材料。企业发生符合特殊性重组条件并选择特殊性税务处理的，交易各方应在该重组业务完成当年企业所得税年度申报时，向主管税务机关提交书面备案资料，证明其符合各类特殊性重组规定的条件。五是企业合并税收筹划处理。并不是企业股东在该企业合并发生时取得的股权支付金额不低于其交易支付总额的85%的企业合并，都可以适用特殊性税务处理政策条款。

（四）兼并重组税收优惠政策适用的时限把握

目前企业兼并重组各项税收优惠政策时间各不相同，如果企业有兼并重组的意向，需要了解和掌握政策适用的时限，在时限内开展兼并重组工作，能够降低企业兼并重组税收负担。一是企业所得税方面。2009 年 4 月 30 日财税〔2009〕59 号规定，企业重组业务企业所得税执行期追溯至 2008 年 1 月 1 日执行；2014 年 12 月 25 日财税〔2014〕109 号规定，企业重组业务企业所得税自 2014 年 1 月 1 日起执行，如 12 月 25 日前尚未处理的企业重组，可按本通知执行；2015 年 5 月 27 日国家税务总局公告 2015 年第 40 号规定，资产（股权）划转企业所得税征管问题适用 2014 年度及以后年度企业所得税汇算清缴；2015 年 6 月 24 日国家税务总局公告 2015 年第 48 号规定，企业重组业务企业所得税征收管理适用于 2015 年度及以后年度企业所得税汇算清缴；如企业已经签订协议未完成重组，可以按此告执行。二是增值税、营业税。国家税务总局公告 2011 年第 13 号、第 51 号规定，纳税人资产重组有关增值税和营业税自 2011 年 3 月 1 日起和 2011 年 10 月 1 日起执行，以上两个公告都没有终止期限。三是土地增值税。财税〔2015〕5 号规定，企业改制重组有关土地增值税政策，执行期限为 2015 年 1 月 1 日～2017 年 12 月 31 日，该通知规定了执行终止期限。四是契税。财税〔2015〕37 号规定，企业改制重组有关契税政策自 2015 年 1 月 1 日起至 2017 年 12 月 31 日执行，如企业改制重组过程中涉及的契税尚未处理的，可按该通知执行，该通知规定了执行终止期限。

第八节 建筑业“营改增”影响与应对

财政部、国家税务总局《关于印发〈营业税改征增值税试点方案〉的通知》

（财税〔2011〕110 号）明确，建筑业适用增值税一般计税方法，发生应税交易取得的全部收入按 11% 的税率征收增值税。文件出台至 2015 年已过去 4 年多，但建筑业“营改增”还未实施。主要原因是建筑业“营改增”涉及面广，与建筑业上下游行业都密切相关，对建筑业影响巨大。2016 年 1 月 22 日，中共中央政治局常委、国务院总理李克强主持召开座谈会，研究加快财税体制改革等问题，明确 2016 年全面推开“营改增”。3 月 23 日，财政部、国家税务总局《关于全面推开营业税改增值税试点通知》（财税〔2016〕36 号）明确，经国务院批准，自 2016 年 5 月 1 日起，在全国范围内全面推开营业税改增值税试点，建筑业、房地产业、金融业、生活服务业等全部营业税纳税人，纳入试点范围，由缴纳营业税改为缴纳增值税。本节结合国家最新的相关政策和建筑业目前的实际，探讨营改增对建筑企业的影响及如何应对。

一、对建筑企业总体税负的影响

建筑业“营改增”后，首先涉及建筑企业期初库存材料和机械设备等固定资产增值税进项税额的抵扣问题。1993 年流转税制的改革要求在工业生产领域和批发零售商业普遍征收增值税，原来实行产品税或营业税的企业从 1994 年改按增值税征收，根据财政部、国家税务总局《关于期初存货已征税款抵扣问题的通知》（财税字〔1995〕42 号）的规定，增值税一般纳税人期初存货已征税款从 1995 年起 5 年内实行按比例分期抵扣的办法，每年抵扣比例为增值税一般纳税人 1995 年年初期初存货已征税款余额的 20%。按文件（财税〔2016〕36 号）规定：2016 年 5 月 1 日后取得并在会计制度上按固定资产核算的不动产或者 2016 年 5 月 1 日后取得的不动产在建工程，其进项税额应自取得之日起分 2 年从销项税额中抵扣，同时规定一般纳税人为建筑工程老项目提供建筑服务，可选择适用简易计税方法计税，这一点就证明了建筑企业营改增前取得的不动产和在建工程期初进项税额以及企业储备的原材料等存货期初进项税额不得抵扣。这对于其产生的经营收入按照增值税有关政策和适用税率征收增值税，造成企业进销税额不匹配，在一定期间内会增加税负。其次对建筑业当期税负的影响。为了直观反映对企业税负的影响，通过以下例子进行分析。如某建筑企业全年完成营业收入 11000 万元，实际成本 10000 万元，按《中国上市公司业绩评价报告〔2011〕》中有关建筑行业上市公司价值分析来看，2010 年在建筑业工程结算成本中，原材料约占 55%，人工成本约占 35%，其他费用占比不超过 10%，按此比例计算，改革前，年应交营业税 330（11000×3%）万元；“营改增”后，在考虑当年没有新增能够抵扣增值税进项税额机械设备等固定资产以及某些沙石等其他辅助建筑材料取不到增值税专用税票的情况下，能够抵扣施工项目现场进项税额为 683 万元［（4500+200）÷（1+17%）×17%］（按现行规定人工费不能抵扣进项税额），加上企业机构所在地还可以取得的能够抵扣进项税额 50 万元（估计能够取得的增值税税票总价 500 多万元），年应交增值税 1090 万元［11000÷（1+11%）×11%］，实际缴纳增值税 357 万元（1090-683-50），与改革前营业税相比是多缴了 27 万元（357-330）；但如果企业当年新购置施工设备总价 200 万元，相应增加能够抵扣的增值税进项税额 29 万元［200÷（1+17%）×17%］，应缴增值税 328 万元（357-29），与改革前营业税相比可少缴 2 万元（330-328）。

二、对建筑企业收入、毛利确认的影响

依据《企业会计准则第 15 号——建造合同》的相关规定，建造合同分为固定造价合同和成本加成合同。

首先，以固定造价合同为基础，实施营改增会对建筑业收入和毛利的确认产生影响。由于当期确认的合同收入=合同总收入×累计完工进度-以前会计期间累计已确认的收入，当期确认的合同费用=合同预计总成本×累计完工进度-以前会计期间累计已确认的费用，当期确认的合同毛利=当期确认的合同收入-当期确认的合同费用，在没有实行“营改增”前，合同收入中包含营业税（原因是营业税属于价内税），而实行“营改增”后，合同收入中不包含增值税（依据《中华人民共和国增值税暂行条例》相关规定，增值税为价外税）。同时，实行“营改增”，合同预计总成本中与成本有关的原材料、燃料和租赁费等发生的增值税进项税额不再是实际成本的组成部分，合同预计总成本将比没有实行“营改增”前要少。实行营改增后，当期确认的合同收入按总价剔除了增值税进项税额，而当期确认的合同费用只剔除了原材料、燃料等项目部分增值税进项税额，因此，当期确认的合同收入和合同毛利比没有实行营改增前要少很多。

其次，以成本加成合同为基础，实施营改增会对建筑业收入的确认产生影响。成本加成合同是以合同约定或其他方式议定的成本为基础，加上该成本的一定比例或定额费用确定工程价款的建造合同，如建造某段铁路，合同总价以建造该段铁路的实际成本为基础，每 1 千米再加收 500 万元。营改增后，成本中已不包含能够预计按规定抵扣的增值税进项税额，所以，以成本加成合同为基数确认的营业收入比实施“营改增”前要少些。

最后，建造合同确认收入与“营改增”后存在差异。一是在金额上，建造合同确认收入是指项目已完工部分预计收回收入。根据文件（财税〔2016〕36 号）的规定，纳税人提供应税服务应确认的收入为收讫销售款或者取得索取销售款凭证的收入。二是在时间上，建造合同确认的时间为资产负债表日、合同完工时、能得到补偿的收入发生当期三种方式。而现行增值税政策规定，收入确认时间为收讫销售款或者取得索取销售款凭证的当天，先开具发票的，为开具发票的当天。

三、对建筑企业财务状况的影响

（一）对资产总额的影响

由于增值税是价外税，建筑企业购置的原材料、辅助材料等存货成本需要按取得的增值税专用发票上的金额扣除进项税额入账，存货余额会比“营改增”前有一定幅度下降，造成企业流动资产结构发生变化。同样，根据财税〔2016〕36号文件的规定，一般纳税人取得的固定资产（包含不动产、不动产在建工程、无形资产等）可按取得的增值税专用发票上的金额扣除进项税额入账，这样一来，企业的非流动资产总额也会比“营改增”前有一定幅度下降。以上两项资产余额的降低，使企业资产总额减少。

（二）对企业收入、利润的影响

“营改增”前，企业营业收入包含流通环节税金，为价内税；而“营改增”后，由于增值税为价外税，企业营业收入中不包含增值税，直接带来企业营业收入的减少。同时，“营改增”后，受一些流通环节购置货物较难取得增值税税票和外协劳务成本及假发票等的影响，这部分增值税进项税额无法抵扣，可能出现企业多缴增值税的现象，企业实现的利润总额也将有所下降，增加了企业完成绩效的难度。

（三）对企业负债和所有者权益的影响

“营改增”后，增值税为价外税，一般不会引起企业负债的减少，但在实际经营过程中，需要对方及时提供增值税专用发票用于进项税额抵扣，会加大资金的支付压力，导致应付款的减少。由于企业经营过程中受一些业务的影响不能抵扣增值税进项税额，会降低企业的经营利润，在收入和负债不变的情况下，也会减少企业所有者权益。因此，进项税额抵扣率的高低直接影响企业资本结构和资产负债率的变化。

（四）对企业现金流的影响

依据《营业税改征增值税试点方案》有关税收收入归属的规定：“原归属试点地区的营业税收入，改征增值税后收入仍归属试点地区，税款分别入库。”依据《中华人民共和国增值税暂行条例》第十九条规定：“销售货物或者应税劳务，为收讫销售款项或者取得索取销售款项凭据的当天；先开具发票的，为开具发票的当天；增值税扣缴义务发生时间为纳税人增值税纳税义务发生的当天。”由于建筑业普遍实行的是建设单位代扣代缴营业税方式，建设单位验工计价时，采取从验工计价和付款中直接代扣缴营业税方法；“营改增”后，由于是两个不同法人，需要直接由建筑企业在机构所在地按当期验工计价确认的收入缴纳增值税，但是建设单位验工计价并不是立即支付工程款给建筑企业，往往滞后一段时间，有时时间还比较长；同时，验工计价单中还要直接扣除5%～20%的预留质量保证金等，而应交增值税当期必须要缴，但预留质量保证金等要到工程项目竣工验收后才能支付，这样必将导致企业经营性活动现金净流量增加，加大企业资金紧张的程度。

四、对建筑企业税收筹划的影响

虽然建筑业“营改增”后，钢材、水泥、商品混凝土、机械设备等增值税进项税额可以抵扣，但由于建筑业自身的经营模式、组织结构以及部分业务无法提供增值税专用税票等因素，相应会增加企业税负。如中国建设会计学会依据《营业税改征增值税试点方案》和增值税相关政策，组织相关单位和人员，进行调研、模拟和测算，结果显示，建筑业“营改增”后税率与目前营业税3%的税率相比，增加约2.83个百分点。同时，根据文件（财税〔2016〕36号）相关规定：一般纳税人跨县（市）提供建筑服务，应以取得的全部价款和价外费用扣除支付的分包款后的余额，按照2%的预征率在建筑服务发生地预缴税款后，向机构所在地主管税务机关进行纳税申报。同时，依据《国家税务总局关于跨地区经营建筑企业所得税征收管理问题的通知》（国税函〔2010〕156号）的规定，建筑企业所属二级或二级以下分支机构直接管理的项目部不就地预缴企业所得税，其经营收入、职工工资和资产总额应汇总到二级分支机构统一核算，由二级分支机构按照《国家税务总局关于印发〈跨地区经营汇总纳税企业所得税征收管理暂行办法〉的通知》（国税发〔2008〕28号）规定的办法预缴企业所得税；文件同时还规定建筑企业总机构直接管理的跨地区设立的项目部，应按项目实际经营收入的0.2%按月或按季由总机构向项目所在地预分企业所得税，并由项目部向所在地主管税务机关预缴。这样一来，企业将面临更为复杂的税收筹划管理。一是企业所有能够按规定抵扣的增值税专用发票原件全部要汇总到企业机构所在地，由机构所在地在缴纳增值税时进行进项税额抵扣，对大型建筑企业而言，由于工程项目众多、分布也比较广，增值税专用税票收集并不容易。因此，为了加强企业自身税收筹划管理，企业机构所在地需要在财务部门中设置相关税务管理机构和专门的税务岗位，增设税务管理人员，统一管理企业税收筹划事宜。二是建筑企业大量使用钢结构或预制构件，在“营改增”前，往往来用专业分包，总包方取得分包方开具的发票，实现差额缴纳营业税，而“营改增”后如果继续采用这种方式，总包方取得增值税专用发票，按11%税率抵扣进项税额。为了获得更多的抵扣进项税额，建筑企业可以采取将预制构件和钢结构的分包业务进行分拆，分解为物资采购和劳务分包两项业务，分别与物资供应商和劳务分包方签订采购合同和劳务分包合同，可以取得税率为17%和11%的增值税专用发票，这样做能充分抵扣增值税进项税额。三是现在许多项目是自行采购部分物资和小型设备以及租赁机械等，基本上都是以企业设立的项目部或指挥部名义与供货方或租赁方签订合同，按照《中华人民共和国增值税暂行条例》的相关规定，取得的增值税专用发票进项税额不能在企业机构所在地进行抵扣。对此，企业必须规范相关合同名称，所有对外交易合同要全部以企业名称对外进行签订，取得的增值税专用发票名称必须与企业全称一致，同时，企业机构所在地要及时将所有在异地项目当期发生的增值税专用税票的原件收集齐全，在申报当期增值税时一并提交税务机关申请抵扣。对大型建筑企业，由于建设单位验工计价等原因，根据增值税相关政策规定，可以由税务机关核定，按季征收，自期满之日起15日内申报纳税，这样可以减轻部分工作量。四是对建设单位确认的当期企业验工计价收入凭据与项目所在地税务机关预征的增值税，要及时汇总到企业机构所在地进行纳税申报和抵扣。五是金融保险业实施“营改增”后，按6%的税率征收增值税，意味着不能在下游行业抵扣，这对流动资金普遍紧缺的建筑企业一般通过贷款购置施工专用设备来讲，影响极大。基于上述问题，建筑企业可以考虑通过融资租赁方式替代原贷款后直接采购方式，主要是融资租赁公司可按租金金额开具税率为17%的增值税专用税票，从而使建筑企业可以将利息支出转换为租金支出，增加进项税额抵扣。

五、对建筑企业投标和会计核算的影响

2016年2月19日，住房城乡建设部办公厅《关于做好建筑业营改增建设工程计价依据调整准备工作的通知》（建办标〔2016〕4号）要求：为保证营改增后工程计价依据的顺利调整，各地区、各部门应重新确定税金的计算方法，做好工程计价定额、价格信息等计价依据调整的准备工作。通知中规定，工程造价可按以下公式计算：工程造价=税前工程造价×(1+11%)。其中，11%为建筑业增值税税率，税前工程造价为人工费、材料费、施工机具使用费、企业管理费、利润和规费之和，各费用项目均以不包含增值税可抵扣进项税额的价格计算，相应计价依据按上述方法调整。同时，要求各地区、各部门要高度重视此项工作，加强领导，采取措施，于2016年4月底前完成计价依据的调整准备工作。一是营改增后，《全国统一建筑工程基础定额与预算》部分内容将进行修订，建设单位招标概预算编制也将发生重大变化，相应的设计概算和施工图预算编制将按新标准执行，对外发布的公开招标书的内容也将进行相应的调整。二是这种变化使建筑企业投标工作变得更为复杂化，投标书的编制中有关原材料、燃料等直接成本不包含增值税进项税额，实际施工中，有多少成本费用能够取得增值税进项税额，在编制标书中很难准确预测；原按工程结算收入计算的营业税不再收取，税

金编制中只能反映城市维护建设税和教育费附加等；编制的标书中投标总价中又包含增值税，而增值税又属于价外税，在投标中怎样编制，有待统一规范。三是由于要执行新的定额标准，企业施工预算需要进行重新修订，企业的内部定额也要进行重新编制。四是会计核算上会发生变化。企业在施工中取得的与生产经营有关的增值税进项税额不能直接列入相关成本费用，而要分开核算，列入“应交税费——应交增值税（进项税额）”科目，如不分开核算，这部分增值税进项税额在缴纳增值税时是不能抵扣的；同时，收到的工程营业收入，必须扣除11%的增值税销项税额后再将差额列入“主营业务收入”科目。

六、对建筑企业海外经营的影响

境外承包工程项目，按所在国的税法和税制规定，一般已在项目所在地缴纳相关流转税。在国家支持建筑业“走出去”的政策下，作为同属于流转税的增值税来讲，建筑企业在境外承接工程项目取得的收入在国内也不会征税，依据文件（财税〔2016〕36号）的相关规定：工程项目在境外的建筑服务免征增值税，对于用于该工程项目购进货物、加工、运输和设计服务等已缴纳的增值税，按现行增值税政策规定，可以办理出口退税。但企业应该注意的是，企业为境外工程采购物资等发生的成本、增值税进项税额以及与境外工程项目相关的营业收入等会计核算应单独核算，不要与国内工程项目混合核算，才能按税收政策享受境内免税和退税政策。

七、对集团及成员企业经营管理的影响

目前建筑企业集团成员企业由于规模相对较小、竞争力不强，大部分都是由集团公司（母公司）统一对外投标，中标签订合同后再在成员企业内部进行分解，由成员企业负责施工，平时由集团公司按施工进度向建设单位进行验工计价，并由建设单位统一代扣代缴营业税等税费。成员企业根据完成的工作量向集团公司办理验工计价时，也按同比例将建设单位代扣代缴的税金列转给成员企业。但实行“营改增”后，将会发生重大变化。一是法人主体的不相容性。集团公司与具有法人资格的成员企业，都必须按《中华人民共和国增值税暂行条例》的规定独立履行纳税义务，具有法人资格的成员企业应与集团公司签订分包合同，取得的收入应在成员企业机构所在地缴纳增值税，并将增值税专用发票提供给集团公司，集团公司从建设单位取得的全部收入扣除包括成员企业已缴纳的增值税进项税额后应在企业机构所在地缴纳增值税，建设单位和集团公司都不能再代扣代缴税费。二是目前集团公司为了发挥规模优势、降低采购成本，由集团公司统一对外采购所有物资并直接向成员企业提供，物资成本按各单位的领取情况，通过集团公司列转给成员企业。“营改增”后，这一做法将要发生改变。由

于集团公司统一集中采购的物资是由集团公司与供应商签订的合同，取得的增值税购买方的名称是集团公司，这部分增值税进项税额只能由集团公司缴纳增值税时全部进行抵扣，而不能按向成员企业提供物资缴纳的增值税由成员企业负责抵扣。解决这一问题的途径，可以由集团公司统一与供应商进行洽谈，例如在签订合同时，由集团公司和成员企业分别与供货商签订合同，各自取得的增值税进项税票由各自分别进行抵扣。三是"营改增"后，建筑企业增值税在工程项目所在地按2%比例就地预缴增值税，对集团和成员单位影响很大，集团公司作为一级法人要预缴增值税，参与建设的具有法人资格的成员企业也要预缴增值税，对集团现金流管理产生巨大影响。四是针对"营改增"以及《企业所得税法》取消集团合并缴纳企业所得税这一做法，结合建筑行业的特殊性，为了减轻集团及成员企业纳税复杂状况，集团要对既有的或新设立、具有法人资格的成员企业重新进行战略考虑，撤销具有法人资格的成员企业，变更或新设立不具有法人资格的分公司，这可以大大减轻集团公司和成员企业纳税的工作量，通过此项措施还可能降低集团整体税负。中国石油天然气和中国石油化工等集团公司就是最好的例子。五是企业战略的指标会发生变化。由于增值税是价外税，企业的营业收入、成本等财务指标的数据将有一定幅度降低，企业战略和年度完成指标也要进行相应调整。因此，建筑企业在制定"十三五"战略规划时，需要充分考虑"营改增"对企业收入等指标的影响。

八、对建筑企业核心竞争力的影响

一是由于建筑业"营改增"后，按11%的税率征收增值税，由于增值税属于价外税，建筑企业基建营业收入比没有实施"营改增"前将下降11%，对企业规模经营带来较大的影响，对企业信用评级、融资授信也会带来较大的负面效应。例如在2015年《财富》公布的世界500强企业中，前三位建筑企业全部在中国，分别是中国建筑股份有限公司（37位）、中国铁路工程总公司（71位）和中国铁道建筑总公司（79位）。《财富》公布的世界500强企业是按上年完成营业收入进行排名的，2014年，中国建筑股份有限公司营业收入为1298.871亿美元、中国铁路工程总公司营业收入为995.379亿美元、中国铁道建筑总公司营业收入为963.952亿美元。如建筑业实施"营改增"，从营业收入中扣除其中包含的11%的增值税销项税额后，以2014年为例，三家公司暂以其营业收入的20%来源于境外测算，中国建筑股份有限公司营业收入将下降到1195.897亿美元，中国铁路工程总公司营业收入将下降到916.466亿美元，中国铁道建筑总公司营业收入将下降到887.531亿美元。这三家公司的排名预计将分别下降到45位、83位、89位。二是由于会计处理上购置的机械设备等固定资产中，不包含17%增值税进项税额，代表核心能力的固定资产净值也在下降，资产结构将发生变化。通过以上分析可以看出，建筑业“营改增”后，短期内将对企业竞争力产生一定的影响，对长期影响还较难预测。

综上所述，“营改增”是一项十分复杂的系统工程，涉及国家、地方政府和企业三方共同利益。对政府税务部门而言，需要及时了解和掌握“营改增”实施后对企业纳税的影响，关注实施中存在的问题，进一步完善相关规章。对建筑企业而言，这项改革由于涉及企业方方面面的工作，需要企业领导、相关人员积极应对，使“营改增”能够在建筑企业顺利平稳过渡，将影响降低到最小的范围内。

第九节 应收建设工程质量保证金会计处理

建设工程质量保证金因回收期长等特性，按《企业会计准则第22号——金融工具确认和计量》的规定，该项资产符合金融资产的标准，在会计处理上应按金融工具确认和计量。

一、应收质量保证金计量及其折现的含义

建设工程质量保证金是指发包人与承包人在建设工程承包合同中约定，从应付的工程款中预留，用以保证承包人在缺陷责任期内对建设工程出现的缺陷进行维修的资金。应收质量保证金是指在缺陷责任期内，没有发生合同规定的质量问题的，到期后承包人向发包人应收的原在工程款中预留的保证金。由于应收质量保证金在合同中一般都有确定的回收期（一般为2~5年），并且回收金额固定，根据《企业会计准则第22号——金融工具确认和计》的规定，该项资产符合金融资产的定义，应属于有确定回收期限的应收款项，需按照公允价值对其进行计量，应当在该金融资产剩余期限内，采用实际利率法进行摊销，计入当期损益。

二、应收质量保证金的会计处理

在工程竣工验收后，承包人应按照发包方已暂扣的保证金金额，在合同规定的缺陷责任期内（一般以合同约定为准，但如果实际回收期与合同约定差异较大，则需考虑实际情况），在资产负债表日按实际利率（一般可以按同期银行贷款利率）进行折现，以折现后的金额作为应收质量保证金的金额，折现前后的差额冲减当期主营业务收入，而在质量保金收回时，按照实际收回的金额与账面折现后的金额之间的差额在“财务费用—利息收入”科目中进行核算。由于会计核算的需要，承包人应在会计科目体系中单独设置“应收账款—应收工程质量保证金—××项目”科目来核算质量保证金金额及折现额，转入该科目的金额为按合同约定已进入缺陷责任期内应收质量保证金和按折现时间确认的折现额。缺陷

责任期内超过一年的，每年都要折现，但要注意实际利率及以后折现年限的变化。对已确认的应收质量保证金，在缺陷责任期内一般是不需要计提资产减值准备的。另外由于折现导致应收账款账面价值小于其计税基础，根据《企业会计准则第18号——所得税》的规定，应确认可抵扣暂时性差异，在"递延所得税资产""所得税费用——递延所得税费用"科目中进行核算。

三、质量保证金折现对当期所得税的影响

由于执行会计准则，需要在应收质量保证金折现的时点按折现额冲减主营业务收入，按以后每期转回的折现额冲抵财务费用，因此会影响企业当期利润，给当期应缴所得税带来一定影响。但从企业应缴所得税角度来讲，这只是一种可抵扣暂时性差异，对企业应缴所得税总额是没有影响的。为了不影响当期实际应缴纳的所得税，企业应按应收质量保证金折现的时点上的折现额，在当期所得税申报时调增应纳税所得额；以后各期所得税申报时，按转回金额调减应纳税所得额。

四、会计期末应收质量保证金折现信息披露

根据《企业会计准则》的相关规定，资产负债表日应在会计报表附注中"应收账款—应收质量保证金"科目项下披露有关应收质量保证金及折现等相关信息；如承包人有多个项目的应收质量保证金，应单独披露每一项目应收质量保证金金额和折现额。需要注意的是，发包方在建期限内按工程进度分期预留的质量保证金应在会计报表附注中"应收账款—应收工程款"科目项下披露，并披露当期确认的损失金额及计提的资产减值准备金额；超过质量保证期限的应收质量保证金，同样在会计报表附注中"应收账款—应收工程款"科目项下披露，也要披露当期确认的损失金额及计提的资产减值准备金额。

第十节　融资性分期收款销售商品会计处理

由于《企业会计准则讲解（2010）》中没有具体涉及1年以上3年以下具有融资性质的分期收款销售商品的会计处理，因而在实际操作中，有的企业针对这种情况并不按融资性质处理，在销售实现时全额确认当期收入，不符合《企业会计准则第14号——收入》中以应收合同或协议价款的公允价值确定销售商品收入金额的规定。

一、具有融资性质分期收款销售商品的含义及计量

分期收款销售是指商品已经售出，但货款分期收回的一种销售方式。它属于

现代企业运用的一种重要促销手段，一般适合于具有金额大、收款期限长、款项收回风险大特点的重大商品交易，如房产、汽车、重型设备等。《企业会计准则第14号——收入》第五条规定：合同或协议价款的收取采用递延方式，实质上具有融资性质的，应当按照应收合同或协议价款的公允价值确定销售商品收入金额。应收合同或协议价款的公允价值，通常应当按照其未来现金流量现值或商品现销价格计算确定。

二、具有融资性质分期收款销售商品的会计处理

《企业会计准则讲解（2010年）》中指出，应收合同或协议价款与其公允价值之间的差额，应当在合同或协议期间内，按照应收款项的摊余成本和实际利率计算确定的金额进行摊销，作为财务费用的抵减处理。《企业会计准则讲解（2010年）》认为货款分期收回通常为超过3年，那么1年以上3年以下具有融资性质的分期收款销售商品如何处理，该书没有具体进行讲解，在实际操作过程中，有些企业为了增加当期业绩，将1年以上3年以下具有融资性质的分期收款销售商品不按融资性质处理，在销售实现时全额确认当期收入，不符合《企业会计准则第14号——收入》关于应收的合同或协议价款的公允价值确定销售商品收入金额的规定，虚增当期利润。

三、对分期收款销售商品的会计处理的建议

目前《企业会计准则第14号——收入》要求在款项延期收取具有融资性质时，应按应收的合同或协议价款的公允价值确定收入金额，强化了对会计信息质量的要求，企业对交易或者事项进行会计确认、计量和报告时应保持应有的谨慎，不应高估资产或收益、低估负债或者费用。《企业会计准则第14号——收入》，更能真实反映企业的盈利状况和经营业绩，基于这一点，从会计谨慎性原则考虑，对1年以上3年以下具有融资性质的分期收款销售商品，也按应收合同或协议价款与其公允价值之间的差额，在合同或协议期间内，按应收款项的摊余成本和实际利率计算确定的金额进行摊销，作为财务费用的抵减处理，更符合会计信息质量的要求；如果应收的合同或协议价款与其公允价值之间的差额，按照实际利率法摊销与直线法摊销结果相差不大的，也可以采用直线法进行摊销。

第五章

会计监督

第一节 国企境外产权管理

在我国支持企业"走出去"战略的指导下，国有企业的境外投资、并购逐年增长，规模不断扩大，国际竞争能力也在不断提升，对我国国民经济发展起到了举足轻重的作用。但近几年来，境外投资也暴露出一些不容忽视的问题，决策失误、亏损严重、资产流失和盲目投资的现象时有发生，究其原因，主要是企业境外管理、境外投资监管较薄弱，特别是对境外国有产权的管理工作滞后于形势的发展。针对存在的问题，国务院国资委陆续出台了一系列办法和制度，目的是加强境外投资及产权管理。

2015 年 10 月 31 日，国务院办公厅下发了《关于加强和改进国有资产监督防止国有资产流失的意见》，特别提出加强企业境外、国有资产监督管理，重视在法人治理结构中运用出资人监督手段，强化对企业境外投资、运营和产权状况的监督，严格规范境外大额资金使用、集中采购和佣金管理，确保企业境外国有资产安全可控、有效运营。本节结合目前境外国有产权管理特殊性、国务院办公厅的相关意见和国资委颁布的有关办法和制度，探讨如何进一步完善国有企业境外国有产权管理。

一、国有企业境外产权管理特殊性

境外国有企业面临的各类环境和风险等方面均有别于境内国有企业，因此，国有企业境外子企业管理应当考虑外部环境的特殊性，充分考虑境外资产和境外产权管理上的特殊性，最大程度上确保国有权益的保值增值，防止国有资产流失。

（一）境外社会环境特殊性

政治风险是一种重要的风险源。无论投资项目位于何处，参与项目的任何各方都可能需要承担政治风险。在国际投资领域，政治环境更加复杂，尤其是在一些政局不稳和政治问题比较敏感的热点国家和地区。国际形势的变化、投资所在国政局的变动、政权交替、社会动荡、国际制裁等经常会使投资项目面临被迫中断的风险，进而使投资企业遭受巨大损失。恐怖主义、动乱、种族冲突等往往会殃及在当地从事投资活动的企业和人员，极大地威胁投资项目现场工作人员的安全。投资项目所在地的气候、地形、地质、水文等自然环境以及宗教信仰、文化素质、当地行政机构的办事效率等社会人文环境也会对投资项目产生影响。

（二）境外法律环境的特殊性

国有企业境外子企业按照注册地适用原则应当遵守驻在国（地区）的法律、法规，同时由于其股东是境内法人，按照产权归属适用原则，还要遵守中国的法律、法规。境外的法律和境内的法律相比较，存在许多差异。正因法律环境不同，才衍生出了诸如境外个人股权代持、离岸公司等需要重点关注的问题。因此，国有企业管理境外产权时，应当根据境外企业的实际情况，对于不同事项、不同情况采取不同的方式，兼顾监管的效果和企业的经营效率。国务院国资委相关规定：中央企业是其境外国有产权管理的责任主体，应当依照我国法律、行政法规建立健全境外国有产权管理制度，同时遵守境外注册地和上市地的相关法律规定，规范境外国有产权管理行为。

（三）境外经济环境的特殊性

境外企业的经营成果和实际企业价值受驻在国的影响非常大。境外企业面临着外汇风险、原材料价格波动风险、劳动力价格波动风险等诸多风险因素。相同的资产在不同的国家可能有不同的对价，如孟加拉国，由于资源匮乏，像钢材、水泥、碎石等原材料全部需要进口，所以相应的材料价格对投资影响较大。目前中国海外投资主要市场在亚洲和非洲，这些地区资金又不很充足，往往需要承包商融资或在国内进行相关的物资设备采购。伴随着人民币近年来的持续升值，工程所在国家本位币相对于人民币来说也在持续贬值，在国内采购越多，垫资金额越大，因人民币汇率升值导致的汇率风险也越大。因此，在确定境外产权交易方式和交易对价的时候，国有企业必须充分考虑到当地经济环境与国内的区别。正是这一原因，境外的产权管理应该给予境外企业必要的授权，让企业根据授权和当地的情况，选择企业的经济行为。

（四）境外企业管理层级上的特殊性

国有企业境外子企业分布于不同的国家，地域和时区跨度都导致了总部对于境外企业的管控能力相比境内企业要弱得多，而且管控力度随着企业层级的增加，迅速弱化，管理成本也随之加大。同时对国有企业境外人员综合素质的要求，培训、薪酬、管理都具有与国内企业不同的特殊性。

二、境外国有产权管理的问题及应对

境外产权管理涉及境外投资管理、监督管理、资产评估、产权登记和产权转让等事项，只有了解境外产权管理中面临的问题，才能有针对性地解决，防范境外产权管理风险。

（一）关于国有企业境外投资监督管理

从近几年国有企业境外投资和承接国外基础设施建设等项目的情况来看，部分国有企业境外投资和实施的项目盈少亏多，发生巨额亏损的项目也时有发生。为了遏制此种亏损之势，2012 年 3 月 18 日，国务院国资委出台了《中央企业境外投资监督管理暂行办法》，明确规定国有企业原则上不得在境外从事非主业投资，凸显了国家防控海外投资风险的决心。一方面，该办法必须得到贯彻执行，这是防范风险的关键；另一方面，从我国企业在境外投资失败的教训中可以得到一个更重要的启示，即国有企业缺少海外投资的全局性考虑。因此，国有企业在海外投资要考虑如何利用全球的分工体系和产业链，从技术输入、资源与原材料采购、物流、产品设计到下游的渠道、市场销售等每个价值环节进行渗入，以获得更高效、更有价值的资源整合，只有这样，国有企业海外投资高回报才能得以实现。同时，应建立健全风险防范机制，切实依法监管境外国有资产。境外投资从决策到项目实施，再到管理运行的各个环节、各个方面都会有风险，因此，要将风险防范机制作为境外国有资产管理的重要环节，贯穿始终。要严格执行重大事项决策、重大合同的审核与管理，做好境外投资可行性研究和法律尽职调查，评估境外投资风险的等级，切实防范境外投资经济、法律和社会风险。

（二）关于国有企业境外产权监督管理

2011 年国务院国资委出台的《中央企业境外国有资产监督管理暂行办法》和《中央企业境外投资监督管理暂行办法》对国有企业如何加强境外国有资产和投资监督管理提出了要求，其目的都是为了加强对国有企业境外产权的监督管理。但要在实际工作中得到贯彻执行，企业还须做到以下几点：一是国有企业和所属子企业要认真学习、领会文件的精神，特别是企业高层管理人员要带头学习，执行文件的相关规定。二是要做好国有企业产权登记等与财务决算管理相衔接的工作。国有企业财务决算工作覆盖面广，报表系统比较成熟，将财务系统的数据与国有企业产权登记等相关数据资料进行有效对接，可以更好地发挥对国有企业境外产权的监督管理。三是国有企业要加强内部子企业境外产权监督管理工作，通过建立法人治理结构和重大事项报告制度，完善监督组织体系；定期对境外企业经营管理、内部控制、会计信息以及国有资产运营等情况进行监督检查，建立境外企业生产经营和财务状况信息报告制度；开展境外子企业领导人任期及离任经济责任审计；对已上市的国有企业，应对所有境外子企业年度财务决算实施中介机构审计，由中介机构单独出具境外子企业审计报告，同时，还应发挥国有企业内部审计机构日常监督的作用，并及时向外部审计中介机构披露相关信息。四是国有资产监督管理机构要加强内部各部门间的协调和配合，同时要定期组织开展境外企业抽查审计，综合评判国有企业经营成果。根据日常信息分析结果，每年可选择部分国有企业开展境外子企业专项检查，对检查中暴露出来的问题，要有针对性地进行处理并完善相关规章制度。

（三）关于国有企业境外国有资产评估管理

境外产权转让和受让涉及的一个主要问题是价格，价格的确定是转让和受让产权的前提，而资产评估又是价格确定的基础，资产评估准确与否，对国有资产影响较大。2011 年国务院国资委出台的《中央企业境外国有产权管理暂行办法》对境外资产评估作出了一些新的要求：国有企业及其各级子企业独资或者控股的境外企业在境外发生转让或者受让产权、以非货币资产出资、非上市公司国有股东股权比例变动、合并分立、解散清算等经济行为时，应当聘请具有相应资质、专业经验和良好信誉的专业机构对标的物进行评估或者估值，评估项目或者估值情况应当由国有企业备案；涉及国有企业重要子企业由国有独资转为绝对控股、绝对控股转为相对控股或者失去控股地位等经济行为的，评估项目或者估值情况应当报国资委备案或者核准。《关于加强中央企业境外国有产权管理有关工作的通知》首次对聘请境外评估机构做了明确的规定：国有企业及其各级子企业独资或者控股的境外企业发生应评估或者估值的经济行为时，应当聘请具有相应资质、专业经验、良好信誉并与经济行为相适应的境内外专业机构对标的物进行评估或者估值。其中：选择的境外评估或估值机构应当遵守标的物所在国家或地区对评估或估值机构专业资质的相关规定。评估或者估值情况应当按照相关规定进行备案或核准。以上办法和规定只是对境外国有资产评估作了一些原则性规定，实际工作中，由于涉及所在国家或地区的一些特殊规定，是很难操作的，比如对境外评估机构的选择、采取什么方式评估、国有资产监督管理机构如何审核和监督检查等内容，都需要国有资产监督管理机构在深入调查的基础上制定具体的境外资产评估实施细则，进一步指导和规范国有企业及其子企业的境外资产评估管理工作。

（四）关于国有企业境外国有产权登记管理

近年来，随着企业改制、兼并重组，股权结构发生了较大的变化，同时企业产权层级多，有的达到七级及以上，给产权登记工作带来很多问题。实际上，自

2005年以后，国有企业对所属子企业的产权登记工作已基本上处于停滞状态。为了适应当前混合制下国有产权登记管理工作的需要，2012年4月20日国务院国资委出台了《国家出资企业产权登记管理暂行办法》，首次明确从出资人的角度进行产权登记管理工作，国家出资企业拥有实际控制权的境内外各级企业及其投资参股企业应当纳入产权登记范围。此办法的出台完善了国有企业产权监督管理基础工作，在具体实施过程中，需从以下几点着手：一是国有企业及所属子企业要按照文件精神的要求，及时对所有境外子企业进行全面的产权登记。二是国有企业总部和国有资产监督管理机构应及时分析产权登记信息的变动情况，结合财务信息的相关变化情况，发现产权管理中存在的问题，并提出改进措施；同时，通过产权登记信息系统，国有资产监督管理机构应实时掌握国家出资企业相关产权信息，从宏观层面上为国家决策提供参考；国有企业可以利用产权登记系统全面掌握下属企业产权分布、地域分布、行业分布及相关投资情况，为管理层决策提供基础信息。三是国有企业及所属子企业应建立相对独立的产权登记管理机构，配备相应的专业人员，认真做好出资人产权登记工作，对产权信息进行实时更新。

（五）关于国有企业境外国有产权转让管理

由于国有企业境外产权转让受到所在国法律和行业等特殊因素的影响，加之我国境外转让国有产权制度与办法滞后，导致境外国有产权转让随意性较大。同时，由于监督管理不到位，一些国有企业境外产权转让过程中出现的重大损失很难暴露出来，责任也难以追究。为了加强中央企业境外国有产权转让的管理，国务院国资委出台了《中央企业境外国有产权管理暂行办法》，对国有企业境外国有产权转让作出了一些原则性的规定：一是国有企业及其各级子企业独资或者控股的境外企业在进行与评估或者估值相应的经济行为时，其交易对价应当以经过备案的评估或者估值结果为基准。二是境外国有产权转让等涉及国有产权变动的事项，由国有企业决定或者批准，并按国家有关法律和法规办理相关手续。其中，国有企业重要子企业由国有独资转为绝对控股、绝对控股转为相对控股或者失去控股地位的，应当报国资委审核同意。三是国有企业及其各级子企业转让境外国有产权，要多方比选意向受让方。具备条件的，应当公开征集意向受让方并竞价转让，或者进入国有产权转让交易试点机构挂牌交易。四是国有企业在本企业内部实施资产重组，转让方为国有企业及其直接或者间接全资拥有的境外企业，受让方为国有企业及其直接或者间接全资拥有的境内外企业的，转让价格可以以评估或者审计确认的净资产值为底价。五是境外国有产权转让价款应当按照产权转让合同约定支付，原则上应当一次性付清。确需采取分期付款的，受让方须提供合法的担保。以上规定，对国有企业境外转让产权起到了一定的规范作用。

要强化国有企业境外产权转让管理，仅有以上原则性规定还不够，还须做好以下几方面的工作：一是出台一些更加具体的、操作性较强的实施细则。二是国有企业自身必须加强管理，要对转让的项目进行深入调查研究，做好可行性分析和资产评估工作，特别是要吸收法律部门和专业人员的意见，同时公开征集意向受让方，并实行竞价转让。三是对国有企业境外产权转让要进行集体研究决定，履行相关决策程序，层层把关，逐级审批，在没有履行决策审批前不能盲目签订协议。四是建立授权批准和监督管理制度，落实责任追究制度，对违规操作的人员，不管有没有造成国有资产流失，都必须追究责任。

第二节 国企产权登记管理

2012 年 4 月 20 日，国务院国资委发布了《国家出资企业产权登记管理暂行办法》，自 2012 年 6 月 1 日起，在国家出资企业、国家出资企业拥有实际控制权的境内外各级企业及其投资参股企业正式实施。本节通过分析国有产权登记的动因和目前国有企业产权登记存在的问题，探讨国有企业如何贯彻执行产权登记相关制度。

一、国有企业产权登记的动因

国有企业产权登记的动因主要是出资人对产权管理的需要、企业建立现代企业制度的需要、适应股权多元化发展的需要以及企业内部经营管理的需要。

（一）出资人角度管理国有资产的需要

自国务院国资委成立后，企业国有资产产权登记等产权基础管理工作的职能随之从财政部门划归国资委管理。随着国家对企业国有资产的管理由以往的行政管理方式向出资人管理方式的转变，国资委需要从履行出资人职责的角度来改进和规范企业国有资产的产权登记工作。

（二）健全现代产权制度的需要

党的十八大提出深化国有企业改革，完善各类国有资产管理体制。保证各种所有制经济依法平等使用生产要素、公平参与市场竞争、同等受到法律保护。党的十八届三中全会进一步提出健全归属清晰、权责明确、保护严格、流转顺畅的现代产权制度，国家保护各种所有制经济产权和合法利益。企业国有资产产权登记是建立这一制度的基本前提。为建立健全现代产权制度，国有资产监督管理机构必须从国家出资企业角度出发，加强混合所有制下的企业国有资产产权登记工作。

（三）适应股权多元化的需要

随着国有经济布局和结构的进一步调整以及企业改革的进一步深化，股份制逐步成为公有制的主要实现形式，产权管理工作也面临着国有资产广泛分布于股份制企业的新情况。为全面了解、掌握和监管企业国有资产，进一步强化产权意识，理顺产权关系，加强产权管理，建立健全现代产权制度，以适应股权多元化的发展趋势，及时、真实、完整地记载国有资本的分布和变动状况，国家出资企业必须进行产权登记。

（四）国有企业内部经营管理的需要

国有企业通过产权登记，一是可以全面掌握所属企业产权分布、地区分布、行业分布、投资情况、所占股权比例和基本结构情况；二是通过产权变动登记可以了解所属企业改制、增资扩股和转让股权是否按规定履行相关决策程序和批准手续，是否存在违规现象等；三是通过产权登记反馈的信息，可为企业领导层决策提供帮助。所以，做好产权登记也是国有企业内部管理的需要。

二、国有企业产权登记的主要内容

产权登记记载了企业实收资本中国有资本从占有、变动到注销的全过程。产权登记是企业进行改制、资产划转、产权转让、合并分立、对外投资等各项工作的前提。产权登记的主要功能是为国有资产监督管理机构提供必要的信息，信息的准确性、及时性是第一位的，另外，国有企业通过产权登记系统，也可为管理者决策提供参考依据。

国有企业按《国家出资企业产权登记管理暂行办法》以及《关于国家出资企业产权登记管理信息系统建设有关事项的通知》履行出资企业产权登记，主要包含以下内容。

（一）产权登记的范围

国有企业产权登记的范围：企业系统内境内外所有全资子公司、控股子公司、参股子公司都应纳入产权登记范围。各级国有企业中以交易目的持有的为了赚取差价从二级市场购入的上市公司股权以及为了一年以内出售而持有的其他股权，不属于产权登记范围。

（二）产权登记的类型

国有企业产权登记分为占有产权登记、变动产权登记和注销产权登记。

占有产权登记情形：国有企业因投资、分立、合并而新设企业的；因收购、投资入股而首次取得企业股权的，以及其他应当办理占有产权登记的情形。

变动产权登记情形：履行出资人职责的机构和履行出资人职责的企业名称、持股比例改变的；企业注册资本改变的；企业名称改变的；企业组织形式改变的；企业注册地改变的；企业主营业务改变的，以及其他应当办理变动产权登记的。

注销产权登记情形：因解散、破产进行清算，并注销企业法人资格的；因产权转让、减资、股权出资、出资人性质改变等导致企业出资人中不再存续履行出资人职责的机构和履行出资人职责的企业。

（三）产权登记的内容

企业出资人及出资人类别、出资额、出资形式；企业注册资本、股权比例；企业名称及在国家出资企业中所处级次；企业组织形式；企业注册时间、注册地；企业主营业务范围以及国有资产监督管理机构要求的其他内容都是产权登记的范围。

三、目前国有企业产权登记存在的问题

随着国有资产管理体制改革和国有企业改革的不断深入，公司法、企业国有资产法和物权法等法律的实施，特别是混合所有制经济的发展和壮大，企业国有产权登记工作面临越来越多的新问题。

（一）国有产权登记重新定位问题

《企业国有资产产权登记管理办法》规定，国有企业、国有独资公司、持有国家股权的单位以及以其他形式占有国有资产的企业，应依照该办法的规定办理产权登记。但是随着改革开放的深入，目前我国所有制结构在宏观层次上已由单一的公有制发展成为公有制为主体、多种所有制并存的基本格局。在混合所有制经济情况下，企业不断向下投资形成二级、三级甚至更多级下属企业，每一级子企业都有可能融合其他资本，还出现了不同级次子企业之间交叉持股的现象。在国有产权首次与其他所有制产权融合时，产权的界限是能明确区分的。但当这类企业又作为投资主体再对外吸收其他所有制资本投资形成新的企业时，就很难再明确区分其产权的所有制性质，如果此时全部界定为国有产权，则很可能会出现侵害其他所有制股东权益的问题，即“越位”；同时，由于目前有关国有资产监管的政策大多没有明确涉及混合所有制下的产权监管问题，客观上将造成大量的国有资产权益游离于国有资产监督管理机构监管之外，此时的产权登记统计的数据不能真实反映国有产权的数量、分布和权益，即“缺位”。

（二）国有产权登记证效力问题

国有产权登记之初，国有资产监督管理机构一直是把国有产权登记证作为一种所有权凭证来对待。原《企业国有资产产权登记管理办法》界定国有资产管理部门向企业核发的国有产权登记证是企业的资信证明文件；原《企业国有资产产权登记业务办理规则》明确规定产权登记证是依法确认企业产权归属关系的法律凭证，也是企业的资信证明文件。如果将产权登记证作为所有权凭证来对待，就很难回避法理障碍。《企业财务通则》解读中就强调：取得企业国有资产产权登记证，并不免除企业向投资者出具出资证明书的义务，因为前者仅是国有资产管理的行政手段。事实上，从产权登记发展到今天已有很多年，产权登记的法律效力已逐步淡化，产权登记的实质是为国有资产监督管理机构提供必要的信息，产权登记本身不承担监督管理的职能。

（三）境外产权登记存在的问题

由于《境外国有资产产权登记管理暂行办法》是在20世纪90年代由国家国有资产管理局制定发布的，国务院国资委成立后，没有做好有效衔接，导致国有企业境外国有资产产权登记处于停滞状况。近年来，在国家实施“走出去”战略指导下，国有企业在境外投资日益增多，但投资回报并不理想，有的甚至发生了巨额亏损，究其原因，主要是企业盲目进行境外投资，同时境外产权监督管理不够健全，特别是境外产权登记缺失，未能给国资监管机构提供准确的信息。因此，掌握境外企业国有产权的结构、数量和分布，是做好境外国有资产管理的前提条件，也是摆在国资监管部门面前一项紧迫和艰巨的任务。

四、加强国有企业产权登记管理的建议

为了贯彻执行好《国家出资企业产权登记管理暂行办法》，可从以下几个方面加强国有企业产权登记的管理工作。

（一）对产权情况进行全面清理

国有企业要利用实施《国家出资企业产权登记管理暂行办法》的机会，对国有企业及所属企业境内外所有产权情况进行一次全面清理，摸清企业真实准确的产权状况。通过全面产权登记，对国有企业系统内的所属各级子企业产权管理状况进行梳理，摸清业务板块分布、产权分布、级次状况等情况，从中发现诸如交叉持股、产权与管理权分离、资产分散、产权交易程序有待优化等问题，为下一步将要施行的改革提供准确、直观、清晰的依据。

（二）加强产权管理制度的建设

规范的产权管理制度是保证产权登记、资产评估、产权交易和资产转让等工作合法合规的基础。国有企业近几年虽然在建立产权管理方面制定了一些制度和规则，但一些单位仍然存在违规操作的现象，在股权收购、转让过程中未履行资产评估和进场交易等程序，究其原因，主要是产权管理制度的缺失。因此，国有企业应结合实际，以产权登记为切入点，以国资委出台的国有产权方面的管理制度为依据，制定适合国有企业自身管理特点的相关产权制度体系，以指导所属企业的产权管理工作。

（三）强化产权流转的过程监管

实践证明，在目前产权流转过程多样和复杂的体系中，只有产权登记能够记载国有出资企业资本从投入到历次变动直至注销的全部产权演变过程。因此，国有企业应从产权登记入手，依据产权登记的“链条”做好以下工作：一是将产权交易过程中最为关键的行为审批、资产评估、进场交易环节统一纳入国有企业产权管理体系中，避免一个管理主体面对过多机构而可能产生的监督“盲区”，做到产权管理工作“不乱、不漏，不留死角”。二是明确产权管理的牵头部门。国有企业产权管理牵头部门负责整个系统内产权管理制度建设，全程参与经济行为的审批、资产评估备案、产权交易定价和进场交易，境外产权设立、转让、受让以及决策批准等；二级产权管理牵头部门负责重要产权交易项目的实施、对下属单位提出的产权交易方案进行预审核、统一制定产权重组计划以及对其下属机构产权交易行为进行监督等。三是职能部门需相互配合。投资行为由投资部门具体负责，并提出相关建议；境外产权设立、转让等行为由负责国际业务管理的部门提出相关意见；财务审计、资产评估应由财务部门负责把关。四是依靠外部力量，监督产权交易行为。如国有企业可以与产权交易所建立联动机制，即一旦有涉及国有企业的产权进场交易或者涉及国有企业系统内的产权交易行为发生，产权交易所应通知国有企业的相关职能管理部门进行确认。另外，可以要求相关产权交易所每季度提供一份国有企业系统内的产权交易项目清单，内容包括该季度内发生的所有项目的名称、出让方、受让方、成交日期、成交价格等信息，以提升国有企业对产权进场交易的管控力度。

（四）做好与财务数据共享工作

一是做好产权登记信息系统软件与财务系统软件的衔接工作。由于国有企业财务信息系统已覆盖系统内所有独立核算单位，经过几年不断完善，财务账务及报表系统比较成熟，将财务系统的数据与国有企业产权登记等相关数据资料进行对接，进行信息共享，可以减少产权登记信息的工作量，同时也能为国有企业提供更多的有关产权方面的信息。二是强化产权登记信息分析和综合利用。如国有企业可以通过各单位固定资产及无形资产明细表的变动分析，掌握主要动产和不动产的增减变动情况，加强对重要资产的监督管理，防止国有资产流失；通过产权登记与财务决算相关数据对比分析，发现财务系统中产权变动是否真实、准确。此外，通过对产权登记的相关信息进行分析，可以发现不合理产权分布和重复投资的现象，有利于国有企业合理配置资源、理顺产权关系，及时解决诸如产权与管理权分离的状况等。

（五）强化参股企业的后续管理

一是国有企业要利用产权登记的机会，对所属单位对外参股投资进行一次清理，对投资合同履行、投资收益和损失、本金的收回等方面进行重点清理，摸清参股企业的实际财务状况。要深入被投资方现场了解情况，进行调查研究，如发现投资根本无法得到回报、投资已发生重大损失以及财务状况已严重恶化并没有好转迹象的，应根据实际情况及时进行决策，收回投资或进行投资清算，坚持“该退必退”的收缩原则，以免投资损失进一步扩大。二是为了抑制盲日参股、乱投资的现象，强化决策程序，建议国有企业收回下属单位对外参股的权利。对于国有企业系统内的所有子企业参股投资的，不论投资比例多大、投资金额多少，应全部上报国有企业总部批准，未经过国有企业总部批准的，一律不得对外参股。三是加强参股企业的后续管理工作，各级企业必须明确一个主要职能部门具体负责参股公司的后续监督管理工作，及时对参股投资进行产权登记。同时，派出到参股公司的董事或其他人员，应切实履行职责，全面掌握参股公司的经济效益等各项指标，关注参股企业发展，真正代表企业履行监督的义务。

（六）加强产权登记管理队伍建设

为尽快适应国务院国资委对国有企业产权登记管理的更高要求，强化国有企业产权登记工作从业人员的业务素质和管理水平，建议国有企业应积极选派产权登记从业人员参加国务院国资委等国有产权管理单位举办的产权管理相关业务知识的培训，及时掌握国家有关方面政策法规，提高岗位操作技能。同时根据国有企业产权登记管理实际情况，定期组织各级国有企业主要领导及相关产权登记管理人员进行培训，让他们学习和掌握产权管理工作相关的政策和法规，提高各级国有企业对国家出资产权管理的认识，加强管理人源对产权登记工作的责任心，使各级国有企业产权登记工作实现标准化、规范化。

第三节 央企经济责任审计

自国务院国资委第7号令《中央企业经济责任审计管理暂行办法》和《中央企业经济责任审计实施细则》实施以来，对规范中央企业经济责任审计发挥了较大的作用，但在审计实践中，还存在审计对象不够明确、经济责任审计与绩效审计衔接不够、对审计对象的评价如何把握、审计时机的选择等问题。本节结合国务院国资委相关办法及细则，就相关问题进行探讨。

一、被审计对象的确定

现在所进行的中央企业经济责任审计具有明确的针对性，也就是目前所言的“对某某同志任职期间的经济责任审计”。依据《中央企业经济责任审计管理暂行办法》的规定，企业负责人是指企业主要负责人，即法定代表人；如企业未建立现代企业制度，企业的领导人员一般是指厂长或经理，厂长或经理是企业的法定代表人。但是，随着大部分中央企业相继建立现代企业制度，企业的法定代表人发生了一些变化，即董事长是企业的法定代表人。而按照法人治理结构已相继改制成公司的企业，董事长一般是由公司党委书记担任，也有是同一人既担任党委书记、董事长又兼任总经理的特例。依照《中华人民共和国公司法》第十三条规定：公司法定代表依照公司章程的规定，由董事长、执行董事或经理担任。从这一点不难发现，已改制成公司的中央企业，审计对象可以是公司董事长、执行董事或经理。国务院国资委第2号《中央企业负责人经营业绩考核暂行办法》对企业经营业绩考核对象规定是董事长。但是，实际执行的过程中，已改制成公司的企业，不管董事长、执行董事或经理是离任还是任期届满，根据干部部门提出的任期经济责任审计工作要求，都要委托国家有关机关或者聘请有关社会审计组织等方式进行经济责任审计。董事长是由董事会选举产生的，经理是由董事会聘任的，而经理又具体负责公司的生产经营。在不设董事会的公司中，执行董事由股东直接委派，可以兼任公司经理。目前不管董事长或经理是离任还是任职期满，都应该进行审计，这样更能合理划分各自的经济责任，使审计评价更能客观、公正。另外，《中央企业经济责任审计管理暂行办法》明确企业应当建立对主要业务部门负责人的任期或定期经济责任审计制度，这是一项突破，但主要业务部门负责人都是执行者，实施起来有一定难度。

二、经济责任审计内容的界定

《中央企业经济责任审计管理暂行办法》规定的审计工作内容，涉及任职期间企业经营成果、财务收支核算的合规性、资产质量变动状况等内容，同时还对审计工作主要内容进一步进行了细化。但是，由于以上审计对象在某种程度上发生了变化，所以审计的内容也将发生变化。在《中华人民共和国公司法》中规定了经理的职权，但对有限责任公司的董事长职权没有规定，对股份有限公司的董事长职权也仅仅规定了3项内容。由于董事会对所议事项的决定，是由全体董事表决通过，而董事长是由公司董事会选举产生的。所以，对董事长、总经理的审计内容侧重点是不同的，原审计署李金华审计长曾经强调，“企业的经济责任审计主要应关注企业有无重大违法犯罪问题，会计报表的真实性问题，即有无做假账问题，以及资产质量问题、内部控制是否健全等深层次的问题，不要拘泥于一些鸡毛蒜皮的小事，纠缠于一些细枝末节”。由于总经理是由董事会聘任的，对总经理的审计应关注任职期间企业经营成果的真实性、企业财务收支核算的合规性、企业资产质量变动状况等方面，重点是生产经营活动、管理工作，组织实施董事会决议落实情况等；而对董事长的审计应关注任职期间做出的有关对内对外投资、担保、出借资金和大额合同签订等重大经济决策是否符合国家有关法律规定，是否存在问题或造成重大损失，重点是决策职能的履行情况等方面。可见，企业负责人任职期间与其经济责任相关联的经济事项、行使权力的行为和结果，是企业负责人审计应关注的重点内容。同时，中央企业已将财务等主要业务部门负责人经济责任审计纳入审计范围中，但对财务部门等主要部门负责人的审计涉及的相关内容没有明确规定，给审计工作带来较大的风险，建议国务院国资委尽快制定对部门负责人审计的相关内容，使审计工作有章可循。

三、经济责任审计的评价

在审计实践中，有的领导向审计人员提出：“你们搞经济责任审计，可是我不明白我应当承担哪些经济责任”。提出这个问题不是没有道理，经济责任审计的核心就是划分和评价审计对象的经济责任，如果责任不明、职责不清，就无从确定审计内容，审计评价也就没有依据。要使经济责任审计评价意见符合客观性、充分性、公正性的要求，首先，审计应当分清企业负责人本人应当负有的直接责任和主管责任。直接责任是指企业负责人因对主管的资产经营活动和财务管理事项未履行或者未正确履行职责，致使企业经营管理不善，或由于决策失误而事后又处理不力以及违规操作等，造成所在企业经济损失或经济效益下降应负的经济责任；主管责任是指企业负责人在其任期内对其所在企业资产和财务状况，以及有关经济活动应当负有的直接责任以外的领导和管理责任。正确区分直接责任和主管责任以及对企业负责人任职期间的经营业绩如何进行客观、公正的评价，是经济责任审计的难点。其次，正确界定前后任责任。经济责任审计是对特定时期的经济责任履行情况进行审计，而经济活动具有连续性，这就存在前任领导的决策、效果反映在后任领导期间。审计时必须划清前后任责任，前任的功过是非不能计算到后任身上，后任的经济责任也不能推给前任。因此，界定经济责任乃为第一要务，值得我们进一步去探索。对中央企业的经济责任审计应重点建立健全科学规范的评价体系。经济责任审计评价对象是中央企业的领导干部，更具有针对性；其评价内容是任期经济责任，更具有特殊性；其评价结果是对干部考核任用的重要参考，更具有严肃性。评价体系包括评价、考核两个指标体系，要对每个指标的内涵、外延进行明确界定，对评价标准进行量化，把定性分析评价与定量分析评价结合起来，使审计评价工作具有可操作性，定性评价标准，应紧紧围绕经济责任来建立，突出真实性、合法性、效益性原则；同时还应对内部控制及其执行情况进行审计评价。定量评价标准，应依据一定的原则和标准，科学地从数据角度界定，分析衡量中央企业的领导干部的经济责任。评价的内容主要是财务收支的真实性、完整性；经济活动的合法、合规性；领导干部是否存在短期行为；国有资产是否保值增值，重大决策的规范性、效益性等几个方面。这样可以确保审计评价结果的公正性。

四、选择最佳审计时机

在实际执行中，存在的“先任后审”和“先离后审”现象是中央企业经济责任审计面临的问题。领导干部已到新岗位上任（特别是提拔重用），再对他的原任经济责任实施审计，审计人员很难站在客观、公正的立场进行评价，这样的审计已经意义不大，必然导致审计流于形式、走过场。根本解决方法是选择最佳审计时机，一是“先审后离”。这种方式可以比较准确地评价中央企业领导干部任职期间履行经济责任的情况，为组织部门提供干部任免的准确依据，如发现存在重大决策失误、国有资产的流失等经济业务连带责任或因经济活动需要暂时不能离任的可继续留任；对于业绩平平者可就地免职或降职。二是任中审计、年度审计和离任审计结合。任中审计、年度审计可以揭示一些苗头性、倾向性问题，可以从源头上预防和治理腐败。审计部门应充分关注中央企业领导干部的任中审计、年度审计，这种方式无论在内容上还是时间上都具有前后任期的衔接性，任中审计、年度审计可为以后的离任审计打下坚实的基础，为以后的离任审计争取时间。同时，这种相结合的审计方式，需要相关部门有效协作，使审计不仅达到评价监督中央企业领导干部的目的，而且可以将违纪违规问题及时揭露出来，使国家和集体财产免遭或少遭受损失，使领导干部任期经济责任审计不流于形式，从而真正为人事部门任用和选拔干部提供客观依据，将审计监督长效化、科学化、制度化。实践证明，前移监督关口，更有利于审计结果的运用。

五、绩效审计与经济责任审计相结合

绩效审计一直在探索中，任期经济责任审计必须以效益审计为基础，开展任期经济责任审计，意味着必须首先开展经济效益审计，但这却面临许多困难。因为在审计过程中，微观经济效益容易确定，宏观经济效益难以把握；经济效益容易确定，社会效益难以判断；当前经济效益容易确定，长远经济效益难以预测。因此，对效益性目标缺乏合理明确的界定，是影响任期经济责任审计质量的一个关键因素。如国家投资近30亿元建设的福建长乐国际机场，由于建设规模过度超前，旅客量和货邮量只达到设计规模的1/3左右，航站楼和机场生活区大量闲置，运营5年累计亏损达11亿元。如何在经济责任审计中揭露决策失误？如何适应审计绩效化的要求？要积极拓展经济责任审计的范畴，把绩效审计融入经济责任审计中，是经济责任审计的关键环节。审计署《审计工作发展规划》指出："绩效审计以揭露管理不善、决策失误造成的严重浪费和国有资产流失为重点，促进提高财政资金管理水平和使用效益，维护国有资金安全。"这其实从纲领上要求把绩效审计和经济责任审计相结合，审计部门应认真探索两者结合的新路子，把中央企业领导干部是否用好纳税人的钱，是否存在决策失误，造成国有资产巨额损失浪费或流失，是否在决策时讲究社会效益、环境效益、经济效益相协调等情况纳入审计中，促使中央企业领导人员绩效导向的科学化。所以，审计部门应正确理解审计工作在人事任免工作中起到的作用，变被动为主动，建立相关的经济责任审计指标体系，依据《中央企业负责人经营业绩考核暂行办法》相关规定，结合常规审计，为在任中央企业领导干部建立个人台账，用先进的信息技术对经营者的经营业绩责任书执行情况实施动态监控，建立重大的安全生产事故和质量事故、重大经济损失报告制度，为经济责任审计打好坚实的基础。

六、审计期间的界定，部分指标的分割

依据《中央企业负责人经营业绩考核暂行办法》的规定，任期经营业绩责任书以3年为考核期，从这一点可以理解为中央企业负责人经营业绩的考核期一般为3年。由于人事任免工作的特殊性，如果企业负责人任期没有到3年或超过3年，接任者或离任者也不是在年度末或年度初这一时点接任或离任，加之目前中央企业上报的会计报表一般只有季报和年报，而月度一般仅是快报，那么如何解决任职期间与审计期间时间差异问题，关系到企业负责人任职期间的审计评价。企业负责人任期不满三年应审计整个任期；任期超过三年的，应重点审计近三年经营业绩、财务状况、资产保值增值等内容，对经济决策失误给企业造成重大损失、资产状况严重不实、经营成果虚假等问题，审计时间可追溯到以前年度。如接任者是某季度的第一个月或第二个月上旬接任，可不将该季度划分为责任期；反之，可将该季度划分为责任期。如离任者是某季度第二个月下旬或第三个月离任，可将该季度划分为责任期；反之，可将该季度不划分为责任期。同时企业是一个持续经营的会计主体，其各项指标的完成情况具有复杂性和连续性，

所以对各项指标应分割计算，特别是对一些重大的投资决策、重要的经营项目的影响往往超过几年甚至更长时间。因此，审计人员在进行指标分割时应注重“实质重于形式”，遵循谨慎性原则，特别应注意企业负责人前任的重大决策的影响，以及“或有事项”和“潜在事项”对企业负责人任期的审计内容的影响，审计时应进行严格界定和区分，正确合理划分前后任期企业负责人的经济责任，防范审计风险。

第四节 国企会计报表审计

根据《国务院关于整顿会计工作秩序 进一步提高会计工作质量的通知》，为了进一步提高国有企业年度会计报表质量，充分发挥社会中介机构在企业财务会计监督中的作用，财政部制定了《国有企业年度会计报表注册会计师审计暂行办法》，根据规定，国有企业年度会计报表，其资产负债表、利润表、现金流量表和其他附表及会计报表附注应于年度终了在规定的时间内委托会计师事务所实施审计。

近年来，《国有企业年度会计报表注册会计师审计暂行办法》对规范企业年度会计报表编制，真实、全面地反映企业的经营成果有较大的促进作用，但在执行中也存在不少问题。2015 年 8 月 31 日，财政部发布会计信息质量检查公告第 33 号，主要内容如下：2014 年财政部统一组织全国各省、自治区、直辖市、计划单列市财政厅（局）和新疆生产建设兵团财务局开展了会计监督检查工作。各地财政部门共检查企业、行政事业单位 20635 户、会计师事务所 1358 户，发现各类违规问题涉及金额 690. 81 亿元。检查发现，仍有部分单位执行会计法和相关制度不到位，在内部控制、会计核算、缴纳税款等方面存在问题：部分单位内控制度不健全或执行不到位，存在会计核算不实、随意调节利润、以假发票报账、违规发放补贴等问题，少数单位存在私设“小金库”、少缴税款、编制虚假财务报告等问题。部分会计师事务所风险导向审计流于形式，未履行必要的审计程序，审计证据获取不充分，审计报告披露不全面，个别会计师事务所甚至出具虚假审计验资报告；部分会计师事务所管理薄弱，存在自身会计核算不规范、未按规定计提职业风险基金等问题；少数会计师事务所存在恶性竞争、审计收费偏低、未按规定进行业务报备等问题。出现这种现象既其有主观原因，也有客观原因。本节结合实际工作，就国有企业会计报表审计中的相关问题进行探讨。

一、面临的困难和问题

国有企业年度报表审计面临的问题比较多，如企业领导人对审计报告重视不够，审计报告用途不广；审计时间不足，加大了审计的难度；缺乏风险意识和责任意识，导致审计执业质量不高；企业财务管理不规范，增加审计难度等。

（一）不重视审计报告

长期以来，国有企业一直由会计师事务所审计并出具审计报告，有的国有企业不理解、不习惯注册会计师审计，有些国有企业仅仅为了应付上报会计报表及营业执照年审需要而进行审计，有的企业报表已经报出，然后再请注册会计师审计。由于社会上对审计报告还没有广泛使用，加之企业负责人将注册会计师报表审计与政府审计混为一体，所以，导致企业不愿委托会计师事务所出具审计报告，或满足于走形式。

（二）审计时间不足

国有大中型企业，其分支机构较多，组织结构复杂，会计报表层层汇总，而给注册会计师审计的时间极为有限。如某国有企业集团总部要求其下属二级集团公司必须于20×4年2月底将上一年度汇总会计报表随同审计报告一并上报。而二级集团公司所属的子公司一般在2月初才能将本单位上一年度会计报表上报到二级集团公司，二级集团公司汇总需要时间，加之行业特殊性，工点分散，交通不便，如该二级集团公司所属的子公司分布几个省，而其中一个子公司所属的项目部又分布在几十个工点上，按照现行审计程序的规定，对某一单位出具审计报告，一般抽查面要达到总资产50%、收入的60%以上，要想在这么短的时间内抽查这样大的资产面是不可能，规模大的会计师事务所一般不愿意接受委托，如接受委托按稳健原则，只能出具保留意见、否定意见或拒绝发表意见的审计报告。所以，有些大型国有企业转向委托规模小、制度不健全、没有取得大型国有企业审计资格的小所审计，因而无法保证审计报告的质量。

（三）缺乏风险意识和责任意识

按照法律规定，有限责任事务所注册资金一般为30万元人民币，所以，事务所承担的责任仅以30万元为限。由于风险和责任不匹配，使得部分会计师事务所及注册会计师，钻法律的空子，违反《中国注册会计师独立审计准则》的要求，不顾执业质量以及自身条件的限制，为追求经济利益而盲目承揽业务，他们缺乏风险意识和责任意识，普遍认为国有企业年度会计报表审计风险不大。同时会计师事务所内部监督和制约机制不健全，因而没有按照要求签订业务约定书，审计范围偏小，未能对应收账款作必要函证或缺少替代程序，审计工作底稿不规范，勾稽关系不明等，这些是导致审计质量不高的主要原因。

（四）企业财务管理不规范

按照注册会计师独立审计准则的规定，被审计单位应积极主动配合审计人员，真实、全面、完整地向注册会计师及会计师事务所提供财务、会计资料及审计工作所需要的其他相关资料，并承担相应的会计责任。企业虽然同会计师事务所签订了《管理当局承诺书》，但在执行时，有些国有企业核算不规范，财务管理不健全；有的账表、表表不符；有的少数财会人员素质较差，不按规定进行会计处理，钻财经政策的空子，迎合领导的不正当要求，故意违反国家财经制度，隐瞒真实情况；更有甚者将由企业提供的简单审计工作底稿复杂化，浪费审计时间；有的少数企业采用随意选择报表合并范围等办法操纵会计信息，同样增加了审计的难度。

二、建议及改进措施

对加强年度报表审计，本节主要从明确委托审计范围主体、会计师事务所合理安排执业时间、加强对会计师事务所外部监管、提供企业内部审计的审计成果、加强会计人员继续教育、增强会计人员职业道德等方面提出相关建议。

（一）明确委托审计范围主体

《中华人民共和国注册会计师法》第十六条规定："注册会计师承办业务，由其所在的会计师事务所统一受理并与委托人签订委托合同。"《国有企业年度会计报表注册会计师审计暂行办法》第三条规定："企业应在规定时间内自主委托会计师事务所对其年度会计报表进行审计。"以上两条并未规定委托审计主体，由于国有企业投资者代表没有真正就位，导致国有企业在委托注册会计师从事审计业务时，委托者即是经营者，可想而知，国有企业经营者委托会计师事务所进行审计，在有的国有企业领导者需要政绩的情况下，注册会计师能对经营者的经营成果和经营业绩作出客观、公正的评价吗？解决这一问题必须对《国有企业年度会计报表注册会计师审计暂行办法》进行补充：第一，明确委托审计范围主体，即有权委托国有企业审计业务的具体部门，如有限责任公司规定应由董事会委托会计师事务所进行审计，国有企业可规定由投资主体委托会计师事务所对其进行审计。第二，明确规定会计师事务所不得接受无权委托人委托审计业务，如果会计师事务所越权、超范围承接委托业务，应追究其会计师事务所和注册会计师的法律责任，这样才能真正从源头上防止企业委托会计师事务所审计弄虚作假、违法违规行为的发生。

（二）会计师事务所合理安排执业时间

在会计师事务所都拥有相当数量的客户情况下，可能会出现审计人员不能按时完成审计业务的情况，为解决好这个问题，委托方与受托方应在相互信任的基础上，相对拉长年度会计报表的审计时间。具体做法有二：一是在期中要求出具审计报告的会计师事务所对所负责审计的企业实施符合性测试，待年度审计时只是在此基础上通过抽取少量样本予以补充。一般而言，国有企业可以要求会计师事务所在期中对除现金盘点、银行存款的函证以外的，如存货的监盘、往来账项的函证等，实施实质性测试，尽量减少年度的工作量，在整个年度结束后，再进行综合，发表审计意见。二是要求会计师事务所，在年度结束前 2 个月，对工作量大、耗费时间长的项目，如内部控制调查和测试，存货的盘点等审计项目可先要求会计师事务所进行审计，这样做，既可以为注册会计师进行会计报表审计提供充足的时间，使之充分关注会计报表的形成过程，也可以减轻会计师事务所业务繁忙时人手不够的问题。

（三）加强对会计师事务所外部监管

《中华人民共和国会计法》第二十一条明确规定“财政部门有权对会计师事务所出具审计报告的程序和内容进行监督”，从而为注册会计师作业的检查、监督提供了与注册会计师法相协调的法律依据。财政部及财政部驻各地财政监察专员办事处和各级注册会计师协会应加强会计师事务所的日常监管职能，依法对注册会计师任职资格和执业情况进行年度检查和不定期抽查，扩大抽查会计师事务所及注册会计师执业的检查面，发现问题就要进行严肃处理，加大处罚的力度。2015 年，各地财政部门共依法作出对 91 家会计师事务所予以警告、没收违法所得、罚款、暂停经营业务、撤销等行政处罚，其中对厦门呈祥源联合会计师事务所、泉州丰泽泉信联会计师事务所作出给予撤销的行政处罚。同时，对 159 名注册会计师作出予以行政处罚，其中对 107 名注册会计师作出予以警告、45 名注册会计师作出予以暂停执业、7 名注册会计师作出予以吊销注册会计师证书的行政处罚。其根本目的在于教育、警示整个注册会计师行业，以期能够从中吸取教训，引以为戒。应加强注册会计师后续教育及年审工作，不要只顾收费而走过场，杜绝后续教育学习由别人代学、代考试的现象发生，从而提高注册会计师行业职业道德水平和执业质量水平。

（四）提供企业内部审计的审计成果

内部审计机构是企业自我约束机构的一个重要组成部分，大量事实证明，凡是内部审计开展得好的企业，注册会计师查出的违纪违规问题就少。所以内部审计机构要开展资产、负债和损益审计、主要领导离任审计、会计报表期中审计。会计师事务所在对企业进行审计时，企业应主动提供全部的内部审计报告、有关档案、审计建议书等资料，注册会计师在评价所提供的资料时，认为形成内审工作成果的相关内部控制健全，且其日常管理又一贯遵守的，便认为该企业内部控制能力较强，可以信赖在该控制下形成的内部审计工作结果，这样就可减少注册会计师某些审计程序，提高审计效率，节省审计时间；反之则相反。

（五）加强会计人员继续教育

增强会计人员职业道德，提高财会人员的综合素质，也是注册会计师进行审计时节约时间一种途径。在社会主义市场经济进一步深化。法制日益健全的今天，会计人员要不断学习新知识，要认真学习《中华人民共和国会计法》和《企业会计准则》等法律法规，积极参加《会计人员初、中级技术职称资格》考试，有条件的情况下，可以支持会计人员参加注册会计师资格考试，提高会计人员自身的理论水平，提高会计人员敬业爱岗精神，不断培养熟悉法规、依法办事、客观公正，严守秘密的会计人才。正确处理好会计与企业、企业效益与社会效益的关系。只有在会计人员综合素质提高的基础上，注册会计师在进行审计时，才不会浪费较多时间和精力，从而保证会计师事务所能按时出具审计报告。

第五节 国企内部审计管理

我国目前正处在改革开放和经济建设的关键时期，由于市场竞争日趋激烈，对现代国有企业的内部管理提出了更高的要求，而内审制度是现代企业自我监督、自我约束机制的重要内容和有效手段，与企业管理会计息息相关。但是，当前国有企业领导人对内审认识和重视程度不够；行业的特殊性和规模的不断扩大，使得内审力不足的矛盾日益突出；内审独立性受到制约，审计决定执行难；项目审计时间严重滞后，审计计划执行较差；审计人员素质参差不齐，进一步削弱了内审工作的作用。针对以上存在的问题，如何做好现代国有企业内审工作是现阶段提高企业管理水平的关键所在。下面以国有建筑企业为例，探讨如何加强内部审计管理。

一、提高认识，重视内审工作的重要性

国际内部审计师协会内部审计标准委员会关于内部审计的定义：“内部审计是一项独立、客观的保证和咨询活动，其目的在于增加价值和改进组织的经营。”定义明确了内部审计的目标是增加企业价值和改善经营，进一步强调了内审的重要性。国有建筑企业领导人要转变思想观念，提高对内审工作的认识，在目前现代国有企业减员增效的环境下，审计工作不但不能削弱，而且还要进一步强化，只有这样，才能促进审计工作向纵深发展。

二、确保机构独立性，做好内审工作

《审计署关于内部审计工作的规定》对设立内部审计机构进行了严格的规

定。要实现内部审计机构独立的目标，关键是要贯彻落实规定，各单位要按规定对没有设立内审机构或内审机构没有独立的按照规定健全和完善，企业领导人要重视此项工作，各级审计机关和内审协会要加强检查和监督，确保内审机构的独立性。

三、提高内审地位，把控工作质量

内审报告质量是反映审计部门的水平和审计人员素质的基本尺度，也是引起企业领导重视的一项重要内容，内审人员要在审计创新上动脑筋、想办法，力求营造一个良好的审计环境：一是内审应当完成由“监督导向型”向“服务导向型”转变，在国有建筑企业中更好地发挥建设性、防护性作用。积极开展审计项目，特别是经济效益审计，分析存在的问题，提出有建设性的合理化的建议，促进企业增收节支、开源节流、降低成本费用和提高经济效益。二是抓好重点项目审计，营造良好的审计环境。要注意抓好所属单位领导重视审计、支持审计的典型，宣传被审计单位中无违纪违规问题的先进单位，特别对被审计单位在管理方面的经验进行宣传。三是审计人员要做到“有为才有位”，对每项审计任务，审计人员都要认认真真，不能走过场，要将存在的问题查深查透，找到存在问题根源，及时提出建设性的建议，提高内审工作的威慑力，只有这样才能得到领导的重视。

四、保证审计决定执行，维护审计机构权威

内审报告是内审机构的劳动成果，是内审人员对具体审计项目的总结。内审机构应建立审计决定执行检查反馈制度，对一切说情拉关系活动坚决拒之门外。国有建筑企业领导人应充分尊重其批准的审计决定，不能姑息迁就，对审计中查出的违规违纪现象要有坚决查处的决心，对管理中存在的问题不怕曝光，以维护内审机构的权威，为内审机构创造一个良好宽松的审计环境。

五、制定切实可行方案，动态掌握项目进展

首先，在进驻现场审计前，应对项目的基本情况进行调查了解，可以要求被审计单位提供相关资料或设计一些表格，在此基础上，精心安排审计工作方案，审计主审人员要认真制定实施该项目审计的范围、内容、目标、重点、步骤及审计需要的时间，合理组织，针对参加审计小组的成员特点，进行合理分工，避免审计小组进驻现场才编制审计工作方案，盲目进行审计的现象。其次，对于因工程项目审计的时间间隔不同，加之审计时间短，有时几个项目安排在同一时间审计，导致内审人员严重不足的情况，可以选聘其他工程项目的财务、技术、预算等部门的主管或业务水平较高的其他专业人员作为兼职审计人员。由于兼职审计

人员非常了解施工一线工程项目各个环节的实际情况，在正式审计时，可将兼职审计人员纳入到审计组的正式成员中。由于兼职审计人员有较丰富的实际经验，所以能提出切实可行的建议。最后，将计算机应用技术引入到国有建筑企业审计中，自行开发适用的应用软件，建立企业在建工程项目数据库，对所属单位的全部工程全面实行动态管理，随时掌握工程的相关信息、进度，将所属单位工程项目部的会计报表等各项财务数据及工程项目完成情况等相关资料输入审计资料库，只有这样，才能随时掌握所属单位工程的施工情况和财务指标变动情况，为安排审计工作方案奠定基础。

六、抓好内部控制评审，完善内部管理

内部控制是国有建筑企业自我约束机制的具体体现，要确保内部控制被切实执行且执行效果良好，内部控制起着重要作用。一是开展内部控制的评审，从检查内部控制制度入手，通过对内部控制制度的符合性和实质性测试，发现问题，提出审计意见，督促其按章办事。二是随着企业内部结构、外部环境的巨大变化，国有建筑企业集团以及母子公司体制的建立，都迫使企业不断确立新的控制点，不断废除、修订旧的规章制度，完善各项规章制度，以满足实现内部控制的需要。开展内部控制的评审，通过对控制制度的健全性测试找出管理中存在的问题，可以堵塞管理漏洞。三是有利于促进企业科学管理，提高国有建筑企业整体效益。如在材料物资供应环节，应结合材料物资供应的有关管理制度的规定，组织有针对性的评审，对采购计划、储备定额、采购合同、材料发出等控制点进行评审，可以发现不完善之处，针对性提出审计处理意见，间接为企业增加效益。

七、合理安排审计计划，克服时间滞后性

内审部门在上一年年末编制下一年度审计计划时，应合理安排，确定重点，在时间安排上要留有余缺，避免因临时安排的审计项目影响正常的项目完成。一是上年末，内部审计部门要与干部部门进行沟通，拟出下一年需要离任审计、经济责任审计的单位和人员，再结合财务收支审计、项目中期审计、项目终结审计等内部审计事项，确定年度企业内部审计计划，以便内部审计人员合理安排时间，保证纳入年度审计计划，使项目得以顺利实施。二是对临时调动的子（分）公司和项目部的主要领导人员，干部部门也要通知审计部门，对年度审计计划中离任审计或经济责任审计进行调整，安排人员及时进行审计，避免因时间滞后影响审计时效和审计责任的认定，增加内部审计复杂性。三是对纳入年度审计计划或调整计划的项目，内部审计部门不能因人员不足等原因，随意减少审计项目，而应该采取灵活应变策略，通过借调企业财务、工程经济、工程管理等人员，充实到审计项目中，使年度内部审计每一项计划得到完成，真正发挥内部审计监督作用。

八、加强内审队伍建设，培养复合型人才

近年来，内审事业发展很快，市场经济和社会各界对内审提出了更高的要求，内审人员要想有为、有位、有威，当务之急是要全面提高内审人员的综合素质，要培养内审方面的复合型人才。一是审计机构在人员构成上也应该是多样化，不仅要有懂财务及审计的人才，还应配备懂工程技术、经济、法律、计算机技术的复合型人才。二是要选拔有经营管理才能的人员充实审计队伍。由于审计是高层次的监督，工作中不但需要懂专业，而且更需要善管理的审计人才。三是要鼓励内审人员积极参加注册会计师考试（CPA）和国际内部注册审计师考试（CIA），学习先进的国内外审计技术和方法，只有这样，才能提高内审人员的综合素质。

第六节　施工工程项目终结审计

财政部《内部会计控制规范——工程项目（试行）》第二十五条中明确规定："单位应当建立竣工决算审计制度，及时组织竣工决算审计。未实施竣工决算审计的工程项目，不得办理竣工验收手续。"从这一点看出，工程项目竣工，是一定要办理终结审计的。但是，现在有的大型工程项目竣工验收后两年甚至更长时间也无法开展终结审计，有的虽然进行项目终结审计，但迟迟不能出具正式的审计报告。究其原因，主要是项目经理的工作变动、工程竣工收尾遗留等其他问题很难较快解决，加之审计人员严重不足等。

一、工程竣工验收后遗留事项

工程项目竣工时的收尾遗留事项主要包括调概索赔收入不能确认；部分分包工程未办理决算手续；工地返还的废料、废旧机械等尚未处置，不但难以确定数量，而且处置价格也不易确定；虽然工程已经竣工验收，但还要负责向建设单位移交各种技术资料，发生的后期成本，包括工资、办公费在内的成本费用也还难以预计；应收账款、质保金、履约保证金能否按期收回尚未确定等。收尾遗留事项在很大程度上影响着项目盈亏和资金回收，而且持续时间可能很长，对终结审计评价盈亏结果带来较大风险。所以，工程竣工验收后遗留事项处理是终结审计先决条件，只有遗留事项基本解决完毕，审计人员出具的审计报告才能保证客观、公正。

二、工程项目终结审计时机选择

工程项目终结审计的时机选择是审计部门首先应关注的事项。审计时间过

早，有些收入、成本难以确定，很多数据是预测数、估计数，达不到终结审计的目的；审计时间过晚，项目主要人员升迁或调离，可能缺乏必要的人员配合，相关资料又难以收集，审计工作同样难以开展。审计部门对工程项目已经竣工验收或已竣工但没有验收时可安排终结审计，此时可进行内部控制制度的调查和测试，包括对现金监盘、库存材料的抽查、银行存款的函证、往来账项的函证、盈亏结果等开展实质性测试工作；但暂时不出具正式的审计报告，而是对工程项目遗留事项进行跟踪监督，随时掌握项目的收入及后期成本等情况，直到项目结清债权债务，以及其他遗留事项基本解决后再出具审计报告，这种方式能有效地降低审计人员终结审计的风险，提高审计报告的质量。

三、分阶段实施审计

对工程量大、施工跨度长、影响大的重点项目视情况可进行前期、中期、终结三个阶段的审计。首先，建立在建筑工程项目数据库，对所属单位的工程全面实行动态管理，随时掌握工程的相关信息、进度，将所属单位工程项目部的会计报表等各项财务数据及工程项目完成情况等相关资料输入审计资料库，这样可以随时掌握所属单位工程的施工情况和财务指标变动情况。其次，前期审计可在工程项目总承包合同已正式签订、施工队伍已组建并进场且具备施工条件后进行；中期审计一般在工程量或工期完成50%左右时进行，若项目出现重大亏损、非正常停工等情况，可根据需要安排中期审计；终结审计一般安排在项目竣工验交时进行。最后，前期审计主要关注内部控制制度的建立、施工管理评价、主合同评审等；中期审计主要关注项目施工管理状况评价，核实项目资金收支和财务状况、项目盈亏预测、项目资金需求分析等；由于前期、中期审计已对工程项目内容进行一定的了解和掌握，所以终结审计相应可减少符合性测试工作，而重点可集中在核实项目资金收支和财务状况、核实盈亏、项目评价等工作上。这样既可以减少工程终结审计的时间，又可以减轻审计部门业务繁忙时人手不够的问题；更主要是分阶段实施审计能及时掌握工程的进展情况，分析工程项目存在的问题，随时发现管理中不健全的地方，出具“管理建议书”，提请被审计单位注意，避免直到工程项目竣工后才发现严重亏损的现象。

四、先审后离

有的施工项目持续几年以上，在这期间有的项目经理升迁和离任，由于干部部门没有及时安排离任审计，接任者就匆忙接任，这样可能导致两者的责任不清。所以“先审后离”是终结审计的重要前提。企业领导部门特别是干部部门要对现职审计予以足够的重视，审计部门在编制年度计划时应与干部部门进行协商，尽可能将工程项目经理的离任审计纳入计划。同时，干部部门委托的离任审计的时间要安排在项目经理解除和升迁之前进行，这既可以解决被审计的经理不在场，一些相关事项得不到确认而影响审计结果现象的发生；又可以把离任审计真正纳入干部选用制度上来，避免离任审计流于形式。

五、评价责任预算完成情况

工程责任预算编制要科学合理，能够代表企业和职工双方利益，工程责任成本管理才能有好的效果。目前责任成本管理中存在几个主要问题：一是部分项目的工程责任预算编制是在没有具体分析的情况下简单采用确定管理率再倒挤成本的方式确定的；二是尽管部分项目的工程责任预算是通过正常的测算和分析确定的，但对施工过程中发生的工程量变更、调概索赔收入，往往不重新测算责任预算，而是简单地按原来的测算管理费率倒挤法确定；三是责任预算执行过程中，通过过程控制和分析发现不合理的内容，不及时加以调整。这些缺乏公正性的责任预算标准，给审计人员通过终结审计对项目的工程责任预算完成情况进行公正评价带来了较大困难。

六、对项目盈亏结果进行分析

承担工程施工的目的是为企业带来经济效益。所以，对项目盈亏结果进行分析就是终结审计的重点内容，应从工期、分包工程等方面进行重点分析。首先，工期是影响成本的关键因素之一，如果工期延长必然会增加固定成本及相应的变动成本。这时审计人员可以从是否存在前期工作不力、施工方案不合理、重大安全质量事故、分包队伍选择失误等方面进行分析。其次，如果分部分项工程实际成本与责任预算的单价与数量存在较大差异，可以从大宗材料采购是否实行招投标制度，零星材料采购是否货比三家，是否实行定、限额领料制度等方面为切入点，分析形成盈亏的原因。最后，通过查阅分包合同和结算等相关资料，核对分包工程量，按图纸及统一的工程量计算规则，按预、结算编制的程序和项目要求逐项逐条计算、汇兑，然后与分包工程结算的工程量进行比较，从而达到工程量复核的目的。在核实分包工程各种变更、签证的签字审批手续时，其审批程序必须经施工技术人员、施工负责人、项目负责人三方签字，对影响较大的变更费用应有设计部门的变更单为依据，同时还要进一步查对施工记录，实地勘察设计变更的部位，以判断设计变更的真伪。

七、实行专兼职人员相结合和联合审计

由于工程项目施工地点分散，点多线长，有时几个工程项目在同一时间竣工，这给审计部门安排终结审计带来挑战，目前，审计部门的人员紧缺的局面越来越明显。针对这一问题，企业可以选聘工程项目的财务、计划、技术、预算、

法律等部门的主管或业务水平较高的其他专业人员作为兼职审计人员，以弥补专职审计人员知识单一的缺陷。同时针对一些国家重点工程项目及群众关心的疑点项目，发挥集团公司优势，由总部审计人员或吸收外部中介机构的审计人员及相关业务部门人员组成联合审计组，共同进行审计。这样可以加大审计的力度，既能提高审计的效果，又能确保终结审计的质量。

八、确认工程索赔是否正确

工程索赔的确认是否正确对工程项目的盈亏影响较大，如果没有得到项目监理和建设单位共同签字确认，一般不能计入项目实际收入。审计人员应检查被审计单位的索赔事项是否已经造成了事实上的额外费用增加或工期损失；检查被审计单位是否在事项发生后的合同规定时间内，提出了书面的索赔通知；检查被审计单位是否有了明确的事实依据和工地监理工程师的签证、记录。由于实际施工中变化因素较多，因此多数索赔实际上难以界定，索赔金额更是难以准确计算。所以审计人员在审计中除检查上述内容外，还要对照投标文件、投标承诺，合同条款是否属于被审计单位的责任，来确定索赔是否成立，并从谨慎性原则出发，充分运用职业判断，合理确认工程索赔收入。

第七节 企业年度审计计划编制

《内部审计具体准则第1号——审计计划》规定，年度审计是指内部审计机构和人员为完成审计业务，达到预期的审计目的，对年度的审计任务所作的事先规划，是组织年度工作计划的重要组成部分；年度计划应在下年度开始前编制完成，并报组织适当管理层批准，以指导内部审计机构下年度的工作。

一年的审计工作能否在服务领导决策和实现企业管理上台阶方面有所作为，能否为提高企业经济效益提出有建设性的合理化建议，很大程度上取决于年初审计项目计划的制定是否科学、合理和有效。

一、遵循“全面审计，突出重点”原则

内部审计是利用审计监督手段，从不同的层次，不同的角度发现问题，提出解决这些问题的建议，最终达到提高经济效益的目的。内部审计的范围和内容涉及企业生产经营的全过程，审计任务相当艰巨，因此，在当前审计资源严重不足的情况下，内部审计工作更要突出重点，不可面面俱到。所以，在制定年度审计计划时要突出重点审计项目。突出重点：一是要围绕本单位生产经营目标和重点，积极开展绩效审计、管理审计；二是要围绕领导关心的重点、难点问题和职工关注的热点问题进行审计；三是要围绕加强干部管理，促进廉政建设，做好经

济责任审计。凡是有利于促进企业深化改革，有利于企业生产经营中心工作的开展，有利于内部控制制度的不断完善，有利于企业管理不断提高的审计项目，都应列入年度审计计划。

二、深入现场调查了解

年度审计计划制定是否合理、是否有效，关键是审计人员对企业生产经营等方面的了解程度，《内部审计具体准则第 1 号——审计计划》第十一条规定："在制定年度计划前，审计人员要深入现场调查，了解如产品生产过程中的材料领用、生产组织、成本费用归集和分配、在产品及完工产品情况；对工程项目要了解工程概况、施工组织设计、施工进度以及竣工时间等等。"在调查了解的基础上，要结合审计力量的多少和被审计单位的具体情况统筹兼顾，使审计项目完成时间有一定均衡性。开展调查了解，可以采取召开座谈会、询问法、填写调查表等形式，到生产计划部门查阅年度生产计划等，充分掌握第一手资料。经过调查了解，对将要列入年度审计计划的项目有了一定的认识，对审计的重要性和风险性能作出一定的估计。只有这样制定审计计划才能翔实、全面、有效。

三、审计方式运用灵活多样

目前，在内部审计工作中，大部分审计方式是就地审计，而其他方式应用较少，在企业中，就地审计存在审计时间长、占用审计力量多等不足之处，为了提高内部审计工作的质量和效果，在审计方式运用上必须灵活多样，可根据不同的审计对象和企业领导的不同要求，选择是就地审计还是送达审计，对列入上级审计部门年度计划的审计项目，可以根据企业的实际需要，在一定范围内实行异地交叉审计。而在审计资源一定的条件下，审计调查方式显得越来越重要，它具有专题性强、耗时短、灵活性大，可以对某个企业生产一种产品的多个生产单位开展专项调查，其提示问题一般是企业具有普遍性、典型性、倾向性的优点。总之，在制定年度审计计划时，要充分利用审计调查，以达到事半功倍的效果。

四、合理配置审计资源

《内部审计具体准则第 1 号——审计计划》第十三条规定："内部审计机构负责人应根据审计项目的性质、复杂性及时间限制，合理安排所需的审计资源。"审计资源的配置关系到审计计划能否按期完成，由于内部审计部门大多数存在人员严重不足、结构不合理、知识单一等问题，像建设项目竣工决算审计等专业性较强的审计项目实施起来有一定的难度。为优化审计资源配置，对审计人员可以动态分工、优化组合，对审计项目可以打破行业界限，在不同部门之间进行调节。如可在制定年度审计计划时，对有工程项目审计的，可计划安排借用工程技术方面的专业人员参与审计，对有产品项目审计的，可计划安排借用产品制造方面的工程师参与审计，这样既可以调剂余缺，解决审计人员知识单一、结构不合理等问题，又可以提高审计质量，缩短审计时间。除合理配置审计人员外，装备的配置也很重要。由于审计工作流动性大、资料汇总多、文字处理工作量大、计算程序复杂，加之大部分单位的账务处理都实行计算机管理，因此，审计部门配置笔记本电脑是非常必要的，这样既可以减轻现场审计人员手工计算的工作量、降低误差概率，又可以节约审计时间，弥补审计人员不足的矛盾。

年度审计计划制定后，即使经过批准付诸实施，也不是一成不变的。《内部审计具体准则第 1 号——审计计划》第六条规定："内部审计机构应当根据批准后的审计计划组织实施内部审计活动。在计划执行过程中，若有必要，应按规定的程序对计划进行修改和补充。"所以，内部审计机构和人员在审计计划实施的过程中，当情况发生变化时，可以对审计计划进行修改和补充，从而不断完善审计计划。

第六章

法务会计

第一节 工程分包合同纠纷处理

一、案例背景

某建筑企业（系被告）将其负责承建的某省高速公路Ⅱ标的两个盖板涵洞工程分包给无资质的“包工头”王某（系原告）组织施工，在施工过程中，原告由于人员不足和设备短缺等多种原因中途退出，而被告没有按工程进度进行计价，仅由项经理签字，分两次预计工程款给原告37万余元。后双方签署了工程计价，载明原告施工的工程的结算价为33万余元，原告认为结算价不合理，要求被告再一次性支付给原告2万元了结纠纷。被告同意原告的不合理要求，支付了原告2万元私了。随后原告向被告出具了一份《承诺书》，承诺其被告再支付2万元后，除变更款（建设单位变更款批复后，应全额付给原告）外，保证以后不再就经济问题纠缠被告。一年半过去后，原告以被告拖欠其所施工的工程中新增项目的变更款3万元为由，向法院进行了起诉。法院第一次开庭审理此案，在庭审过程中，原告变更诉讼请求，一是撤销结算清单和承诺书；二是判令被告方支付工程欠款26万元。被告以原告变更诉讼请求，需要重新收集证据为由，提出休庭。法院两个月后又第二次开庭审理此案。法院经审理认为：因被告将建设工程分包给不具备相应资质条件的个人进行施工，违反了法律的强制性规定，应属无效；同时，双方又无书面合同的约定。在此情形下，对工程造价进行鉴定成为必然。但原告提交申请后，未预交鉴定费用，并且明示放弃了鉴定，致使对案件争议的事实无法通过鉴定结论予以认定。因此，原告应当对其主张的事实承担举证不能的法律后果。

法院驳回了原告的诉讼请求，被告胜诉。

二、案例分析

（一）违法分包、转包合同的法律问题

违法分包、转包合同无效，在发包人和分包人之间产生一定的法律后果。

《中华人民共和国建筑法》明确规定，违法分包，转包人为了获得不正当的利益，违反法律的禁止性规定进行工程的分包、转包，建设行政管理部门可以将发包人取得的利益确定为非法利益予以收缴。最高人民法院的《关于审理建设工程施工合同纠纷案件适用法律问题的解释》第四条也明确规定，承包人非法转包、违法分包建设工程的行为无效，由人民法院收缴已经取得的非法所得。本案中，虽然没有涉及非法所得，但在今后发生此类案件时，如果出现承包人在非法转包、违法分包建筑工程中有非法所得的，一律由法院予以收缴，以制裁这种行为，平衡当事人之间的利益。

（二）承诺书作为本案关键证据是否可撤销

在民法中，原告写承诺书是一种民事法律行为。《中华人民共和国民法通则》第五十七条规定："民事法律行为从成立时起具有法律约束力。"原告提出诉讼请求时以该承诺书是在乘人之危、显失公平情况下订立为由，提出撤销，但从承诺书的签字人即本案原告可以看出，原告方均具有民事行为能力且当时意思表示是真实的。民法中乘人之危是指行为人利用对方当事人的急迫需要或危难处境，迫使其作出违背真意的意思表示的情况。在庭审过程中原告并没有提出合法有效的证据能够证明被告方有乘人之危的情况存在。而且，在第一次庭审中，该承诺书是原告将其作为被告拖欠变更款的证据提供给法庭的，这表明承诺书是具有法律效力且被原告认可的证据，是原告真实的意思表示，合法有效，不可撤销。

（三）关于撤销承诺书期限问题

根据最高人民法院《关于贯彻执行〈民法通则〉若干问题的意见》第七十三条第二款规定，可变更或者可撤销的民事行为，自行为成立时起超过一年当事人才请求变更或者撤销的，人民法院不予保护。本案中，原告向被告出具了承诺书，而原告第一次庭审时请求撤销该承诺书，已经超过了一年的期限，人民法院不应给予保护。

（四）关于对工程造价进行鉴定问题

根据最高人民法院《关于民事诉讼证据的若干规定》第二十五条规定，当事人申请鉴定，应当在举证期限内提出。对鉴定事项负有举证责任的当事人，在人民法院指定的期限内无正当理由不提出鉴定申请或者不预交鉴定费用或者拒不提交相关材料，致使对案件争议的事实无法通过鉴定结论予以认定的，应当对该事实承担举证不能的法律后果。该案中的原告提交申请后，未预交鉴定费用，并且明示放弃了鉴定，因此，原告应当对其主张的事实承担举证不能的法律后果。

（五）当事人一方不履行合同义务责任问题

依据《中华人民共和国合同法》，当事人一方不履行合同义务或者履行合同义务不符合约定的，应当承担继续履行、采取补救措施或者赔偿损失等违约责任；当事人一方明确表示或者以自己的行为表明不履行合同义务的，对方可以在履行期限之前要求其承担违责任；当事人一方不履行合同义务或者履行合同义务不符合约定，给对方造成损失的，损失赔偿额应当相当于因违约造成的损失，包括合同履行后可以获得的利益，但不得超过违反合同一方订立合同时预见到或者应当预见到的因违反合同可能造成的损失。本案中，原告撤离工地现场，以自己的行为表明不履行合同义务，依照《中华人民共和国合同法》应当承担违约责任。但本案未能签订合同，就不能按《中华人民共和国合同法》追究原告的违约责任。

另外，根据最高人民法院《关于审理建设工程施工合同纠纷案件适用法律问题的解释》第二十三条规定，当事人对部分案件事实有争议的，仅对有争议的事实进行鉴定，但争议事实范围不能确定，或者双方当事人请求对全部事实鉴定的除外。由于本案中双方当事人没有签订相关合同，不能根据该法第二十二条“当事人约定按照固定价结算工程价款，一方当事人请求对工程造价进行鉴定的不予支持”的规定执行，只能按照当事人约定的固定价结算工程价款。因此，只能对双方当事人产生争议的工程造价进行鉴定成为必然。

三、案例启示

（一）选择合法的管理模式

建筑企业在与建设方签订建设工程合同后，应结合工程的项目特点，选择是全部自行施工还是采取专业工程分包、劳务作业分包的方式。全部自行施工当然是最好的完成工程的方式，因为建设工程合同是建设单位在对总承包单位的施工能力、施工水平、技术力量、社会信誉进行考察后所签订的，是对总承包单位全面履行合同的能力的一种信赖，总承包单位自行施工能更好地履行合同。但在施工实践中，建设工程总承包单位有时为了加快工程进度、提高效率等，需要将一些专业性强的工程、附属设施、非主体工程等分包给其他单位帮助完成，即选择工程分包的形式；在分包时，施工单位必须遵守相关的法律，满足分包规定的条件，使分包合同合法有效；不能片面地为追求经济利益，采取变相转包和肢解分包方式，那样不仅行为无效，带来不必要的经济纠纷，还会受到法律的制裁。本案就是一个很好的例证。

（二）劳务分包方式的选择

根据《中华人民共和国合同法》和《中华人民共和国建筑法》的规定，转包、肢解分包是法律禁止的。在施工实践中，建筑企业如果需要将一些附属设施、非主体工程等分包给其他单位帮助完成，可以采取劳务分包的方式，将劳务作业分包给劳务作业承包人。最高人民法院《关于审理工程施工合同的司法解释》第七条规定，劳务分包合同不是转包合同，是合法有效行为。建筑企业应认清劳务分包与专业工程分包、转包的区别，在工程管理上正确运用，选择一个良好的管理模式，全面履行合同，优质高效地建成工程。

（三）加强分包队伍资质审查

根据《中华人民共和国建筑法》第二十九条第三款规定，禁止总承包单位将工程分包给不具备相应资质条件的单位，该条款属于强制性条款，当事人在建设施工合同中出现了违反《中华人民共和国建筑法》强制性规定的情形，就可以依照《中华人民共和国民法通则》和《中华人民共和国合同法》的规定，确定合同无效。建设部发布的《关于建立和完善劳务分包制度发展建筑劳务企业的意见》明确规定："至 2008 年 6 月，施工总承包和专业承包特级、一级企业进行劳务作业分包，必须使用有相应资质（劳务分包或施工总承包资质等）的企业。"在建筑企业的日常生产经营过程中，如果违反国家强制性规定进行了违法分包，将给企业的各方面利益带来严重的损害。因此，建筑企业必须在事前予以防范，在与分包队伍签订劳务分包合同之前，必须对对方的资质进行严格的审查。审查的内容包括对方的营业执照、生产能力、从事相应业务的资质证书，如果合同签订者如不是法人的，还需审查是否持有法人委托授权书等，以保证对方的法人实体地位及合同的合法有效性。

（四）强化合同条款审查

合同是发生纠纷后法院审理裁决的主要依据，因此在进行相应的经济活动中一定要签订合同，在签订合同时，也一定要做到尽量详细，对双方主要权利义务及有可能产生纠纷的地方都要做出相应的约定，特别是分包合同对价款要有明确约定。如本案中，原告进场进行施工就没有与被告签订任何施工合同或劳务分包合同，以至于双方当事人就工程造价的结算依据产生分歧，从而产生诉讼。

（五）加强相关证据的收集和保管

证据在诉讼进行过程中具有重要的地位，企业一旦发生纠纷或诉讼便会起着非常重要的作用。建筑企业要注意履行合同过程中的证据的收集，包括一些往来信函、传真、会议纪要及电子邮件等，并及时进行登记保管。同时，建筑企业应加强合同的履行管理，一旦发现合同关键条款约定不明确或没有约定，双方可以协议补充，这样可以减少合同履行过程中的纠纷。同时，特别对一些大型施工集团从事建筑工程来说，大部分主合同都是由集团母公司或子公司的开发部门与对方进行条款的协商，而最后的履行合同一般是由项目部进行的，因此，在履行合同的过程中，施工项目部主要负责人及合同管理人员，应认真研究合同的每一条款，不能脱离合同去履行。另外，应对项目主要负责人、合同承办人员和合同管理员进行必要的法律法规知识、企业管理知识和相关知识的培训，提高他们的合同管理及合同履行方面的能力和水平，以避免不必要的纠纷和损失。

（六）工程进度款按规定进行支付

本案中，由于项目经理不按规定支付工程款，除超额支付的工程款 4 万元外，另外还支付 2 万元进行私了，给企业造成了不应有的损失。所以，建筑企业要重视工程款的支付管理，严格按规定的程序办理款项支付手续，要根据技术部门、合同管理部门、统计部门提出的工程进度拨款意见，经财务部门核实是否要扣除已付的工程预计款、代垫材料等款后，再由项目经理审批后才能支付，只有这样，才能从源头控制超付工程款现象的发生。

第二节　单方终止合同纠纷处理

一、案例背景

20×3 年 10 月 15 日，某企业（系第一被告）与国外某设计咨询公司（系第二被告）签订一份 4000 型钻机采购合同（以下简称采购合同）。合同约定：第二被告设计并提供一台用于某工程项目施工的钻机，包括设计、现场设备安装调试直至设备正常运转以及操作指导等。由于第二被告没有制造能力，同年 10 月 16 日，第二被告与某钢结构公司（系原告）签订了一份钻机加工合同（以下简称加工合同）。由于第二被告在中国境内只设有代表处，没有在中国境内注册公司，同年 11 月 8 日应原告的要求，第二被告、第一被告与原告达成加工合同三方补充协议（以下简称补充协议），协议约定：第一被告同意第二被告将本项目国内钻机加工制作部分委托给原告。将《加工合同》中要求“第二被告向原告支付合同总额 60%，即人民币 400 万元预付款”以及“第二被告向原告付款，第二被告向第一被告开具全额正式发票”等义务变更为“第一被告向原告直接支付预付款 400 万元，原告向第一被告开具正式发票”，另外三方还对结算方式等条款做了详细的约定。同年 11 月 19 日，应原告的请求，某商业银行向第一被告出具了担保金额为人民币 400 万元的预付款银行保函，第一被告收到原告提供的预付款银行保函后，及时向原告支付了预付款400万元。由于原告事前已为第一被告加工了一台同类型钻机，并且《加工合同》中已明确规定此次加工标的物基本上与原先加工的标的物一致。由于合同工期紧，所以，原告及时采购相关材料，租赁了有关场地，积极履行合同相应的义务。

由于工程项目工期紧的原因，同年12月初，第一被告与第二被告因延长工期问题未达成一致意见，在同年12月24日，第一被告背着原告和第二被告与某公司签订了一份租用仅需稍作改动的钻机一台用于工程项目施工（租费与采购合同价相比要低得多），同时第一被告没有及时主动通知第二被告终止《采购合同》。第二被告在按《采购合同》的义务已无法保证工期的情况下，多次与第一被告沟通无果。而第一被告在20×4年年初，以第二被告不能保证按期交货为由，正式通知解除合同。为了避免损失的扩大，第二被告不得不在同年1月13日通知原告终止供货合同。同月15日，原告致函第一被告及第二被告，要求“因取消合同带来一定的损失，请派员洽谈合同善后具体事宜”。同年2月初，第一被告在与原告就合同损失有关事宜协商未果情况下，同月28日，向银行发出《关于收回预付款的函》，要求收回支付给原告的预付款400万元。

在纠纷无法通过协商解决的情况下，3月初原告将第一被告和第二被告作为共同被告向一审法院（由于是涉外纠纷，一审法院为中级法院）起诉，要求两公司赔偿因单方终止合同造成的经济损失，并对400万元预付款申请了财产保全。

同年8月一审法院下达了第一份《民事判决书》，判令两被告负连带责任，赔偿原告140万元。两被告均不服判决，上诉至某省高级法院。因第二被告注册地是外国的公司，一审时未适用涉外民事诉讼程序的特别规定，20×5年5月某省高级法院裁定撤销一审判决，发回一审法院重审。同年11月一审法院另行组成合议庭开庭审理后，于20×6年3月下达第二份《民事判决书》，判令第一被告向原告赔偿损失140万元，驳回原告的其他诉讼请求。本案案件受理费35000元，由原告承担25000元，第一被告承担5000元，第二被告承担5000元。财产保全费20000元，由原告承担13000元，第一被告承担7000元。第一被告又不服判决，再次上诉至某省高级法院，某省高级法院于同年8月开庭审理，同年12月下达终审《民事判决书》，驳回第一被告的上诉，维持第二份《民事判决书》的判决。二审案件受理费30000元，全部由第一被告承担。至此，本案终结。

二、案例分析

本案是一起单方终止加工承揽合同要求赔偿经济损失的案件，在本案诉讼中主要涉及各方当事人有无合同关系、违约责任应由谁承担、原告实际损失等问题。

（一）三方当事人有无合同关系

本案的焦点之一是第一被告认为与原告没有法律关系。《采购合同》是涉案纠纷的基础合同，合同第七条规定，未经双方同意，任何一方不得作任何更改。第二被告虽然违反《采购合同》约定的行为，但《加工合同》的订立是第一被告与第二被告协商后同意更改的，相应的证据是三方签订的《补充协议》，使《加工合同》和《补充协议》成为《采购合同》中不可分割的组成部分，并与之具有同等效力。并且《补充协议》约定了“第一被告向原告直接支付预付款400万元及其加工合同的全部价款，原告应向第一被告开具正式发票”等关键条款，根据《中华人民共和国合同法》第二百五十三条第二款的规定，涉案当事人因钢结构加工形成三方加工承揽合同法律关系，即第一被告是钻机的定做人，第二被告负责该钻机的设计、监造并对设备的整体技术、质量负责，原告负责具体钢结构加工。因此，原告及第一被告、第二被告之间存在加工承揽法律关系，法院予以采信。

（二）违约责任应由谁承担

根据《中华人民共和国合同法》第一百零七条的规定，第一被告在与第二被告就延长工期问题未达成一致意见的情况下，擅自与他人签订《钻机租赁合同》，是违反三方合同的行为，直接导致三方合同无法履行，且隐瞒事实真相，不及时通知第二被告、原告终止三方合同的事实，应对原告因履行合同所遭受的损失承担主要责任。第二被告在合同履行过程中，虽然及时通知原告终止合同，防止了损失的进一步扩大，但其作为合同当事人一方未按照《采购合同》第九条的约定对出现的争议及时与第一被告协商解决，对产生本案纠纷也负有一定责任，应承担本案的部分诉讼费用。原告在合同履行过程中，为履行合同作了积极准备工作，因合同终止所受到的损失，理应受到损失。但其为了加快施工进度，在未征得第二被告同意的情况下就进行下料生产，在接到合同终止通知后，不积极采取措施防止损失扩大，又不经第二被告同意擅自处理钢材，根据《中华人民共和国合同法》第一百一十九条，“当事人一方违约后，对方应当采取措施防止损失的扩大；没有采取措施致使损失扩大的，不得就扩大的损失要求赔偿”的规定，应对自身的损失承担相应责任。鉴于以上原因，原告主张的租用场地费、工装费、委外加工费、下料工费、钢材损失由其自行承担50%。

（三）实际损失如何确定

根据《中华人民共和国合同法》第一百一十三条“损失赔偿额应当相当于因违约所造成的损失，包括合同履行后可以获得的利益，但不能超过违反合同一方订立合同时所预见到或者应当预见到的因违反合同可能造成的损失”的规定，法院判令第一被告赔偿原告因履行钻机加工义务而产生的直接损失（包括银行保函手续费、差旅费、钻机生产租用场地费、工作平台工装费、钢结构的委托外加工费、内部下料工费以及处理废钢后的实际钢材损失）的部分以及合同履行后可获得的相应预期利润，符合上述法律规定。

三、案例启示

（一）对相关法律条款理解透彻

原告在与第二被告签订《加工合同》时，对第二被告资信、注册地、人员状况等方面进行了认真的调查，特别是第二被告注册地不是在中国境内，在中国境内仅仅设有代表处，不具备法律主体。原告调查后发现，由于只设有代表处，按中国相关法律规定，是不能在中国境内的商业银行开具银行账户，所有的资金往来只有通过注册地汇入中国境内这一事实的情况下，一旦发生经济纠纷，财产保全及执行是相当困难的。基于这一现象，原告及时与第二被告沟通，争取由第一被告将相关加工费直接汇给原告，通过双方签订的《补充协议》将原告与第二被告的双方法律关系变更为三方法律关系，这正是原告赢得官司的关键。

（二）诚实守信是占领市场的关键

重合同守信用是市场经济下企业立足的根本，如不诚实守信，签订合同不去履行，最终既失去市场，又会带来不必要的经济损失。从本案可知，一是第一被告在明知道《采购合同》采购的设备已无法满足工期的情况下，不主动与第二被告加强沟通，帮助想办法，促成其履行合同，或提前通知第二被告终止合同，以使第二被告能及时通知原告解除合同，致使《加工合同》损失进一步加大。二是第一被告在合同履行期内，诚信意识差，一方面是拖延时间，想要第二被告主动向其提出终止合同，以防止第二被告向其索赔损失；另一方面，背着原告和第二被告私下与某公司签订了一份租用仅需稍作改动的钻机一台用于工程项目施工（租费与采购合同价相比要低得多）的合同，这种违反职业道德的作为是不可取的，是得不偿失的，最终是要付出代价的。

（三）企业法律顾问在纠纷中的作用

律师对法律知识比较精通，对法律条款熟悉掌握，但对企业的生产经营过程和工艺掌握较少。而企业法律顾问大部分是由企业培养出来的，并通过了相应的法律及生产经营管理知识考试取得法律顾问资格，所以企业法律顾问，一方面知道企业可从哪些方面防范法律风险；另一方面，企业法律顾问对企业的生产流程和财务知识比较熟悉，因此，企业法律顾问在纠纷处理中所起的作用不能忽视。

本案中，第一被告只聘请一名律师参加庭审，第二被告只是企业负责人参加。而原告除聘请一名代理律师外，企业法律顾问也自始至终参加了一审、二审的庭审，只要是涉及法律方面的问题，由代理律师负责回答；只要是生产经营、财务管理等方面的问题，由企业法律顾问负责回答，所以，在庭审中，原告聘请的律师及企业法律顾问配合比较默契，很难让对方钻到政策、管理等方面的空子，这也是原告胜诉的关键。

（四）双方尽量通过协商解决

双方尽量通过协商，取得对方的谅解。经验证明，能通过协商解决的纠纷，可以节约大量的成本支出。本案中，第一被告完全可以与原告及第二被告通过协商解决纠纷，非要通过诉讼来解决，这样对各方来说，既浪费时间、人力和物力，又花费高昂的律师费用，还要支付诉讼费及财产保全费用。在每次庭审过程中，法官提出各方有没有庭外和解的意向时，第一被告聘请的律师每次都予以拒绝，以致损失进一步扩大，最终教训是十分深刻的。通过本案可知，对于恶意纠纷的单位，在考虑成本效益的原则以及沟通无果的情况下，可以先通过律师事务所发出律师函，在没有得到明确答复后，权衡得失，再向法院提起诉讼或向仲裁委员会提起仲裁，采取法律手段，以捍卫自己的合法权益。

（五）注重相关电子信息的收集保管

目前计算机信息系统已成为生产管理过程中不可缺少的工具，计算机信息系统的内部控制已成为企业内部重要辅助手段和重要组成部分，相应的电子信息数据的收集保管尤其重要。本案中，第二被告在签订《加工合同》后，通过 E-mail 向原告发出近 40 页的材料采购明细清单，由于原告保管及时，没有丢失，后来在庭审过程中，成为原告提出损失赔偿的关键材料之一，同时，原告对第二被告发来的各项传真、电话录音能及时收集保管，并由专人负责，也是原告能胜诉的主要原因。而第二被告对第一被告发来的终止《采购合同》的关键性传真由于保管不善，在庭审中无法向对方提供，给第二被告带来了不必要麻烦。所以，在市场经济中，应重视对合同履行过程中的电子信息收集保管，一旦发生纠纷，将对赢得官司起到关键性作用。

（六）合理安排生产经营活动

在生产经营活动中，要通盘考虑资源的配置，从成本节约原则角度出发，合理安排生产经营活动。对企业来讲，添置非标专业设备时，要从设备能否多次利用等实际情况考虑，进行市场调研，慎重决策，防范经营风险；对不能多次利用的非标设备，应考虑通过市场租赁方式解决，这样可以降低大量的设备投入，增加流动资金，更好地满足生产经营所需的现金流。从本案中不难发现，第一被告从签订《采购合同》到租赁一台基本同样的设备才过了三个月的时间，为什么当初不直接去租赁设备呢？以致后来导致这么大的损失，答案只有一个，就是对市场调查不深入，决策失误所引起的。

第三节 加工承揽合同纠纷处理

一、案例背景

20×2 年，某 WH 桥梁机械制造厂（系被告）与某总承包方 JS 进出口公司（以下简称“JS 公司”）合作承接境外某国钢梁制造任务。6 月被告与 LD 工程机械厂（系原告）签订了第一份《钢梁制造合同》，约定由被告提供图纸及样板，原告为其加工钢梁桥面板部分构件及螺栓，原告按时按质交货后，被告收到 JS 公司的货款后一周内承付给原告；同时约定了单价、交货、验收、违约责任等。合同签订后，原告在约定的时间内将价值 440 万元的钢梁交付被告，被告陆续支付价款 424 万元，但剩余 16 万元未支付。20×4 年 2 月，原告、被告签订第二份《钢梁制造合同》，约定被告委托原告按图制造钢梁杆件，被告在 30 天内结清（按比例扣除材料款）货款。原告依据合同按时交付定作物给被告。7 月 4 日，双方进行对账，书面确认原告总计交付定作物价值 501 万元，被告已付材料款 285 万元，余额 216 万元待付，其中扣除质保金 25 万元及被告另外支付的 50 万元，待付实际余额为 141 万元。20×4 年 7 月，原告、被告签订第三份“钢梁制造合同”，约定仍由原告为被告加工钢梁桥梁件，被告在 30 天内结清，按比例扣除材料款后付清全部货款（其中扣除合同总价 5%的质量保证金待验收合格后立即支付）。原告依据该合同按时交付定作物，总价值为 405 万元。被告陆续支付了原告的大部分加工价款，留下了后两份合同的质量保证金 45 万元及部分加工价款 19 万元未予归还。20×5 年初，原告直接在 JS 公司领取了加工费 3 万元。20×6 年 10 月初，原告向被告发出“公函”，要求被告在收函后 15 日内将欠款全部结清。被告 11 月 6 日复函称，所欠款项与原告所记的不符，要求对账，同时还附寄了 JS 公司于 11 月 5 日所提出的“质量异议函”。之后双方对账确认无误后，被告以原告加工的定作物存在质量问题拒绝付款。20×7 年 3 月原告向其所在地某法院起诉，请求判令被告偿付其货款 64 万元及利息。

一审法院审理后认为，原告、被告签订的三份合同都合法有效，但被告提出原告加工的定作物存在质量问题，致使 JS 公司未能按时付款，导致被告也无款支付给原告，因被告未在法定的期限内以法定的形式向原告提出质量异议，对此法院不予采信及支持；被告未能按照合同的约定给付原告价款，责任在被告，对此应承担逾期付款违约责任。20×7 年 3 月一审法院作出判决：被告给付原告加工价款 64 万元，偿付逾期付款的违约金 29 万元。案件受理费和财产保全费全部由被告负担。

被告不服一审判决，提出上诉。被告向二审法院提供了 JS 公司出具的原告质量有问题的三份“新证据”。二审法院审理后认为，原、被告的加工承揽合同合法有效，原告为被告加工桥面板构件等，被告尚结欠加工价款 64 万元，在一审庭审中双方对结欠价款金额无异议，被告认为进出口公司支付的 3 万元未从中扣除，但未能提供相关凭证，故不予支持。被告认为结欠价款中包括第二、三份合同的质量保证金 45 万元，第三份合同中约定质保金须待验收合格后支付。第二份合同虽然未约定质量保证金，但双方在对账时予以明确暂时扣除 5% 的质量保证金。在二审中，被告提供了“新证据”，即其与 JS 公司的结算协议，因构件质量问题被扣除质量罚金 25 万美元，包括原告为其加工的构件，故被告要求按照与原告的约定从所欠价款扣除质量保证金，符合法律规定，该部分上诉理由成立，法院予以支持。至于 JS 公司与原告之间的购销关系是另一个法律关系，被告认为原告直接在 JS 公司领取了加工费 3 万元，同样其他的余款也应向进出口公司索要，没有法律依据，法院不予以支持。二审法院认为原审判决认定部分事实有误，实体处理不当。据此，撤销一审法院判决；同时判决上诉人支付被上诉人加工价款 19 万元，并偿付逾期付款违约金。一、二审案件受理费和财产保全费由原、被告按比例分担。

二、案例分析

本案是一起“加工承揽”合同纠纷，涉及质量保证金、新的证据、上诉权等问题。

（一）质量保证金

依据《中华人民共和国合同法》的相关规定，质量保证金不属于合同的必备条款，但可以在合同中约定。本案中第二、三份合同条款中或事后书面证据中都有扣除质量保证金的约定，而且被告都能提供相关的证据证明原告加工的定作物确实存在质量方面的问题，因此二审法院支持了上诉人扣除被上诉人的质量保证金的诉讼请求；由于第一份合同中未约定质量保证金条款，事后也未书面明确约定扣除，导致上诉人不能请求法院扣减第一份合同的质量保证金。

（二）“新的证据”

《中华人民共和国民事诉讼法》第一百二十五条规定：“当事人在法庭上可以提出新的证据”。何为“新的证据”呢？

最高人民法院《关于民事诉讼证据的若干规定》第四十一条、第四十二条对“新的证据”进行了定义：“一审程序中的新的证据包括：当事人在一审举证期限届满后新发现的证据；当事人确因客观原因无法在举证期限内提供，经人民法院准许，在延长的期限内仍无法提供的证据；二审程序中的新的证据包括：一审庭审结束后新发现的证据；当事人在一审举证期限届满前申请人民法院调查取证未获准许，二审法院经审查认为应当准许并依当事人申请取证的证据。当事人在一审程序中提供新的证据的，应当在一审开庭前或者开庭审理时提出；当事人在二审程序中提供新的证据的，应当在二审开庭前或者开庭审理时提出。”被告在二审程序中获得 JS 公司出具的原告产品质量有问题的三份新证据后，在举证期限内及时向二审法院提供，是符合法律规定的，这也是被告在二审中能胜诉的关键。

（三）上诉权

《中华人民共和国民事诉讼法》第一百四十七条规定：“当事人不服地方人民法院一审判决的，有权在判决书送达之日起 15 日内向上一级人民法院提起上诉。”上诉权是当事人的一项重要诉讼权利。通过上诉，有可能改变一审判决的结果，减少被告的给付款；也可以利用上诉期的时间，获得更有说服力的“新的证据”。

本案被告充分利用了这项权利，在一审败诉的不利情况下果断提起上诉，并及时向二审法院补充了原告质量有问题的三份新证据。在被告据理力争下，二审法院支持了被告的上诉请求，撤销了一审法院的判决，进行了改判。被告利用上诉权很好地维护了自身的合法权益。

三、案例启示

（一）合同条款约定应力求合法、全面、严谨

只要是不违法的、双方协商的所有内容都可写入合同条款，一方面便于履行合同时有据可依；另一方面发生纠纷后可以利用合同维护自己的合法权益，而且还应根据企业在合同中双方的不同利益，尽力争取对自己有利的条款。

如本案二审法院支持了上诉人的第二、三份合同扣除被上诉人的质量保证金，而没有支持第一份合同的应扣除的质量保证金，教训是深刻的。对从事机械制造、加工的企业来说，更要注意产品质量不能出问题；对定作方或采购方来讲，要务必在合同中约定扣留质量保证金的条款，一旦发现采购的产品有质量问题，要及时收集相关证据，提出索赔。特别对从事建筑企业承揽的工程项目，建设单位依据《建设工程质量保证金管理暂行办法》，一般在合同中都约定了工程质量保证金预留、返还方式；保证金预留比例、期限；保证金是否计息，如计付利息，利息的计算方式。

以上约定对工程项目施工及财务等管理人员提出了较高要求，必须及时领会合同条款内容，强化质量管控，发现质量问题时，查找和分析原因，如是建筑企业自身管理不到位等主观原因造成的，应及时解决；如是设计缺陷等原因造成的，要收集证据，与建设单位和设计单位协商解决，以防止工程质量出现问题，导致建设单位不支付到期质量保证金，致使企业效益流失。

（二）加强合同履行管理

合同依法订立后，企业应认真履行合同，由于合同千差万别，履行合同时的情况也千差万别，而且合同履行过程中还可能出现各种各样的情形和问题。因此，合同生效以后，如果企业发现合同对质量、价款或者报酬、履行地点等内容没有约定或者约定不明确，双方可以协议补充；如果不能达成补充协议，按照合同有关条款或者交易习惯确定；如果还不能确定，按照《中华人民共和国合同法》的有关规定确定。如本案二审法院支持了上诉人的第二、三份合同扣除被上诉人的质量保证金，是由于被告在第二、三份合同条款中或事后书面证据中有扣除质量保证金的约定，在履行合同的过程中，被告也能提供相关的证据证明原告加工的定作物确实存在质量方面的问题。所以，企业应加强合同的履行管理，一旦发现合同关键条款约定不明确或没有约定，双方可以协议补充，这样可以减少合同履行过程中的纠纷。

同时，要注意履行合同过程中的证据的收集、登记保管，特别对从事建筑业的企业来讲，大部分合同都是由市场经营部门与对方进行条款协商后签订的，但履行合同一般是由项目部进行的，因此，在履行合同的过程中，项目部主要负责人及合同管理人员，应认真研究合同的每一条款，不能脱离合同去履行，企业合同管理部门应加强合同的履行检查，对项目主要负责人、合同承办人员、合同管理员和会计人员进行必要的法律法规知识、企业管理知识和相关知识的培训，提高他们的合同管理及合同履行方面的能力和水平，以避免不必要的纠纷和损失。

（三）善于运用法律武器维护自身的合法权益

对于可能发生纠纷或已经发生纠纷的业务活动，企业相关管理机构和人员不要回避，也不能不管不问，要尽早寻找解决的途径。特别是企业法律事务部门应先期介入，从合同、证据和法律的角度，及时同对方沟通，以最有利于处理纠纷为原则，积极探索处理法律纠纷的有效方法。

本案中，被告在一审败诉时，并没有立即接受法院的判决，而是积极应对，及时收集和提供新的证据，在规定的期限内向二审法院提起上诉，陈述理由，用法律武器维护自身的合法权益，将企业损失降到最低。

（四）及时核对、清理往来款

及时清理核对经济合同事项，做到会计账目收支清晰，是会计人员一项重要的基础工作。企业很多经济纠纷，有一部分就是由于双方会计账目金额不一致引起的，特别是因超付引起的经济纠纷案件时有发生。

因此，对企业发生的各项经济合同事项，会计人员要做到收支实时列账，并与对方进行核对确认，保管好相关核对签认记录，对在核对中发现不一致的经济业务，要查清原因，对漏记的要及时补登记，确保双方金额一致。

同时，对同一单位每一项经济业务要逐笔核算，不能混合核算，这样可以避免纠纷的发生。本案中，被告与原告共签订了三份合同，由于被告方会计人员对每一份合同的履行都是逐笔进行会计处理和核对确认，在未支付加工款上保持与对方一致，故没有因会计账目不清引起其他经济纠纷。

参 考 文 献

[1] 白俊江．管理会计创新实践的基础［J］．金融会计，2017（1）：27-30.
[2] 布拉米奇，比姆尼．管理会计：发展的方向［M］．北京：中国人民大学出版社，2003.
[3] 曹惠．完善管理会计工作提高企业综合管理水平［J］．中国经贸，2014（17）：240-241.
[4] 曾肇河．推进管理会计建设，提升价值创造能力［J］．财务与会计，2015（7）：13-14.
[5] 陈文芳，陈艳，代绍山．浅析如何推进管理会计建设提升价值创造力［J］．中国国际财经（英文版），2016（7）：11-12.
[6] 陈雯．运用管理会计思维提升财务管理水平［J］．会计师，2015（15）：50-52.
[7] 陈缨．管理会计转型发展　支撑公司经营决策［J］．中国总会计师，2014（3）：29-34.
[8] 陈营．如何提升管理会计的实务应用水平［J］．企业改革与管理，2018，341（24）：133-134.
[9] 戴国华．管理会计实践与案例：会计人员转型与提升读本［M］．北京：中国财政经济出版社，2016.
[10] 丁照容．管理会计：新理论新实践新未来［J］．经济视野，2015（2）：235.
[11] 樊雅玲．试论提高管理会计在行政事业单位中的应用［J］．管理观察，2015（12）：155-156.
[12] 冯巧根，南京大学商学院会计学系．管理会计的变迁管理与创新探索［J］．会计研究，2015（10）：30-36.
[13] 冯巧根．供给侧改革与管理会计创新［J］．会计之友，2016（7）：128-133.
[14] 冯巧根．经济新常态下的管理会计发展思路［J］．会计之友，2015（19）：133-136.
[15] 冯兴登．浅议如何加强管理会计在企业中的应用［J］．财会学习，2017（5）：120.
[16] 付斌．能力提升视角下管理会计实践教学优化研究［J］．中国乡镇企业会计，2019（4）：260-261.
[17] 高德权．浅谈提高管理会计实效的基本途径［J］．财经界（学术版），2015（2）：195.
[18] 耿云江，赵晓晓．大数据时代管理会计的机遇、挑战与应对［J］．会计之友，2015（1）：11-14.
[19] 管理会计发展的趋势前瞻［J］．中国总会计师，2015（12）：17.
[20] 管理会计应用的"中国式路径"［J］．中国总会计师，2014（10）：158.
[21] 管理会计在房地产企业的探索与实践——房地产企业管理会计体系的构建与实施［J］．财务与会计，2016（10）：18-20.
[22] 韩申．管理会计对提高企业价值的应用研究［J］．中国乡镇企业会计，2015（9）：174-175.
[23] 何素华．对中国管理会计应用问题的几点思考［J］．经济与管理，2011，25（8）：92-95.
[24] 胡旭峰．会计转型升级背景下管理会计发展对策［J］．国际商务财会，2016（1）：49-51.
[25] 胡玉明．高级成本管理会计［M］．厦门：厦门大学出版社，2002.
[26] 胡玉明．中国管理会计的理论与实践：过去、现在与未来［J］．新会计，2015（1）：6-12.

[27] 黄健．管理会计在民营企业中的实践［J］．中国集体经济，2016（13）：120-121.
[28] 黄娟．基于应用型人才培养的独立学院成本与管理会计实践教学改革探讨［J］．中国乡镇企业会计（1期）：186-188.
[29] 金埌秀．经济新常态视角下企业管理会计转型研究［J］．经贸实践，2018（2X）：271.
[30] 雷翔文．论如何运用管理会计提升铁路企业价值创造能力［J］．财经界，2018，491（10）：135-136.
[31] 黎云付．大数据、云计算助推管理会计转型升级［J］．现代商业，2015（26）：141-142.
[32] 李德莉．依托内部控制建设提升企业管理会计水平［J］．征信，2015，33（3）：87-89.
[33] 李红侠．基于 ERP 沙盘模拟的管理会计实践教学创新［J］．商业会计，2014（4）：119-121.
[34] 李红霞，虎琳宇．管理会计在提高财务审计质量中的作用［J］．时代金融，2017（35）：185.
[35] 李守武．管理会计实战工具［M］．北京：中国财政经济出版社，2015.
[36] 李守武．会计改革与发展之管理会计实践与思考［J］．会计之友，2016（19）：2-6.
[37] 李天民．现代管理会计学［M］．上海：立信会计出版社，1996.
[38] 李向红．"互联网+"背景下管理会计的实践与创新［J］．财会学习，2019，216（7）：105-106.
[39] 刘德仁．强化管理会计，提高企业绩效［J］．金融经济，2010（24）：148-149.
[40] 刘飞．基于管理会计转型背景下的高职会计专业课程体系构建［J］．商业会计，2017（19）．
[41] 刘桂娟．中小企业管理会计实践存在的问题与决策对策［J］．中国商论，2017（14）：84-85.
[42] 刘红霞．大数据背景下如何运用管理会计提高企业核心竞争力［J］．经贸实践，2017（11）：16-18.
[43] 刘瑾辉．如何提高企业管理会计实务的质量［J］．投资与合作（学术版），2014（7）：93.
[44] 刘蔚．浅析管理会计应用水平的提高［J］．内蒙古科技与经济，2010（11）：33-34.
[45] 刘兴梧．大数据时代对管理会计发展的影响分析［J］．中国商论，2015（16）：51-53.
[46] 刘永泽，况玉书．论行政事业单位管理会计体系构建［C］．中国对外经济贸易会计学会 2013 年学术年会．
[47] 楼继伟．加快发展中国特色管理会计，促进我国经济转型升级［J］．财务与会计，2014（10）：3-11.
[48] 马津梅．ERP 对管理会计的价值提升作用分析［J］．中小企业管理与科技（下旬刊），2015（8）：73-74.
[49] 毛元青，刘梅玲．"互联网+"时代的管理会计信息化探讨——第十四届全国会计信息化学术年会主要观点综述［J］．会计研究，2015（11）：90-92.
[50] 孟鸿玲，刘文莉．浅析管理会计在提高企业经济效益中的地位［J］．中国外资（上半月），2011（11）：59-61.

[51] 孟硕．管理会计视角下对国有商业银行提升经济资本回报率的建议［J］．中国集体经济，2014（6）：56-57.
[52] 孟焰，孙健，卢闯．中国管理会计研究述评与展望［J］．会计研究，2014（9）：3-12.
[53] 牟立欣，王丹．浅议大数据时代企业管理会计发展趋势［J］．中国集体经济，2017（15）：33-34.
[54] 潘飞，王悦．中国管理会计的若干问题思考［J］．会计之友，2010（7）：27-31.
[55] 潘飞．中国企业管理会计研究框架——以价值为基础和战略为导向［J］．会计与经济研究，2012（2）：3-12.
[56] 庞慧扬．企业发展中管理会计的作用及提升［J］．经济技术协作信息，2013（23）：54.
[57] 裴晋崧．制约管理会计在中小企业应用的因素及解决对策［J］．中国乡镇企业会计，2016（11）：28-32.
[58] 彭宏超．"管理会计应用指引"：分析及评价［J］．金融会计，2018，290（1）：40-50.
[59] 任艳利．浅析提升我国国有企业管理会计能力的路径［J］．商业会计，2016（23）：56-58.
[60] 厦门市两岸会计合作与交流促进会课题组，傅元略．借鉴管理会计实践提升企业价值创造能力［J］．财务与会计，2015（16）：24-26.
[61] 上海市财政局．管理会计的上海实践［M］．上海：上海财经大学出版社，2016.
[62] 师维宁．关于管理会计规范化问题的若干思考［J］．行政事业资产与财务，2014（23）：82-83.
[63] 时军．管理会计转型与创新研究——基于移动互联网的视角［J］．新会计，2018.
[64] 苏宁，刘婷，孙凤娥．高校"管理会计"课程教学改革的探讨［J］．中国林业教育，2017（3）．
[65] 苏素影．国有企业管理会计能力提升策略探讨［J］．现代国企研究，2018，138（12）：9.
[66] 苏文兵，张朝宓，熊焰韧．管理会计实践及其理论解释：国际比较视角［J］．会计与经济研究，2013（5）：38-43.
[67] 孙金花．大数据背景下财务会计向管理会计转型研究［J］．商场现代化，2019（14）．
[68] 孙茂竹．管理会计的理论思考与架构［M］．北京：中国人民大学出版社，2002.
[69] 孙振娟．大数据时代管理会计发展存在的问题及解决措施［J］．黑龙江科学，2016，7（20）：44-45.
[70] 唐煌．管理会计的变迁管理与创新探索［J］．现代商业，2017（22）：118-119.
[71] 田俊丽．管理会计工具在A企业成本控制中的应用研究［D］．北京：首都经济贸易大学，2014.
[72] 童洁．论互联网+时代管理会计转型［J］．经贸实践，2018（1）：61.
[73] 王斌，高晨．论管理会计工具整合系统［J］．会计研究，2004（4）：59-64.
[74] 王春福，金淑红．加强管理会计在中小企业中的应用［J］．经济研究导刊，2016，303（22）：97-98.
[75] 王春秀，任庆伟．浅谈加快财务会计提升为管理会计的进程［J］．才智，2011（20）：8.

[76] 王棣华. 如何提高我国管理会计的地位 [J]. 河南工程学院学报（社会科学版），2010，25（2）：42-44.
[77] 王风华.《全球管理会计原则》在管理会计实践中的应用及启示 [J]. 财务与会计，2016（6）：67-70.
[78] 王珏慧. 基于创业能力培养的高职管理会计实践教学设计研究 [J]. 宁夏师范学院学报，2013，34（5）：135-138.
[79] 王满，崔怡. 推进管理会计体系建设助力企业价值提升 [J]. 财务与会计（理财版），2014（4）：78-80.
[80] 王苹. 关于管理会计转型下财务信息化体系建设的思考 [J]. 财会学习，2019，222（13）：95-96.
[81] 王诗贻. 业财融合趋势下管理会计转型研究与发展前景 [J]. 知识经济，2019，493（9）：88-89.
[82] 王微."新常态"下企业管理会计的实践变革 [J]. 现代营销（经营版），2019，313（1）：211.
[83] 王雪，张新梅. 如何提高管理会计在实践中的应用 [J]. 农场经济管理，2006（1）.
[84] 王艺璇. 信息技术背景下管理会计的发展 [J]. 中国管理信息化，2017（17）.
[85] 韦秀长. 基于价值创作的管理会计实践 [J]. 新会计，2017（2）：16.
[86] 韦元雅. 依托内部控制建设提升企业管理会计水平 [J]. 经营管理者，2015（28）：63-64.
[87] 魏钰丽，吴婷玥，伯广会. 大数据时代管理会计的发展 [J]. 技术与市场，2017（12）：243-244.
[88] 我国管理会计的发展史 [J]. 中国总会计师，2013（7）：150-151.
[89] 乌婷，乔引花. 大数据时代管理会计职业能力建设探讨 [J]. 会计之友，2017（19）：38-42.
[90] 吴富中. 管理会计在企业中的实践与运用 [J]. 中国总会计师，2015（11）：52-54.
[91] 吴花瑞. 以管理会计发展为契机，促进会计工作进一步提升——新形势下国有军工企业提升会计工作的思考 [J]. 商，2015（23）：145-146.
[92] 吴霞，王彦芳. 高职教育管理会计实践教学内容体系构建 [J]. 商业会计，2018.
[93] 吴长秀. 企业管理会计的现状及提升对策 [J]. 现代国企研究，2015（14）：46-48.
[94] 武洪涛. 提高管理会计应用水平的若干设想 [J]. 科技创新导报，2007（35）：55.
[95] 肖序，刘三红. 基于"元素流-价值流"分析的环境管理会计研究 [J]. 会计研究，2014（3）：79-87.
[96] 肖友运. 浅谈如何利用管理会计提升企业财务管理能力 [J]. 中国国际财经（中英文），2018（9）：88.
[97] 谢康辉. 新世纪管理会计发展与提高管理会计地位探析 [J]. 黑龙江科技信息，2008（1）：87.
[98] 熊磊. 云计算在管理会计信息化中的应用初探 [J]. 财会通讯，2014（34）：101-102.
[99] 熊焰韧，苏文兵，张朝宓. 管理会计实践发展与展望 [M]. 北京：中国财政经济出版社，2013.

[100] 熊焰韧，苏文兵. 管理会计实践发展现状与展望——先进管理会计方法在中国应用状况调查 [J]. 会计研究，2008（11）：84-90.
[101] 徐辉. 提高管理会计在行政事业单位中的应用对策思考 [J]. 现代经济信息，2016（1）.
[102] 徐田强 [1]. 对全面推进管理会计体系建设的几点思考 [J]. 新会计，2014（6）：34-35.
[103] 许丽华. 新常态下电子商务中的管理会计实践探索 [J]. 现代经济信息，2018（12）：184，186.
[104] 许亚湖，王婷. 大数据时代管理会计的变革 [J]. 财会通讯，2015（16）：17-19.
[105] 薛雯. 对我国管理会计发展趋势的探讨 [J]. 商业经济，2008（8）：34-35.
[106] 杨健. 加强全面预算管理提升管理会计效用 [J]. 新会计，2011（12）：47-48.
[107] 杨英. 以创新能力培养为导向的成本管理会计实践教学方法探索 [J]. 中国市场，2015（19）：195-196.
[108] 姚天祎. 技能大赛视角下管理会计实践教学探索 [J]. 科技资讯，2019（10）：89-92.
[109] 尹英，王戈. 管理会计体系下业财融合新型财务管理模式研究——基于 X 运营商的管理会计实践 [J]. 中国总会计师，2018（8）：109-111.
[110] 于洪. 如何运用管理会计加强企业财务精细化管理 [J]. 现代经济信息，2018（13）：194-195.
[111] 于增彪，桑向阳. 为什么业务流程管理总是败多胜少？——一个管理会计的视角 [J]. 会计研究，2014（6）：48-56.
[112] 于增彪. 对我国管理会计发展的基本看法 [J]. 中国总会计师，2014（4）.
[113] 余红燕. 中国管理会计发展历程 [J]. 国际商务财会，2014（3）：19-24.
[114] 余恕莲. 重视管理会计建设提升企业管理水平 [J]. 国际商务财会，2014（2）：13-17.
[115] 岳琳. 经济新常态下的管理会计发展思路 [J]. 财经界（学术版），2016（10）：274.
[116] 张才明. ERP 环境下制造业成本管理会计实践对策——基于企业可持续发展视角的分析 [J]. 财政监督，2011（14）：51-52.
[117] 张继德，姜鹏. 我国管理会计理论发展中存在的问题和对策 [J]. 会计之友，2014（23）：123-126.
[118] 张连起. 管理会计的“中国实践” [J]. 财务与会计，2014（11）.
[119] 张敏. 新形势下企业管理会计人员素质提升对策研究 [J]. 现代经济信息，2015（10）：239-240.
[120] 张琪，李维刚. 浅析如何强化管理会计工作措施 [J]. 企业导报，2013（4）：74-75.
[121] 张瑞琛，王翠兰. “一带一路”战略下加强管理会计在实践中应用意义分析 [J]. 财会学习，2018.
[122] 张旭. 全面预算管理体系下管理会计的应用探讨 [J]. 现代商贸工业，2019（27）：71-73.
[123] 张艳玲. 管理会计发展的新趋势 [J]. 品牌，2015（7）：193.
[124] 张云迪，王满. 财务职能转型视角下兵装集团的管理会计实践 [J]. 财政监督，2016（17）.
[125] 赵兵武. 探讨完善管理会计体系实现提升企业价值的策略研究 [J]. 纳税，2018（35）：32-35.

[126] 赵萍．管理会计的发展现状及其在企业管理中的提升措施［J］．中国乡镇企业会计，2015（10）：154-155.

[127] 赵栓文．云会计：管理会计发展的新契机［J］．西安财经学院学报，2016，29（2）：91-94.

[128] 赵宣华，胡翔，单立．推进中小企业管理会计体系建议的探讨——以温州市为例［J］．管理工程师，2016，21（5）：49-53.

[129] 赵智宇．推动管理会计发展提升现代企业管理质量［J］．中国科技纵横，2015（17）：250.

[130] 郑雪莹，王辉，刘培峰．我国管理会计应用阻力及提高措施［J］．中国商界（下半月），2010（8）：81-82.

[131] 中国会计学会管理会计与应用专业委员会．中国管理会计理论与实践［M］．北京：经济科学出版社，2014.

[132] 周琳，潘飞，刘燕军．管理会计变革与创新的实地研究［J］．会计研究，2012（3）：94.

[133] 朱建林．影响管理会计工作成效因素探析［J］．中国注册会计师，2016（2）：108-110.

[134] 诸波，李余．基于价值创造的企业管理会计应用体系构建与实施［J］．会计研究，2017（6）：13-18，98.